황제의 유언

帝王遗嘱-破译皇权的更替密码
Copyright © 2009 by He Mu Feng(何木风)
All rights reserved.
This translation is published by arrangement with Guangxi People's Publishing House,
China through Carrot Korea Agency, Seoul.
Korean Translation Copyright © 2010 by ViaBook

이 책의 한국어판 저작권은 캐럿 에이전시를 통한
Guangxi People's Publishing House와의 독점계약으로 비아북에 있습니다.
저작권법에 의해 한국내에서 보호를 받는 저작물이므로
무단전재와 무단복제를 금합니다

황제의 유언

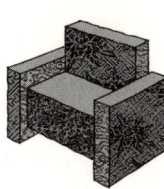

진나라 시황에서 청나라 강희제까지,
중국사 5천 년의 운명을 바꾼 최후의 말 한마디

허무펑 지음 · 류방승 옮김

ViaBook Publisher

서문

죽음을 앞두고 그들은 무슨 생각을 했을까?

사람이 신이 아닌 이상 누구도 죽음을 피할 수 없다. 만약 비명에 죽지 않는다면 누구나 후대에 몇 마디 말을 남길 것이다. 대부호가 순조롭게 죽음을 맞게 되면 재산을 어떻게 분할할지, 누구에게는 나눠주고 누구에게는 나눠주지 않을지 등에 대해 이야기할 것이다. 결론적으로 부자건 가난한 사람이건 그들의 모든 행동은 후세에 대한 걱정과 관심에서 나온다. 사람이 죽기 전에 남기는 말을 '유언'이라고 부른다. 그런데 죽음을 앞둔 사람이 제왕이라면 그가 남기는 말은 '유조遺詔'라고 칭한다.

'조詔'라는 글자는 황제의 명령을 가리킬 때만 쓴다. 그러므로 '유조'는 황제가 죽기 전에 남긴 명령이 된다. 중국 역사상 현존하는 최초의 유조는 《상서尚書》〈고명顧命〉편에 보인다. 이는 주周나라 성왕成王이 임종 전에 대신 소공召公과 필공畢公에게 아들인 강왕康王을 맡기는 내용이다. 그래서 후대에는 유조를 '고명'이라 칭하고, 유조를 받아 새로운 황제를 보좌하는 대신을 '고명대신顧命大臣'이라 부르게 되었다.

수천 년을 이어온 중국 봉건주의 역사에서 600여 명의 황제가 출현했다. 그러나 이들 제왕 중에 진정한 유조를 남긴 이는 매우 적다. 심사숙고를 거쳐 유조를 남김으로써 후세에 막대한 영향을 끼친 제왕은 30명도 되지 않는다고 한다. 수많은 유조가 다른 사람에 의해 왜곡되었을 뿐만 아니라 비명횡사한 제왕도 많았고 유조 따위에는 관심이 없었던 용렬한 제왕도 많았기 때문이다. 용렬한 제왕들의 유조는 삶에 연연해하는 외침에 불과했다.

진정으로 뛰어난 제왕은 바둑 고수와 같아서 앞의 다섯 수, 심지어는 50수까지 내다볼 수 있다. 그래서 필자가 이야기하고 싶은 것은 제왕의 유언은 그가 죽기 전에 남긴 말일 뿐만 아니라 미래에 발생할 일에 대한 예측이자 등극한 후부터 훗날을 위해 준비해둔 대비책이라고 할 수 있다.

뛰어난 제왕은 자신이 소유한 강산에 대해 세밀한 관찰을 거친다. 그래서 그들의 유조는 죽기 전에 남기는 '선한 말'이나 '명령'일 뿐 아니라 천하에 대한 총체적인 계획이기도 하다.

제왕의 유조는 긴 것도 있고 짧은 것도 있다. 어떤 것은 고작 몇 자밖에 되지 않기도 하고, 어떤 것은 수백 수천 자나 되어서 백화문(白話文, 구어체로 쓴 중국의 글-옮긴이)으로 옮기면 1만 자를 훌쩍 넘기도 한다. 유조의 내용에는 제왕 자신이 일생 동안 이룩한 공적에 대한 회고나 후세에 대한 희망, 후계자를 위한 조언, 장례 문제, 자신의 언행에 대한 참회와 개선해달라는 요구 등이 포함되어 있다. 증자曾子

는 일찍이 "사람이 죽을 때가 되면 말이 선해진다"고 했는데, 여기서 '선善'은 '선량하다'는 뜻은 물론 '맑고 깨끗하다'라는 뜻도 담고 있다.

일반적으로 유조가 완성되는 과정은 이렇다. 제왕은 숨이 붙어 있을 때 대신들을 불러 모아 유조를 건네고 이를 한림翰林 대신에게 기록하게 한다. 동시에 그의 정치적 유언을 따를 만하다고 인정되는 소수의 대신들을 불러 유조에 대해 따로 설명한다. 고명대신이라 불리는 이들의 임무는 새로운 군주를 보좌하는 것이다.

이 책에서 선별한 유조는 모두 중국 역사상 매우 유명한 제왕들의 정치적 유언이다. 그들은 모두 '바둑 고수'들로 개국 제왕도 있고, 중흥의 군주도 있고, 난세의 효웅도 있고, 태평성대의 천자도 있다. 그리고 그들이 남긴 합리적인 혹은 불합리한 계획은 중국 역사상 수많은 유명한 역사적 사건에 직접적인 영향을 미쳤다.

바꿔치기 된 진시황의 유조와 진나라의 운명, 유방의 유조와 여후의 정권 찬탈, 조조의 유조와 위나라가 한나라를 대신하게 된 필연성, 허위로 가득 찬 유비의 유조와 죽을 때까지 사력을 다한 제갈량, 인생철학이 가득한 측천무후의 유조, 송태조의 유조와 '촉영부성'이라는 미스터리한 사건, 시기는 달랐지만 효과는 유사했던 명나라 개국 황제와 마지막 황제의 유조, 청나라 정치에 영향을 미친 제왕들의 유조 등은 모두 직접적으로 후대에 영향을 미쳤다.

뛰어난 제왕의 정치적 유언은 왕조의 어느 시점에 화려하게 모습을 드러냈다. 산에 비가 오려는 듯 바람이 세차게 불거나 바람이 부드럽고 날씨가 따뜻한 것 모두 제왕이 남긴 유언의 내용에 달려 있었다.

중국 봉건 사회에서 황권 교체는 황제 본인의 말 한마디에 의해 모든 것이 결정되었다. 평소 그의 정치적 성향이나 미래의 후계자를 관찰하고 느낀 점이 그가 남기게 될 유조의 내용에 직접적인 영향을 미쳤다. 그러나 유조는 결국 그가 세상에 남기는 마지막 말로, 제왕의 권력은 그의 죽음과 함께 사라져버린다. 그래서 사람들이 그의 유조를 실천할 것인지 말 것인지는 별개의 문제가 된다.

유조는 제왕이 남긴 말이자 그가 생전에 천하를 다스리며 축적한 지혜가 마지막 순간에 발현되는 것이다. 그러므로 훌륭한 제왕이 남긴 유조는 그 왕조의 역사에 대한 주석註釋이라고 할 수 있다. 그것은 정치적 유언의 '신분'으로 왕조가 시작될 때부터 끝날 때까지 매순간 영향을 미친다.

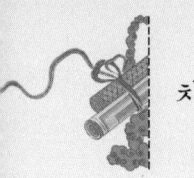

차례

서문 죽음을 앞두고 그들은 무슨 생각을 했을까? —— 004

1장 2세 황제가 뒤바뀐 사연은? - 진나라 시황 —— 010
올해 '조룡'이 죽네! | 영원을 꿈꾸는 제국 | 후계자 문제, 수렁에 빠지다 | 불로장생약이 있다고? | 등 돌린 '삼인행' | 제국의 빛과 그림자 | 조작된 유언, 어떻게 가능했을까?

2장 영원한 유씨 천하를 만들어라! - 한나라 유방 —— 042
유씨 천하를 위한 두 번째 유언-인사 안배 | 팽팽한 견제, 후당과 상당 | 어찌하면 용사를 얻어 사방을 지킬까! | 또한 어찌하면 용사를 제거할 수 있을까? | 유씨 천하를 위한 첫 번째 유언-백마의 맹세 | 한나라 400년 역사의 버팀목

3장 한무제, 곽광에게 그림을 선물한 이유는? - 한나라 무제 —— 066
그림 속에 담긴 비밀 | 왜 곽광이어야만 했을까? | 무고의 화, 황실의 비극 | 잘못을 깨닫고 고치는 것보다 훌륭한 일은 없다 | 수성의 후계자, 유불릉 | 한무제와 진시황의 다른 점은?

4장 절망 속에서도 최선을 다한 선택 - 촉나라 유비 —— 096
관우를 잃다 | 뼈 있는 유언 | 유선은 바보 황제가 아니다! | 제갈량이 권력을 넘겨주지 않은 이유는? | 수포로 돌아간 유비의 계산 | 최선의 선택, 그러나 제갈량의 한계

5장 시시콜콜한 일상을 언급하다 - 위나라 조조 —— 122
영웅이 하늘로 돌아가다 | 천하는 이미 조조의 손아귀에? | 어긋난 후계자 구상 | 최후의 후계자는 누구 | 후계자 책봉은 정권 탈취용 | 조비, 아비의 꿈을 대신 이루다

6장 '정관의 치세'에서 '영휘의 치세'로! - 당나라 태종 —— 148
막 내리는 '정관의 치세' | 《제범》, 황제의 정치 교과서 | 태자를 위한 각종 안배들 | 유약한 태자, 측천무후의 기회 | 장자가 아니어도 황제가 될 수 있다! | 유언에 담긴 태종의 깊은 뜻 | '영휘의 치세', 그 찬란한 서막

7장 중국 최초의 여황제가 황제의 시호를 버린 까닭은? —— 174
- 주나라 측천무후
강제 퇴위 사건 | 황제가 아닌 황후로 남아야 했던 사연 | 아들과 조카, 누구를 후계자로 세울 것인가? | 이씨와 무씨의 맹세문 | 한 차례의 정변, 물거품이 된 계획 | 공과는 후대 사람들이 평가하도록 하라

8장 송나라를 지탱한 가법을 세우다 - 송나라 태조 —— 200
갑작스런 죽음 | 태조의 죽음을 둘러싼 의혹들 | 동생에게 황제 직위를 물려준 이유 | 촛불 그림자와 도끼 소리 사건 | 형의 기대와는 어긋난 행동 | 금궤의 맹세 | "사대부와 상소를 올려 말하는 자를 함부로 죽이지 마라"

9장 신앙과 단결, 해가 지지 않는 제국의 힘! —— 228
- 몽골 제국 칭기즈칸
형제들이 결정한 후계자 | 세 가지 유언 | "살인과 약탈을 멈추라" | 권력 싸움보다는 세계 정복이 우선 | 오고타이, 아버지의 유지를 실현하다 | '장생천'의 영광과 몰락

10장 가장 실패한 정치적 유언 - 명나라 주원장 —— 252
주씨 천하를 향한 꿈 | 손자를 후계자로 세운 이유는? | 실패로 돌아간 유언 | 공신의 제거, 친왕의 득세 | 무용지물이 된 『황명조훈』 | 패배가 정해진 싸움

11장 이 유언을 누구에게 전할꼬! - 명나라 숭정제 —— 274
역적을 물리칠 비책 | 의미 없는 출정 | 절대 천도는 없다 | 최후의 몸부림 | 이자성에게 남긴 당부 | "짐이 망국의 군주가 아니라 대신들이 망국의 신하이다"

12장 본심은 다른 곳에 있다 - 청나라 강희제 —— 296
자질이 뛰어난 손자 | 치열한 후계자 쟁탈전 | '든든하고 믿을 만한 아들' | '강건성세'의 숨은 주역 | 청나라의 최고 전성기를 열다

저자 후기 황제는 죽어서도 인간 세상을 구원하고자 했다 —— 315
역자 후기 제국의 흥망성쇠를 가르는 마지막 당부, 혹은 명령 —— 317
인명 찾기 —— 320

"(공자 부소는) 함양으로 돌아와 짐의 장례를 치르라."
-《사기史記》〈진시황본기秦始皇本紀〉

"황제께서 붕어하며 **장자(부소)에게 보내는 편지에서 함양으로 돌아와 장례를 치르고 황위를 이으라고 하셨소.**"
-《사기》〈이사열전李斯列傳〉

진시황秦始皇이 죽음에 임박해 남긴 유언은 고작 몇 마디에 지나지 않았다. 공자公子 부소扶蘇에게 함양咸陽으로 돌아와 그의 장례에 참석하라는 것과 진秦나라의 군사 대권을 몽염蒙恬에게 맡기라는 내용이었다. 하지만 애석하게도 이 유언은 실행에 옮겨지지 못했다. 이 유언이 고쳐질 수밖에 없었던 필연적인 이유가 있었기 때문이다. 고쳐진 유언으로 결국 진나라는 멸망했다. 여기에는 물론 조고趙高, 이사李斯, 호해胡亥의 황위 찬탈 음모가 개입되었지만 가장 근본적인 원인은 진시황 본인에게서 찾을 수 있다.

1장

2세 황제가 뒤바뀐 사연은?

— 진나라 시황 —

올해 '조룡'이 죽네!

전설에 따르면 시황 36년(기원전 211년) 가을에 진나라 사신이 화음華陰 평서平舒 땅을 지나가다가 누군가와 마주쳤다고 한다. 어두컴컴한 밤중이라 그 사람이 손에 쥐고 있던 빛나는 옥벽玉璧에 사신의 눈이 아플 정도로 부셨다. 옥벽을 쥔 사람이 사신을 가로막고 말했다.

"내 대신 이것을 호지군滈池君에게 전해주게."

사신은 깜짝 놀랐다. 자기는 호지군이란 수신(水神, 물을 다스리는 신-옮긴이)을 전혀 모르는데 왜 부탁하는 것일까! 사신은 자신이 귀신을 만났다고 생각했다.

그가 대답을 하기도 전에 옥벽을 쥔 사람이 다시 말했다.

"올해 '조룡祖龍'이 죽을 것이네!"

사신은 다시 한 번 크게 놀랐다. 이 말은 올해 진시황이 죽는다는 의미였기 때문이다. 사신이 그 까닭을 물으려는 순간 옥벽을 쥔 사람이 순식간에 허공으로 사라져버렸다. 사신은 오싹한 공포를 느끼며 옥벽을 가지고 조정으로 돌아와 진시황에게 자신이 겪었던 일을 상세히 말했다. 진시황은 한참 동안 침묵을 지키다가 천천히 입을 열었다.

"산 속의 요괴는 일 년의 일만 예지預知할 수 있을 뿐이다."

그는 귀신의 존재를 부인하지 않았지만 귀신이 사람의 생사까지 예측할 수 있다고는 믿지 않았다. 그러나 그는 옥벽을 자세히 살펴본 후 식은땀을 줄줄 흘렸다. 그 옥벽은 바로 그가 8년 전 순행巡幸을 나갔다가 강에 빠뜨렸던 것이었다. 당시 그는 사람들을 보내 옥벽을 찾게 했지만 옥벽을 찾지 못했을 뿐 아니라 옥벽을 찾으러 간 사람까지 다시 돌아오지 않았다.

그는 곰곰이 생각에 잠겼다. 지금은 가을이니, 귀신이 아무리 영험해도 남은 몇 달 동안 나만 조심하면 분명 별 탈이 없겠지? 그는 두렵고 불안한 마음에 무당을 불러 점을 치게 했는데 이사를 가면 이 재앙을 피할 수 있다는 점괘가 나왔다. 그는 조금도 지체하지 않고 3만 호 가구를 북하北河와 유중楡中 지역으로 옮기게 했다.

이 사건이 귀신의 소행이 아니라면 이는 참위(讖緯, 도참圖讖과 위서緯書를 가리킴. 미래의 길흉화복의 조짐이나 앞일에 대한 예언 또는 그런 술수의 책-옮긴이) 신학과 관련이 있다. 참위 신학은 종교 및 신학의 색채를 띤 중국 고대의 정치 선동 심리학으로, 권력을 도모하거나 권좌에 오르려는 통치자가 이를 통해 여론을 조성하여 전통적인 천명天命 사상을 지닌 백성을 복종시켰다. 이로써 그 권력의 합리성 혹은 모반의 합리성을 증명했다.

"올해 조룡이 죽는다"는 참언讖言이 분명하다. 이 말은 진시황에게 누군가 당신이 죽기를 바라고 있으며, 당신이 죽지 않는다면 당신을 죽이겠다고 경고하는 것이나 다름없다. 하늘이든 사람이든 당신을 꼭 죽인다고 말이다.

진시황 본인도 귀신을 믿었기 때문에 당연히 두려워했다. 진시황이 정작 두려웠던 것은 이런 일이 처음이 아니었다는 점이다. 그해 초 그는 동군東郡에 하늘에서 내려온 큰 돌이 있는데, 거기에 "시황제가 죽고 땅이 분할된다"고 쓰여 있다는 보고를 받은 일이 있었다.

그는 즉시 어사御史를 보내 사건을 조사하게 했지만 결과는 실망스러웠다. 결국 그는 군대를 보내 큰 돌 주위에 사는 주민을 몰살하고 그 돌을 불살라버리게 했다.

시황 36년 초에 일어난 이 사건이 그에게 분노와 공포를 동시에 유발했다면 지금 일어난 귀신 사건은 그에게 공포만을 가져다주었다.

진나라의 백성들은 아마도 자신이 이 제국에 편입되기를 원하지 않았던 것 같다. 그래서 그들은 글자를 새기고 귀신을 가장하여 입으로 혹은 문자로 진시황이 빨리 죽길 바랐다. 이런 바람이 이루어지지는 않았지만 적어도 진시황은 편안히 발 뻗고 잠을 자지는 못했다.

매우 불안해진 진시황은 어떤 일에도 기쁘지 않았다. 그나마 다행히도 그는 시황 36년을 무사히 넘겼다. 시황 37년(기원전 210년) 그는 일찍이 불로장생약을 찾으라고 바다로 보냈던 서복徐福을 불렀다. 하지만 불로장생약을 구하지 못한 서복은 불로장생약을 찾기는 했지만 이를 지키는 큰 물고기 때문에 범인凡人은 절대 근접할 수 없다고 둘러댔다. 이 말에 가슴이 답답하고 불안하던 진시황은 어느 날 밤 사람의 형상으로 변한 큰 물고기와 한바탕 싸우는 꿈을 꿨다. 그는 꿈에서 깬 후 식은땀을 흘리며 무당에게 물었다. 그러자 무당이 그 물고기는 수신인데 물고기를 죽인다면 불로장생약을 얻을 수 있다고 대답했다.

불로장생약을 귀신이 지키고 있다니, 이는 공교롭게도 서복이 말한 것과 흡사하지 않은가. 그는 서복을 방해하는 물고기를 제거하기 위해 친히 군사를 거느리고 큰 배에 올라 바다로 나갔다. 바다에 물고기가 사는 건 이치상 당연했지만 진시황은 정말 큰 물고기를 보고 활을 쏘아 죽여버렸다. 그는 안도감이 들었다. 우선은 불로장생약을 얻을 희망이 생겼고, 다음으로 귀신을 물리친 것은 자신이 보통 사람이 아님을 증명하는 셈이었기 때문이다. 비범한 사람은 하늘이 보호해주니, 자기는 절대 변고를 겪지 않을 것이라고 생각했다.

정신적으로 문제가 있는 사람이 일단 위안을 얻게 되면 자신의 언행에 대해 더욱더 자신감을 가지게 된다. 그래서 그는 자신이 곧 죽을 것이라는 사실을 전혀 몰랐고, 또 알려고도 하지 않았다.

그해 6월 그는 평원진平原津으로 순행을 나갔다가 갑자기 병으로 쓰러졌다. 사료를 보면 진시황은 더위를 먹어 갑자기 심장발작을 일으킨 것으로 판단된다. 이런 판단은 전혀 근거가 없는 것이 아니다. 오랫동안 쌓인 좌절과 스트레스가 그의 소극적인 감정을 끊임없이 자극해 자주 혈압이 상승하고 부정맥이 유발되어 심장이 매우 큰 충격을 받았을 수 있다. 그러므로 갑작스런 심장발작은 필연성과 가능성을 동시에 지니고 있었다. 이밖에 심신이 건강하지 못했던 그가 수천 리의 여정으로 체력이 심하게 소모되면서 환경에 대한 적응력과 저항력이 떨어져 결국 혹서에 심장발작을 일으켰을지도 모른다.

그러나 그는 자신의 병이 알려지길 원하지 않았고, 다른 사람의 입에서 '죽음'이나 '병'이란 말이 나오는 것도 극도로 싫어했다. 어쨌든 그는 서복의 불로장생약과 더불어 자신이 죽인 신령한 물고기 때문에 하늘이 자신을 지켜줄 것이라는 믿음을 간직하고 있었다.

그래서 그는 제국의 미래를 포함한 후사에 전혀 신경 쓰지 않았다.

진나라의 운명은 이미 벼랑 끝으로 내몰렸지만 진시황은 구하지 않았다. 그는 심신이 모두 피폐했으면서도 자신의 죽음을 결코 믿으려 하지 않았다.

그렇다면 진시황이 이처럼 '어리석은' 신념을 굳게 믿은 이유는 도대체 무엇일까? 그는 자신의 목숨에만 관심을 갖고 진나라의 운명에는 전혀 관심을 갖지 않은 것일까?

영원을 꿈꾸는 제국

진시황은 어린 시절을 불행하게 보냈다. 추락한 왕손에서 진나라 왕위에 오르기까지 한 번도 심리적 위안을 얻지 못했다. 그가 6국(六國, 중국 전국시대에 각지에 할거한 제후 중 진나라를 제외한 여섯 나라-옮긴이)을 멸한 것은 이런 삐딱한 심리에서 나왔을 가능성이 높다. 진나라는 상앙商鞅이 변법變法을 실시한 이후 6국을 멸망시킬 충분한 실력을 갖추고 있었다. 이는 진시황이 6국을 멸하는 과정을 통해 쉽게 증명할 수 있다. 그런데 왜 전임 국왕이 아니라 진시황이 대업을 이루었을까? 솔직히 이는 역사적인 우연에 불과하다.

개인의 재능으로 볼 때 진시황은 틀림없는 천재였다. 또한 수백 명의 중국 황제 가운데서도 발군의 재능을 갖췄다고 할 만했다. 그가 황제를 칭한 후 이사李斯를 통해 진행한 일련의 조치들은 당시의 형세와 꼭 들어맞는 것이었다. 하지만 시황 26년(기원전 221년)에 그에게 고민이 생겼으니, 바로 6국의 부활이었다.

당시 '황제'는 그의 발명품에 불과했다. 그래서 그가 천하를 통일하기는 했지만 6국은 그를 천하를 대표하는 주인으로 인정하지 않았다. 그래서 나라 잃은 6국의 사람들은 그에게 창끝을 겨누었다. 시황 26년 일찍이 진시황을 암살하려 했던 형가荊軻와 한패였던 고점리高漸離가 악기로 진시황을 시해하려는 사건이 벌어졌다. 진시황은 이 사건 이후 6국의 귀족들과 열혈 청년들에게 경계심을 가지게 되었다. 그는 고점리를 죽인 후 다시는 6국 사람들을 가까이하지 않았다.

이 사건이 그에게 육체적으로 상처를 입혔다면 시황 28년(기원전 219년)에 있었던 유생儒生의 조롱 사건은 정신적으로 큰 타격을 주었다. 그해 동쪽으로 순행을 나간 진시황은 노魯나라 70여 명의 유생에게 진나라의 덕을 돌에 새기자고 제안했다. 그러나 진시황과 유생들은 진나라의 덕에 대해 완전히 다른 생각을 가지고 있었다. 진시황은 자신이 백성을 '검수黔首'라고 부르는 것과 검수에게 농사를 짓게 하고 토지를 소유하게 한 것이 바로 덕이라고 생각했다. 하지만 그는 중요한 것을 잊고 있었다. 이 덕이 처참한 학살 끝에 6국의 백성들에게 베푼 은혜라는 점이다. 또한 갖가지 복잡한 이유 때문에 6국의 백성들이 입은 덕은 거의 무無에 가까웠다.

그에게 실망한 유생들이 조롱에 가까운 태도로 협조하지 않자 진시황은 마음속으로 크게 불쾌했다. 그래서 그는 유생들의 반대를 무릅쓰고 봉선(封禪, 천하를 통일한 천자만이 하늘에 올릴 수 있는 제식-옮긴이) 의식을 강행했다. 그런데 공교롭게도 그날 큰비가 내려 낭패한 진시황은 큰 나무 아래 몸을 숨기게 되었다. 그의 재앙을 고소하게 여긴 유생들은 이 일을 크게 조롱했다. 진시황은 그들을 하나도 남김

없이 죽이려다가 마음을 바꿔 눈에는 눈, 이에는 이로, 자신이 비를 피했던 소나무에 대부大夫 벼슬을 내렸다. 이는 노나라 유생들이 소나무만 못하다는 것을 만방에 알리려는 목적이 다분했다.

그가 6국 사람들에게 가장 큰 공포와 원한을 느꼈던 사건 두 가지가 있다.

첫 번째 사건은 시황 29년(기원전 218년)에 발생했다. 그가 동쪽으로 순행을 가는 도중 한韓나라 귀족 장량張良과 무게가 120근이나 나가는 철퇴를 휘두르는 자객을 만난 사건이다. 다행히 자객이 철퇴를 내리친 수레에는 그가 타고 있지 않았다. 안에 누가 타고 있었는지는 알 수 없지만 분명 시신을 수습할 수 없을 정도로 참혹한 죽음을 맞았을 것이다. 이를 본 진시황은 걷잡을 수 없는 분노와 증오가 폭발해 전국에 수배령을 내렸지만 장량과 자객을 잡아들이지 못했다. 2년 후 두 번째 사건이 발생했다. 그해 12월 그는 간편한 차림으로 도성에 몰래 시찰을 나갔다가 뜻하지 않게 난지蘭池에서 기습을 당했다. 진시황을 기습한 자는 그의 무사에게 살해됐지만 그의 공포감은 한층 더 높아졌다. 그는 자신을 습격한 자가 6국 사람이라고 확신했다.

창을 휘두르며 천하를 쓸어버리고 영웅의 기개로 우주를 찌르던 그가 지금은 이름도 모르는 작자들의 소란에 안절부절못하게 됐으니, 누구라도 이런 격세지감을 견디기 어려웠을 것이다. 자객이 목숨을 노리자 그는 죽음에 대한 공포를 갖게 되었다. 일단 그가 죽으면 진나라의 운명은 어디로 흘러가게 될까?

제국이 절대 무너지지 않고 대대로 이어가게 하려던 그의 이상은 천하를 군림하는 승리자라면 당연히 가지는 것이었다. 그의 이상을 실현하는 방법은 적어도 100가지는 될 것이다. 그러나 진시황은 그중에서 가장 잘못된 방법을 선택하고 말았다. 그것은 바로 자신의 생명을 연장하여 영원한 제국을 만들려 했다는 것이다.

자객의 암살로 맞는 죽음, 노쇠하여 맞는 죽음, 나라가 망하여 맞는 죽음, 이 세 가지 죽음의 위협이 항상 진시황의 머릿속을 뒤덮고 있었다. 진시황은 첫 번째 위협에 대처하기 위해 6국의 인사들과 귀족들을 탄압하고, 출행할 때는 삼엄하게 경호 조치를 취했다. 두 번째 위협에 대해서는 서복을 파견해 불로장생약을 구해오도록 했다. 세 번째 위협에 대해서는 6국의 성곽을 허물고 모든 제방을 무너뜨려 6국 사람들의 근거지를 없애고, 만리장성을 축조해 흉노匈奴의 침입에 대비했다. 천년에 한 번 나올 만한 이 황제는 스스로 제국의 통일 신화를 창조하고 영원히 이 신화를 이어가고자 했다.

지금의 관점으로는 불로장생약을 찾는 것이 매우 우매한 짓이지만 수천 년 후 인류는 지금 우리가 외계인을 찾는 것을 어리석은 짓이라고 여길 수도 있지 않을까?

진시황은 절대 평범한 사람이 아니었다. 보통 사람이라면 그렇게 강대한 제국을 건설할 수 없다. 그는 또한 이사를 신임하여 제국에 필요한 제도를 지속적으로 정비했다. 그런 그가 왜 '영원한 제국'이라는 이상을 실현할 방법으로 후계자가 아닌 자신의 불로장생을 선택했을까?

후계자 문제, 수렁에 빠지다

진시황이 후계자 문제에 대해 생각해보지 않은 것은 아니다. 제국의 강산이 대대로 보존되려면 제위를 아들에게 물려줘야만 했다. 그러나 그의 아들들은 너무 변변치 못했다.

진시황에게는 20여 명의 아들이 있었는데, 사서史書에 자주 언급되는 이는 장자 부소와 막내아들 호해였다. 이 두 사람이 진시황의 여러 자식 가운데 황위를 이을 가능성이 가장 높았다. 부소는 장자였으니 이치상 당연했고, 호해는 진시황이 가장 아끼는 아들이었으므로 인정상 가능했다.

그러나 진시황은 이 두 아들이 전혀 눈에 차지 않았다. 그가 보기에 부소는 천하에 영락없는 불효자였다. 잘 알려져 있듯이 많은 유생들이 옛것으로 현재를 비판하는 것에 크게 불만을 가졌던 진시황은 이사의 부추김을 받아 함양에서 460여 명의 유생을 구덩이에 산 채로 묻어버렸다. 부소가 이 소식을 듣고 그에게 말했다.

"천하가 이제 막 안정되었으나 먼 지방의 백성들은 아직 편안해지지 않았고 많은 유생들이 공자孔子의 말씀을 외우고 본받고 있습니다. 그런데 황제께서 오히려 중한 법으로 그들을 다스리니, 천하의 인심이 불안해질까 두렵습니다. 황제께서는 신중히 행동하십시오!"

진시황은 아들의 말이 옳다고 생각하지 않았다. 도리어 아들이 늘 자기와 대립각을 세우고, 특히 일부 정치적 견해는 자신과 완전히 상반된다고 여겼다. 진시황은 크게 노하여 그를 궁에서 내쫓고 북방을 수비하는 몽염의 감군監軍으로 좌천시켰다.

부소가 국경으로 쫓겨난 것에 대해 여러 견해가 있다. 그중 하나는 진시황이 부소를 단련시키기 위해 국경으로 보냈다는 것이다. 그러나 다른 각도로 볼 때 설사 진시황이 이런 생각을 가졌더라도 이는 순간적인 감정적 대응에 불과했다. 왜냐하면 그는 자신의 죽음에 대해서는 전혀 생각하지 않은 채 줄곧 서복이 불로장생약을 가져오기만 기다렸기 때문이다.

호해는 진시황이 가장 사랑하는 막내아들이었다. 호해는 나이가 매우 어리긴 했지만 이는 전혀 중요하지 않았다. 중요한 것은 바로 호해가 결코 황제감이 아니었다는 점이다. 진시황은 호해를 따르고 교육하는 조고가 자기 아들에게 무엇을 가르쳤는지 어느 정도 감을 잡고 있었다. 그것은 죄다 사람을 괴롭히는 형벌과 음탕한 기교였다.

후계자에게 실망했다면 다른 후계자를 키우는 것이 일반적이겠지만 진시황은 포기를 선택했다. 그는 자신에게서 방법을 찾아 이런 난국을 해결하고자 했다. 그 방법은 바로 자신의 생명을 연장하는 것이었다.

후계자 문제는 진시황이 제국의 생명을 연장하기 위해 자신의 생명을 연장하는 방법을 선택하게 된 결정적 요인 가운데 하나였다. 지금 보면 부소와 그의 정치적인 불일치는 결코 타협하지 못할 것이 아니었다. 그가 부소에게 당시 형세로 보면 엄준한 형벌 시행이 꼭 필요하다는 점을 설명하면 그만이었다. 그러나 그는 부소를 변방으로 쫓아내 죽기만을 기다리는 쪽을 선택했다.

부소가 국경으로 쫓겨난 또 다른 요인으로 '분서갱유焚書坑儒' 중갱유 사건을 들 수 있다.

시황 33년(기원전 214년) 갈석碣石으로 순행을 나갔던 진시황은 연燕나라 출신인 노생盧生을 보내 전설 속의 두 신선을 찾아오게 했다. 그러나 노생이 신선을 찾지 못하자 진시황은 석생石生 등에게 불로장생약을 구해오게 했다. 석생 역시 노생과 마찬가지로 빈손으로 돌아왔다. 노생은 진시황의 진노를 피하기 위해 욕심이 없고 담백한 마음을 가지면 진인眞人이 될 수 있고, 진인만이 신선을 불러올 수 있다고 거짓말을 꾸며댔다. 이 말을 믿은 진시황은 자신의 호칭을 '짐'에서 '진인'으로 바꾸고 함양 근처 200리 땅에 신선이 거주하는 집을 지었다. 또한 신선의 노래를 지어 사람들이 부르게 하고는 자신도 따라 불렀다.

하지만 결국 그는 선약仙藥을 얻지 못했을 뿐 아니라 노생은 사람들을 모아 그에 대한 험담을 하고 도망쳤다. 수치, 실망, 분노가 교차하는 복잡한 진시황의 심경 속에는 속 좁은 복수심이 꿈틀거렸다.

결국 그는 460여 명의 유생을 잡아들여 노생의 행방을 대라고 고문하고, 후에는 그들을 모두 산 채로 구덩이에 묻어 죽였다. 그런데 부소가 진시황에 맞서 이들을 죽인 일이 나쁜 영향을 미칠 것이라고 말했다. 이 말이 진시황의 귀에 들어왔을 리가 없다. 그가 보기에 이들은 자기를 속이고 불로장생약을 찾아오지 못했을 뿐만 아니라 자신의 험담까지 늘어놓았으니, 죽는 것이 당연했다.

후계자 두 명 모두 마음에 들지 않자 공허하고 적막해진 그는 어디서부터 손을 써야 할지 갈피를 잡을 수 없었다. 그래서 그는 차라리 아무것도 생각하지 않고 오직 불로장생약을 찾고 자신의 휘황찬란한 업적을 빛내는 데만 온힘을 기울였다.

불로장생약이 있다고?

현대 심리학에 비추어볼 때 진시황은 전형적인 '담즙질膽汁質'형 인간이다. 담즙질형 인간은 매우 자신감이 넘치면서도 자부심이 강하고, 겸손하면서도 거만하고, 결단력이 있으면서도 독단적이고, 사람을 믿으면서도 의심하고, 대범하면서도 속이 좁고, 이지적이면서도 충동적이고, 성격이 온화하면서도 포악한 양면적 특징을 가지고 있다. 상반된 개성이 한데 섞여 있어서 한쪽으로 극단적으로 발전할 가능성은 대부분 자아에 대한 억압 정도나 환경적인 요인에 의해 결정된다.

당시 진나라의 환경은 진시황이 자신감, 겸손함, 대범함, 온화함을 갖게 내버려두지 않았다. 제국 건설 초기에 대부분의 일은 그가 직접 나서야 했다. 진시황 32년(기원전 215년) 어떤 이가 흉노족이 만든《녹도서錄圖書》를 바쳤는데 거기에는 "진나라를 멸망시킬 자는 '호胡'"라고 기록되어 있었다. 진시황은 '호'를 오랑캐인 흉노로 여기고 크게 노하여 흉노 정벌에 나섰다. 북벌은 승리로 끝났지만 흉노의 위협은 사라지지 않았다. 그는 흉노와의 전쟁으로 막대한 대가를 치렀지만 북방 지리에 익숙하고 말을 잘 타며 전쟁에 능한 흉노는 그에게 줄곧 공포의 대상으로 남아 있었다.

일 년 후 그는 또다시 대규모 흉노 정벌에 나서는 한편 남쪽의 백월百越을 공격했다. 전쟁의 참혹함과 과도한 인적, 물적 부담은 그에게 항상 골칫거리가 되었지만 이는 제국 외부의 걱정거리에 불과했다. 제국 내부에서는 6국 사람들의 반격과 죽음에 대한 공포가 줄곧 그를 괴롭혀 초조하고 불안하게 했다.

역사는 종종 말하지 않아도 자명한 이치를 알려주지만 우리는 그것을 소홀히 하는 경우가 많다. 그중 하나는 특별한 일은 반드시 특별한 사람에게서 만들어진다는 것이다. 특별한 사람이 평범한 사고로 일을 진행할 경우 반드시 실패하게 되어 있다. 진시황은 분명 특별한 사람이었지만 자아가 억압된 상태에서 일을 제대로 이뤄낼 수 없었다.

그는 결국 자신에게 불리한 행동을 하기 시작했다. 숱한 전쟁으로 백성들은 삶이 죽음만 못하다고 여겼고, 그는 자신의 능묘와 궁전을 건설하는 데 백성들을 대규모로 동원했다. 그는 이 모든 행동이 백성들을 불구덩이로 밀어 넣는 짓임을 전혀 깨닫지 못했다. 솔직히 권력의 최고 위치에 서서 세상에 못할 것이 없는 사람은 자신의 모든 행동이 옳다고 굳게 믿는다. 누구도 그를 깨우칠 수 없고, 또 감히 그를 깨우칠 사람도 없다.

진나라 역사를 되짚어보면 한 가지 매우 기이한 현상을 발견할 수 있다. 바로 진시황이 한 번도 억울하게 조정 대신을 죽인 일은 없었다는 사실이다. 직접적으로 얘기하면 그는 조정 대신을 죽인 일이 없었다. 그는 조고, 몽염, 이사를 한결같이 믿었고, 술사術士들이 불로장생약을 반드시 찾아올 것이라고 믿었다. 이런 자부심은 그에게 커다란 실익을 가져다줌과 동시에 심각한 대가도 치르게 했다.

어떤 이유로 그가 세상에는 죽지 않는 기인과 불로장생약이 있다고 믿게 되었는지 지금으로서는 전혀 알 수 없다. 다만 진시황이 불로장생약이 있다고 믿었던 것은 당시의 과학 수준과 인식 능력이 매우 낮았던 데 기인한다고 생각한다. 하지만 이런 견해는 너무 불친절하고 "모든 역사는 당대사"라는 금기를 어기고 있다.

그가 불로장생약을 믿은 이유는 그의 자부심, 특수한 경험, 지고무상의 권위 때문이라고 볼 수 있다. 이는 독단적이고 제멋대로인 성격도 낳았다. 무한히 팽창하는 사욕과 아무리 채워도 채워지지 않는 욕망을 가진 그는 아마도 신선이 되어야 영원히 살 수 있고 자신의 욕망을 무한대로 확장할 수 있다고 생각한 듯하다. 그는 예전 6국을 멸망시킬 수 있다고 믿었던 것처럼 자신이 반드시 신선이 될 수 있다고 믿었다. 이밖에 진나라 초기에는 방술方術 문화가 발전하고 흥성하여 진시황이 이런 문화적 분위기 속에서 불로장생약을 찾는 쪽을 택했는지도 모른다.

그는 불로장생약이 있다고 믿었던 것처럼 조고와 이사가 자신에게 절대 충성할 것이라고 믿었다. 왜냐하면 그는 개미 한 마리까지 포함해 온 천하를 자신의 수중에 넣을 자신감이 있었기 때문이다. 이것이 바로 천년에 한 번 나올까 말까 한 제왕이 죽음 직전에 제국의 일을 모두 조고에게 맡기고 자신의 뜻을 부소에게 알리라고 한 근본적인 이유이다. 하지만 모두 알다시피, 그의 생각은 틀려도 한참 틀리고 말았다. 제국은 결국 이로 인해 멸망으로 치닫게 되었다.

등 돌린 '삼인행'

진시황은 몸이 점점 나아질 때 마침내 한 가지 중요한 사실을 깨달았다. 사람은 언젠가는 죽게 되어 있으며, 위대한 사람이건 미천한 사람이건 죽음의 관문에서 도망칠 수 없다는 것이다. 시황 37년 7월 서늘한 수레 안에서 이미 반죽음 상태에 있던 그는 중거부령中車府令이자 옥새를 관장하고 기밀 사무를 담당하던 조고에게 명하여 장자 부소에게 편지를 쓰게 했다.

"함양에 모여 나의 장례를 거행하라."

이것이 곧 진시황의 정치적 유언이 되었다. 사마천司馬遷의 이 기록이 사실이라면 이 간단한 유언 속에 담긴 중요한 정보를 누구든 눈치챌 수 있을 것이다. 그것은 바로 장례를 명분으로 부소에게 제위를 이으라는 것이다. 《사기》〈이사열전〉에는 또 "병권을 몽염에게 넘겨라"라는 기록이 있다. 물론 고쳐진 진시황의 유언이 어떤 내용인지는 지금으로서는 전혀 알 길이 없다.

뒤이어 진나라에는 아주 유명한 '삼인행三人行'이 등장하게 된다. 여기서 세 사람은 바로 조고, 이사, 호해이다.

조고는 본래 조趙나라 귀족의 먼 자손이었다. 진나라가 조나라를 멸한 후 그는 거세를 당해 진나라 궁궐의 종으로 충원되었다. 조고는 학문을 좋아하고 힘이 장사여서 점점 진시황의 마음에 들기 시작했다. 그래서 중거부령에 발탁되고 호해에게 형벌에 대해 가르치는 임무를 맡았다. 조고는 진시황이 호해를 매우 아끼는 것을 보고 전심전력으로 호해를 모셨다. 그는 법가의 악랄한 형벌들을 하나하나 호해에게 전수했고 이 공자에게 알게 모르게 사람이란 비열한 성품을 가지고 있어서 엄한 형벌이 아니면 절대 다스릴 수 없다는 생각을 주입시켰다.

그래서 호해는 형벌 시행만큼은 타의 추종을 불허할 만큼 엄격했다. 그는 각종 형벌을 고안해내서 무고한 사람이 스스로 극악무도한 죄인임을 인정하게 만들었다.

조고는 진시황 사후 유조를 들고 호해를 찾아가 이렇게 말했다.

"황상께서 세상을 떠나시면서 나머지 아들에게 분봉分封하여 왕으로 삼으라는 조서는 하나도 내리지 않고 오직 부소에게만 편지를 주셨습니다. 그가 일단 함양에 도착해서 황제에 오르게 되면 공자께서는 봉지封地를 전혀 받지 못하게 될 텐데, 어떻게 하시겠습니까?"

호해는 생기 없는 눈을 크게 뜨고 물었다.

"아버지께서 돌아가시면서 아들들에게 분봉하지 않았으니, 나한테 무슨 수가 있겠소?"

조고가 흥분해서 대답했다.

"그런 생각은 옳지 않습니다. 지금 천하를 손에 넣을 수 있을지 없을지는 공자님과 저, 그리고 이사에게 달려 있습니다. 그러니 좀 더 생각해보십시오! 남을 통치하는 것과 남에게 통치받는 것, 남을 제압하는 것과 남에게 제압당하는 것은 완전히 다른 일입니다. 그중 어떤 것이 좋은지는 때가 되면 아실 것입니다."

호해가 조고를 보고 말했다.

"장자를 폐하고 아우가 황위를 잇는 것은 불의가 아닙니까?"

그러자 조고가 일일이 이치를 따지며 설명했다.

"공자께서는 너무 순진하십니다. 옛날 상商나라 탕왕湯王과 주周나라 무공武公이 그들의 임금을 죽였지만 천하의 사람들이 모두 박수를 치며 반겼으니, 이는 불충이라 할 수 없습니다. 또 위衛나라 임금이 그 아비를 죽였지만 위나라 사람이 모두 그의 공덕을 칭찬했고 공자도《춘추春秋》에 이 사건을 기록했으니, 이는 불효라 할 수 없습니다. 큰일을 이루려면 사소한 일에 얽매여서는 안 되고, 큰 덕을 행하려면 겸손할 필요가 없습니다. 시골 마을의 학구(學究, 학문에만 열중해서 세상일을 모르는 사람)도 자기만의 장점이 있고, 문무백관의 일도 각기 다른 법입니다. 그러므로 사소한 일을 돌아보다가 큰일을 그르치면 후에 분명 재앙을 입게 됩니다. 공자께서 이렇게 주저하며 결정을 내리지 못하니, 장차 후회할 일이 생길 것입니다. 바라건대 시의를 따르십시오!"

호해는 옛날의 역사적 사례도 있고 자신이 황제에 오르려는 야심도 있었기 때문에 조고의 말이 충분히 행동에 옮길 만하다고 생각했다. 하지만 그는 여전히 자신이 없었다. 정확히 말하면 조고가 이사를 설득해 자기편으로 만들 능력이 있는지 의심스러웠.

이에 호해가 길게 탄식하며 말했다.

"부왕께서 막 세상을 떠나 아직 발상도 하지 않았고 상례도 끝나지 않았는데, 어떻게 승상의 동조를 구할 수 있겠소?"

조고가 다급히 말했다.

"시간이 금입니다. 공자께서 이렇게 결정을 내리지 못하시면 모든 것이 수포로 돌아갑니다."

호해가 마침내 동의하자 조고는 황급히 이사에게 달려가 말했다.

"황제께서 세상을 떠나시면서 장자에게 남긴 부절符節과 옥새가 모두 호해에게 있습니다. 누구를 태자로 정할지는 당신과 나 조고의 한마디에 달려 있습니다. 당신은……."

그가 이사를 바라보자 이사는 정색을 하고 화를 내며 말했다.

"간이 부었구려, 이게 무슨 말이오? 당신은 신하된 자로 어떻게 이런 말을 꺼낼 수 있단 말이오?"

조고는 사람의 마음을 흔드는 데 천부적인 재능을 가지고 있었다. 그가 이사에게 말했다.

"내가 이렇게 대담한 말을 꺼낸 것은 사실 당신을 위해서요. 부소가 일단 황위를 이으면 그와 사이가 막역한 몽염이 분명 승상이 될 것 아니오? 한 번 잘 생각해보시오. 당신의 재능이 몽염과 비교가 된다고 생각하시오?"

이사는 화가 났지만 그 말이 사실이었으므로 하는 수 없이 고개를 끄덕였다.

그러자 조고가 마치 기관총을 쏘듯 말을 내뱉었다.

"공적은요? 앞을 내다보는 원대한 계책은요? 조정 대신과의 관계는요?"

이사는 모든 것이 몽염만 못했으므로 꿀 먹은 벙어리가 되고 말았다.

조고가 이어서 말했다.

"내가 역사에 대해서는 조금 알고 있습니다. 사임한 진나라의 승상과 공신 중에 아들이 그 지위를 이은 자는 한 명도 없었습니다. 마지막에는 모두 죽임을 당했지요. 부소가 황제에 오른 뒤 어떻게 정사를 펼칠지는 모르겠지만 먼저 승상을 교체할 것은 분명한 사실입니다. 내가 여러 해 동안 호해를 모셨지만 그에게서 어떤 잘못도 찾지 못했습니다. 그는 인자하고 후덕하며, 의리를 중시하고 이익을 가볍게 여기며, 인재를 존중합니다. 그가 황위에 오르면 당신은 일등 공신이 될 것입니다. 그러니 한 번 잘 생각해보십시오."

사실 이사는 호해에 대해 훤하게 꿰고 있었다. 그는 조고가 허튼소리를 지껄이고 있고, 부소가 등극한 후의 분석 역시 억측에 불과하다는 것을 잘 알았다. 부소가 황위에 오른다고 해서 이사처럼 총명한 사람을 제쳐두고 몽염을 꼭 승상에 앉히리라는 보장도 없었다. 부소와 몽염의 관계도 조고가 말한 정도는 아니었다. 그런데도 이사가 조고의 말에 동조한 이유는 모든 일이 정말 진시황이 뜻한 대로 흘러간다면 분명 자신의 이익을 침해할 수 있었기 때문이다.

수년 후 이사는 개인의 사사로운 이익 때문에 자기 손으로 직접 설계한 이 제국을 벼랑 끝으로 몰았음을 비로소 깨달았다. 진시황은 저승에서 어쩌면 자신이 가장 신임했던 세 사람 중 둘이 자신을 배반한 줄은 꿈에도 모르고 있지 않았을까. 조고는 이사, 호해와 입을 맞춘 후 부소에게 줄 조서를 위조하고 그 위에 황제의 옥새를 찍어 봉했다. 조서의 내용은 대략 다음과 같다.

"내가 천하를 순행하며 각 지역 명산의 신령에게 장수를 빌며 기도와 제사를 올렸다. 현재 부소와 장군 몽염이 수십만 군대를 거느리고 국경에 주둔한 지 이미 십여 년이 지났다. 그런데도 국경 밖으로 진군하지 못한 채 죽고 다치는 병사들만 속출해 조그만 공도 세우지 못했다. 부소는 도리어 서울로 돌아와 태자가 되지 못한 것에 밤낮으로 원한과 불만을 품어 수차례 상소를 올려 내 행동 하나하나를 비방했다. 부소는 자식 된 자로서 불효를 범했으니, 검을 내려 자살을 명하노라! 장군 몽염은 부소와 함께 밖에 나가 있으면서 그의 잘못을 바로잡지 못했고, 또 분명 그의 계획을 잘 알고 있었을 것이다. 신하된 자로 충성을 다하지 못했으니, 함께 자살을 명한다. 군권은 모두 부장 왕리王離에게 넘기도록 하라."

호해의 신하가 이 조서를 들고 상군上郡으로 달려가 부소에게 전했다. 부소는 조서를 다 읽은 후 한참을 울더니, 내실로 들어가 자살하려고 했다. 그러자 노련하고 용의주도한 몽염이 그를 제지하며 말했다.

"황상이 밖에 계시고 태자가 세워지지 않은 상황에서 저에게 30만 대군을 거느리고 변경을 지키라 하고 공자를 감군으로 임명한 것은 천하의 중임을 맡긴 것입니다. 지금 고작 사신 한 명이 와서 공자에게 자살하라고 하니, 중간에 협사挾詐가 있는 줄 누가 알겠습니까? 다시 한 번 잘 알아보시고 회답이 있은 후 자살해도 늦지 않을 것입니다."

하지만 부소는 이것저것 생각도 해보지 않고 대답했다.

"아버지가 자식에게 자살을 명하셨는데, 뭘 더 알아본단 말이오!"

그러더니 바로 목숨을 끊었다. 진나라 사람들은 그의 어리석은 행동을 보고 치를 떨었다. 이런 어리석은 사람에게 제국을 맡겼다면 진나라의 미래 역시 불을 보듯 뻔했을 것이다.

사신이 돌아와 이 상황을 호해, 이사, 조고에게 보고하자 세 사람은 크게 기뻐했다. 함양으로 돌아와 장례를 발표한 후 태자 호해가 이세二世 황제에 올랐다. 그리고 조고를 낭중령郎中令에 임명하여 항시 궁중에서 황제를 모시도록 했다. 이로써 조고는 조정 대권을 장악하게 되었다.

제국의 빛과 그림자

　　진시황이 죽기 직전으로 다시 되돌아가보자. 당시 진시황은 병이 깊어 산천에 제사 지내는 의식을 수행할 수 없었다. 그래서 그는 내정 대신 몽의蒙毅를 파견해서 대신 의식을 치르게 했다. 진시황이 죽을 때까지 몽의는 돌아오지 못했다. 몽의는 대장 몽염의 동생으로 장군인 형은 밖으로 정벌에 나서고, 몽의는 상경上卿을 맡아 내정을 처리했으니, 이사보다 직책이 위였다. 진시황이 순행을 할 때 몽의가 늘 옆에서 따라다녔지만 마지막 순행에서는 뜻밖에도 외부로 파견을 나가게 되었다. 이는 우연한 사건일 수 있지만 달리 보면 조고의 치밀한 계략이었을지도 모른다.

　　만약 몽의가 자리를 지켰다면 유조를 받을 사람은 분명 조고, 이사, 몽의였을 것이다. 그리고 조고가 형 몽염을 모해하려 했을 때 몽의는 어찌됐든 이에 반대했을 것이 분명하다. 그랬다면 진시황의 유조가 세상에 널리 알려져 우리는 다음과 같은 희망적인 가설을 해볼 수 있다. 몽의가 진시황 곁을 떠나지 않았다면, 부소가 자결하지 않았다면, 몽염이 병권을 놓지 않았다면 진나라의 역사는 다시 쓰이지 않았을까.

그러나 최초 황제의 최초 유조는 결국 어둠 속에 버려졌고 제국은 멸망을 향해 맹렬히 치달았다. 조고는 진 제국의 중심에 서자 가장 먼저 호해를 속여 조정과 신하들을 멀리하게 했다. 그는 호해에게 이렇게 말했다.

"천자가 고귀한 이유는 사람들에게 얼굴을 자주 비치지 않기 때문입니다. 신하들이 폐하를 볼 수 없다면 폐하는 신비감의 대명사가 될 것입니다."

멍청한 호해는 얼토당토않은 그의 말에 고개를 끄덕였다. 이후 조고가 조정 대권을 독점하여 신하들의 원성이 자자했지만 누구도 '신비한' 호해의 얼굴을 볼 수 없었다. 뒤이어 그는 성격이 제멋대로인 호해를 부추겨 가혹한 진시황의 형벌을 한층 더 강화시켰다. 날로 잔혹해지는 법령 앞에서 신하들은 모두 위기의식을 느껴서 문관은 도망갈 마음을 먹고 무장은 반란을 일으킬 마음을 품게 되었다. 마침내 조고는 황실의 종친을 모두 제거할 마음을 먹고 호해에게 이렇게 말했다.

"모든 공자와 대신들이 우리가 꾸민 사구沙丘의 음모(사구는 진시황이 죽은 곳으로, 조고 등이 진시황의 유조를 고쳐 장남 부소 대신 호해를 제위에 오르게 한 사건-옮긴이)를 의심하는 눈치입니다. 공자들은 폐하의 형님들이시고 대신들은 선제의 신하들입니다. 폐하께서 이제 막 황위에 올라 정세가 어수선한 상황에서 그들이 꿍꿍이를 꾸밀까 심히 걱정됩니다."

이 말에 호해가 화들짝 놀라자 조고가 바로 "모든 일을 저에게 맡겨주십시오"라며 그를 안심시켰다. 조고는 진시황의 열두 공자와 열 명의 공주를 모두 사형에 처했다. 진시황이 힘들게 뿌려놓은 씨앗은 채 큰 나무가 되기도 전에 조고의 단칼에 베어지고 말았다. 진시황이 지하에서 이를 바득바득 갈고 노한 눈을 부릅떴을 것이 분명하다.

각지의 농민들이 연일 반란을 일으킬 때 제국의 위대한 장수들이 잇달아 조고에게 죽임을 당했다. 잠시나마 제국의 명맥을 지탱하던 몽염, 장함章邯 등이 죽자 제국의 중추 시스템이 붕괴되면서 진나라 는 멸망을 향해 한발 더 나아갔다.

조고는 또한 자신의 위세를 증명하기 위해 사슴을 가리켜 짐짓 말 이라고 하고는 사슴을 사슴이라고 말한 대신들을 모조리 죽여버렸 다. 그러자 신하들이 그를 매우 두려워했고 호해조차 그를 어찌지 못 했다.

진시황이 30여 년 동안 천하를 경영하며 남긴 것은 통일된 강산뿐 아니라 제국을 지탱하는 데 꼭 필요한 문무 대신들도 있었다. 그러나 조고는 3년이란 짧은 시간 안에 이 모든 것을 파괴했다. 신하가 없는 제국은 이미 제국이라 할 수 없었고 제국을 지탱하는 기둥이 조고에 의해 모조리 뿌리가 뽑혀버렸다.

진시황이 죽은 지 일 년 만에 제국은 붕괴의 조짐을 보이기 시작했 다. 밖에서는 핍박받던 수많은 백성들이 무장하여 이 제국을 공격했 고 안에서는 조고가 이 제국의 기반을 무너뜨렸다. 이 두 가지는 비 록 방법은 달랐지만 결과는 똑같았다.

그러나 제국 내부에서 조고는 제거할 수 없었지만 외부 백성들의 '반란'은 효과적으로 예방할 수 있었다. 진시황 사후 위기가 사방에 잠복해 있었지만 당시 정세로 볼 때 만회하지 못할 정도는 아니었다. 신임 황제는 보통 백성들에게 희망을 가져다준다. 이런 유리한 조건을 등에 업고 올바른 정책을 실시하여 부역과 세금 부담을 덜어주고 형벌을 낮춘다면 위기가 크게 경감될 수 있다. 하지만 안타깝게도 이세 황제는 방종과 폭정을 선택하여 조고의 조종 아래 제국을 신속하게 깊은 수렁으로 인도했다.

진나라는 사람들의 고개를 갸우뚱하게 만드는 왕조이다. 역사를 조금이라도 아는 사람이라면 진나라가 빠르게 강성했다가 빠르게 쇠퇴한 것에 깜짝 놀란다. 이는 마치 숲 속에서 튀어나온 위풍당당한 호랑이가 사람들이 미처 그 풍채를 감상하기도 전에 갑자기 길에 쓰러져 죽어버리는 것과 같다. 사실 진나라의 멸망은 단시간에 이루어진 것이 아니었다. 이렇게 거대한 제국은 설사 호해 같은 삼류 황제가 망쳐놓았다고 해도 더 오랫동안 지속될 수 있었다. 하지만 대규모 농민 반란이 폭발하고 2년 동안 격전을 치른 끝에 진나라는 결국 멸망을 선포했다.

어떤 사람은 진나라가 멸망한 것은 인의仁義 정치를 실천하지 않아서라고 하고, 어떤 사람은 진나라의 주력부대가 남쪽에 배치되어 있어서 북쪽의 반란에 제대로 대처하지 못해서라고 말한다. 또 조고와 이사가 진시황의 유언을 멋대로 고쳤기 때문이라고 말하는 사람도 있다.

미래의 빛과 어둠은 일직선상에 놓여 있었지만 왜 진나라는 어둠을 향해 달려간 것일까?

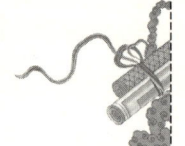
조작된 유언, 어떻게 가능했을까?

진시황은 중국 군주제 시대의 위대한 인물이다. 먼저 그는 전란과 분쟁에 휩싸였던 역사적 국면을 종식하고 중국 최초로 중앙집권적인 통일 제국을 건설했다. 다음으로 진나라의 정치체제는 2,000여 년을 이어져 내려온 중국 봉건제도의 기본적인 틀을 제공했다.

진시황이 남긴 유언은 결코 잘못되지 않았다. 진나라는 법으로 나라를 세우고 법으로 나라를 다스려 진시황의 죽음이 임박했을 무렵 이미 큰 위기에 빠져 있었다. 진시황은 최후의 순간에 어쩌면 이 점을 깨달았는지 모른다. 그가 설사 이를 깨닫지 못했다 해도 나라를 장자 부소에게 맡긴 것은 당시가 됐든 후대가 됐든 결코 비판할 일이 아니다. 관건은 이 유언이 그의 생각대로 실천될 수 있는지의 여부이다.

그는 조고가 유조를 고치리라고는 상상도 못했을 것이다. 조고가 감히 유조를 고친 데는 탐욕스런 마음도 분명 한몫했지만 그보다 중요한 역할을 한 것은 부소에 대한 진시황의 태도였다. 특히 관건이 되는 것은 조고가 진시황과 부소에 대해 꿰뚫고 있었다는 점이다.

많은 사람들은 조고가 유조를 멋대로 바꾼 사건이 매우 우연히 일어났다고 여긴다. 왜냐하면 진시황이 사랑하는 아들 호해를 데려가지 않았다면, 또 옥새를 관장하는 조고를 대동하지 않았다면 사구의 정변은 절대 일어나지 않았을 것이기 때문이다. 설사 발생했다고 해도 황제의 권력을 상징하는 옥새가 없었다면 성공할 수 없었다. 여기서 또 한 가지 가설이 성립한다. 일찍이 조고가 큰 죄를 저지른 일이 있었는데 이때 몽의가 그를 사형에 처하려 했었다. 그래서 조고가 몽씨 일가에게 커다란 분노와 원한을 품어 진시황의 죽음을 빌미로 몽씨 일가를 제거하려 했다는 것이다. 하지만 이러한 분석 결과는 사구의 정변을 개인적인 원한에 초점을 맞추어 바라본다는 한계가 있다.

이사든 조고든 부소가 그들과 같은 길을 걸을 사람이 아니라는 것을 알았다. 부소의 위엄 있는 모습은 백성들을 바른길로 인도할 수 있었다. 이사가 보기에 옆에서 보좌만 잘하면 부소는 분명 치세의 제왕이 될 재목감이었다. 그러나 진시황이 분기탱천해 부소를 개미 새끼 한 마리 보기 힘든 상군으로 쫓아내자 그들은 부소에 대한 희망을 완전히 접고 더 이상 돌아보지도, 생각하지도 않았다. 부소에 대한 조고의 이해는 여기서 그치지 않았다. 그는 일찍이 이사에게 "부소의 효심은 남들의 귀감이 될 정도여서 아버지가 시키는 일은 뭐든지 한다"라고 말했다. 또 몽염에 대해서는 "그는 황제의 말만 따른다"고 말한 적이 있다.

이 모든 것이 조고에게 유조를 고칠 용기를 주었다.

하지만 이것들이 가장 중요한 이유는 아니다. 사람 마음이란 예측하기 어렵기 때문이다. 사람은 위기가 닥쳤을 때 곧잘 평소와 반대되는 행동을 한다. 조고가 비록 부소, 몽염의 성격을 정확히 파악했다고 해도, 이것이 유조를 고친 가장 근본적인 이유는 될 수 없다.

가장 중요한 이유는 중국의 밀실 정치에서 찾을 수 있다. 이 정치 형태는 중국 군주제의 처음과 끝을 관통하고 있다. 진시황이 세상을 떠났을 때 승상 이사는 조고에게 이렇게 말했다.

"여기서 함양까지는 너무 멀어 하루 이틀에 갈 수 없소. 만약 황상의 서거가 세상에 알려진다면 안팎에서 혼란이 일어날 가능성이 크므로 잠시 이를 비밀에 부치는 게 좋겠소. 발상을 하지 말고 급히 함양으로 돌아가 다시 처리합시다."

그들은 진시황의 시신을 수레 안에 안치한 다음 수레 문을 꼭 닫고 커튼을 늘어뜨려 밖에서 절대 보이지 않게 했다. 그때는 마침 늦여름이라 시체 썩는 냄새를 감추기 위해 그들은 특별히 소금에 절인 생선을 사다가 수레 안에 한 광주리씩 놓았다. 그러자 수레 주위에 소금에 절인 생선 냄새가 진동해서 진시황의 시체 썩는 냄새를 덮을 수 있었다.

진시황의 서거 소식이 즉시 공포됐다면 부소가 과연 자살했을까?

진시황으로부터 시작된 제국은 필연적으로 밀실 정치의 숙명을 띠고 있었다. 군주 중심의 전제 정치는 군주가 하늘의 뜻을 받들어 천하를 다스리는 것이었으므로 어떤 일도 백성에게 알려져서는 안 되었다. 공자가 말한 "백성이 이치에 맞게 따르게 할 수는 있어도, 그것을 일일이 알게 할 수는 없다"도 대강 이런 뜻일 것이다.

제왕의 과업을 가능한 한 모르게 처리하는 것이 가장 좋다는 말은 어떤 면에서는 잠시 동안의 형세를 안정시키는 데 도움이 될 수도 있지만 폐단이 너무 두드러진다. 진시황의 유언은 하나의 게임을 연상시킨다. 최초로 게임에 참가한 사람이 귓속말로 두 번째 사람에게 어떤 말을 전달하고, 두 번째 사람이 다시 세 번째 사람에게 이 말을 전달하는 게임 말이다. 마지막 사람에게 이 말이 전달됐을 때 그 말은 분명 처음에 했던 말과 다를 것이다. 이는 정보의 단방향 전달로 설사 악의가 없다 해도 문제가 발생할 수 있는데, 전달하는 사람이 나쁜 마음을 품었다면 무슨 할 말이 더 있겠는가!

사실 진시황은 유사 이래 최초로 통일된 제국을 창건했다. 진나라가 통일을 이루기 전까지만 해도 중국은 사분오열되어 있었다. 또한 여러 국가가 난립하고 영토가 협소했기 때문에 어떤 국가의 군주든 너무 우매하지만 않다면 국가를 다스리는 일이 결코 어렵지 않았다. 진시황 전에는 이렇게 광활한 영토와 이렇게 많은 인구를 다스려본 군주가 없었다. 그러므로 진시황은 자신이 없었을 가능성도 매우 높다.

다음 사건은 진시황이 (자신의 사후) 제국의 미래에 대해 명확한 청사진이 없었음을 잘 증명해준다. 그는 천하를 병탄한 후 신하들에게 말했다.

"저 옛날 오제(五帝, 고대 중국의 다섯 성군, 소호少昊·전욱顓頊·제곡帝嚳·요堯·순舜을 가리킨다-옮긴이)는 왕위를 다른 사람에게 선양禪讓했는데, 삼왕(三王, 하夏나라 우왕禹王, 은殷나라 탕왕, 주나라 문왕文王을 가리킨다-옮긴이)은 오히려 자식에게 자리를 물려주었소. 여러분들은 이에 대해 어떻게 생각하시오? 그리고 내가 어찌하면 좋겠소?"

많은 사람들이 감히 대답하지 못하는데, 한 사람이 일어나서 말했다.

"오제의 선양은 그들이 천하를 하나의 관직으로 여겼기 때문에 가능했고 삼왕의 부자세습은 천하를 자기 집으로 여겼기 때문에 가능했습니다."

진시황은 이 설명을 듣고 하늘을 우러러 길게 탄식했다.

"내 덕이 오제보다 높으니, 짐은 선양을 해야겠소. 추천할 만한 사람이 누가 있겠소?"

그러자 그 사람이 조롱하여 말했다.

"폐하께서는 걸주(桀紂, 하나라의 마지막 임금 걸왕과 은나라의 마지막 임금 주왕으로 폭군으로 유명하다-옮긴이)의 행동을 따라하시면서 어찌 오제의 선양을 행하려 하십니까? 그것이 옳다고 보십니까?"

진시황이 펄쩍 뛰며 크게 노해 소리쳤다.

"이리 가까이 오거라! 감히 내가 걸주의 행동을 따라했다고 말하는데, 조목조목 설명해보아라. 만약 제대로 대답하지 못한다면 네 목을 칠 것이다!"

그 사람이 천천히 설명했다.

"폐하께서는 토목공사를 크게 일으키고, 각지의 미녀를 후궁으로 불러들이고, 여산驪山에서 무수한 목숨을 해치셨습니다. 제가 보기에는 이로 인해 천하가 오래전부터 고통을 겪었으니, 설사 폐하께서 다른 사람에게 선양하신다 해도 이렇게 못쓰게 된 천하를 누가 받겠습니까?"

진시황은 갑자기 꿀 먹은 벙어리가 되어 한숨만 길게 내쉴 뿐이었다.

《설원說苑》〈지공至公〉편에 기록된 이 사건은 우리에게 다음과 같은 사실을 알려준다. 진시황은 자신이 창건한 통일 제국을 앞에 두고 미래에 대해 어떤 청사진도 제시하지 못했다. 우리는 진시황이 남긴 유언의 원인과 결과를 한마디로 요약해볼 수 있다. 그것은 바로 제국의 제도가 완벽한 형태를 갖추지 못했고, 특히 후계자를 고르는 문제에 있어서 경험이 없었기 때문에 진나라는 망할 수밖에 없었다는 것이다.

그렇다면 진나라를 이은 한漢나라는 황권 교체 과정에서 어떤 일을 겪었을까? 진나라가 반면교사反面敎師를 제공했으니, 한나라는 순풍에 돛을 단 듯이 순조롭게 황권이 교체되지 않았을까?

"유씨가 아닌 자가 왕이 되려 한다면 천하가 함께 그를 공격하라." -《사기》〈여태후본기呂太后本紀〉

"여후가 고조에게 물었다. '폐하께서 돌아가신 후에 소 상국도 죽게 된다면 그 자리에 누구를 앉혀야 할까요?' 고조가 대답했다. '조참이면 괜찮을 것이오.' '그다음은요?' '왕릉이오. 하지만 왕릉은 좀 우직한 편이므로 진평에게 돕게 하면 될 것이오. 진평은 매우 지혜로우나 그에게 모든 걸 맡기기는 어렵소. 주발은 학문은 부족하지만 행동거지가 무겁고 믿음직하니, 유씨 왕조를 안정시킬 자는 바로 그일 것이오. 그를 태위로 삼으시오.' 여후가 다시 그다음 일을 묻자 고조가 대답했다. '그다음 일은 당신이 알 바 아니오.'" -《사기》〈고조본기高祖本紀〉

유방劉邦이 남긴 유언은 꼬리에 꼬리를 물고 이어져서 빈틈이 전혀 없다고 할 만하다. 위의 두 유언은 한나라 초기의 정국을 직접 반영하고 있고 이후 발전 방향을 제시하고 있다. 인사 안배의 유언은 한나라 유씨 천하를 안정시켰고, 백마白馬의 맹세는 유씨 천하를 370년이나 지속시켰다. 유방의 유언은 작게 보면 진나라 역사에 대한 반성이고 크게 보면 당시 형세에 대한 통찰이라고 할 수 있다.

2장

영원한 유씨 천하를 만들어라!

— 한나라 유방 —

유씨 천하를 위한 두 번째 유언
-인사 안배

한고조漢高祖 12년(기원전 195년) 4월 중순 62세의 유방은 침대에 누워 저승사자를 기다리고 있었다. 이때 조정과 황궁 안팎의 분위기는 그야말로 침울하기 짝이 없었다. 황궁 밖의 중신들은 황제의 명이 얼마 남지 않았음을 알았지만 전혀 손쓸 방도가 없었다. 유방 곁에 붙어 그를 간호하던 여후呂后 역시 그가 어떤 생각을 가지고 있는지 몰라 안절부절못했다.

어느 날 저녁 그녀가 유방에게 다가가 남길 유언이 있는지 슬쩍 떠보았지만 유방은 아무 대답도 하지 않았다. 그녀는 하는 수 없이 정치가의 입장에서 캐물었다.

"당신이 돌아가시고 승상 소하蕭何도 죽으면 누구에게 백관百官을 통솔하는 중임을 맡겨야 합니까?"

승상이란 직책은 진나라 때 이미 백관의 우두머리가 된, 명실상부한 정부 수뇌이다. 황족의 수뇌에 불과한 황제가 진짜 어리석은 바보가 아니라면 승상 직에 대해 명확한 인식을 가지고 있었을 것이다. 승상은 황제를 위해 일하지만 백관을 직접 관리하므로 정부라고 할 수 있다. 황제가 한 나라의 대표자라면 승상은 바로 이 국가를 운영하는 지휘자이다.

그래서 정치적 머리가 비상했던 여후는 단도직입적으로 가장 관건이 되는 문제를 물었던 것이다. 유방은 숨이 오늘내일 했지만 머리는 아직 깨어 있었다. 이에 그는 두 번째 유언을 남겼다(첫 번째는 백마의 맹세를 가리킨다).

그가 여후에게 대답했다.

"조참曹參이오."

여후가 다시 물었다.

"그다음은요?"

"왕릉王陵이오."

그리고 덧붙여서 이렇게 말했다.

"왕릉은 사람됨이 고리타분하고 강직하니, 진평陳平에게 돕도록 하면 될 것이오. 진평은 지혜가 뛰어나나 혼자 중임을 감당하기 어렵소. 그러므로 주발周勃을 기용해 그를 돕도록 하시오. 주발은 태위太尉에 임명하면 될 것이오. 사람들이 주발을 가리켜서 학문이 부족하다고 하지만 솔직히 유씨 천하를 안정시킬 자는 분명 주발일 것이오."

여후는 마음속으로 매우 불쾌했다. 특히 유씨 천하를 안정시킨다는 마지막 말이 신경에 거슬렸다. 그녀는 이런 마음을 누르고 다시 물었다.

"이들이 모두 죽는다면 누가 그들을 대신해야 합니까?"

그러자 유방이 심오한 말투로 대답했다.

"그것은 당신이 알 바가 아니오!"

유방은 마음속으로 그때까지 살지도 못할 거면서 쓸데없는 걱정을 한다고 생각했다. 유방은 그해 4월 25일 장락궁長樂宮에서 숨을 거두었다. 정치가인 여후는 이를 비밀에 부치고 그 이유를 총애하는 신하인 심이기審食其에게 설명했다.

"조정의 원로대신들은 예전부터 황제와 함께 자리에서 일어나고 앉았으며, 신하로 칭하는 것을 매우 싫어했소. 이런 그들에게 지금 당장 내 아들 유영劉盈 앞에서 머리를 조아리고 신하를 칭하라고 한다면 마음속으로 더욱 복종하지 않을 것이오. 그들을 전부 다 죽이고 일족을 몰살하지 않으면 천하가 안정되지 않을까 걱정이오."

이에 대해 심이기는 좋다 나쁘다 아무런 말도 하지 않았다. 그러나 곡주후曲周侯 역상酈商은 이 애기를 듣고 손사래를 치며 심이기에게 경고했다.

"태후께서 사람을 죽이려 한다면 반드시 화를 당할 것이오. 진평, 관영灌嬰이 형양滎陽에 10만 대군을 거느리고 있고, 번쾌樊噲, 주발이 연燕과 대代 땅에 20만 대군을 거느리고 있으니, 여러 장수들이 주살되었다는 소식을 듣는다면 분명 연합하여 관중關中을 공격할 것이오. 그때가 되어 대신들이 안에서 반란을 일으키고 제후들이 밖에서 호응한다면 고조의 기업은 흔적도 없이 무너질 것이오."

이 말을 듣고 사태가 심상치 않음을 깨달은 심이기는 조금도 지체하지 않고 바로 궁으로 달려가서 여후에게 보고했다. 뛰어난 정치가였던 여후는 일의 경중을 분명히 가려 애초에 가졌던 마음을 고쳐먹었다.

그녀는 유방의 유언에 따라 소하가 죽은 뒤 조참을 승상에 임명했다. 그 후에도 유방의 유언을 좇아 왕릉을 우승상으로, 진평을 좌승상으로, 주발을 태위로 삼았다.

유방이 유언에 언급한 신하들을 순서대로 배열해보면 다음과 같다. 조참-왕릉-진평-주발.

조참은 유방의 믿음직한 추종자였다. 그는 진나라 군대 및 항우項羽 반군과의 무수한 전투에서 큰 공을 세웠다. 하지만 유방이 그를 눈여겨본 이유는 결코 이 때문이 아니라 그가 황로黃老 사상(도교道教의 한 분파로 황제黃帝와 노자老子의 사상을 아울러 이르는 말로 한나라 때 크게 유행했다-옮긴이)을 좋아하고 진퇴의 이치를 깨달았기 때문이다. 과연 조참은 재상의 임무를 이어받은 후 무위無爲로 나라를 다스려 소하가 정한 법률과 제도를 그대로 집행했다. 여기서 '소규조수蕭規曹隨'라는 고사가 나오게 되었다.

표면적으로 보면 이는 조참이 황로 사상을 좋아한 것과 당시 한나라의 정국 때문이라 할 수 있다. 하지만 좀 더 깊이 파고들면 그가 여후의 정권을 건드릴 수 없었기 때문에 이런 고육지책을 쓴 것으로 보인다. 당시 형세는 여후가 언제든 궁중 정변을 일으킬 태세였다.

조참의 뒤를 이은 왕릉은 치국 능력이 그다지 뛰어나지 않았다. 하지만 그는 차라리 목이 달아날지언정 원칙을 굽히지 않는 성격이라 여후 일가의 이익에 늘 모난 돌처럼 방해가 되었다. 이에 불만을 느낀 여후가 진평을 찾아가 물었다. 진평은 꾀가 많고 보신술에 뛰어난 인물이었다. 그는 겉으로는 여후가 하는 모든 말에 맞장구를 쳐주면서도 뒤로는 몰래 주발과 긴밀한 관계를 맺었다.

이것이 바로 유방의 뛰어난 점이다. 진평은 지혜와 꾀가 많았지만 군사권이 없었으므로 태위 주발이 바로 이 결점을 보충해주었다. 여후가 세상을 떠나기 전 여씨 세력은 승상 진평과 태위 주발이 손을 쓸 수 없을 정도로 커져 있었다. 여후가 죽고 여씨 일가가 반란을 일으킬 무렵 진평은 즉각 행동을 개시했다. 보신술의 대가인 그는 한나라가 일단 여씨 천하가 되면 자신의 목숨을 부지하기 어렵다는 사실을 직감적으로 깨달았다. 그래서 그는 즉시 한나라 군대를 장악한 태위 주발 및 유씨 종실과 손을 잡고 전광석화같이 여씨 일가를 궤멸했다. "유씨 천하를 안정시킬 자는 바로 주발"이라고 한 유방의 예언은 그대로 적중했다.

그러나 유방은 인사와 관련된 유언만으로 유씨 천하가 보존될 것이라고 자신했을까? 유방은 설마 야심만만한 여정치가 여후를 인사라는 그물로 옭아맬 수 있다고 확신했던 것일까?

팽팽한 견제, 후당과 상당

조금이라도 상식이 있는 사람이라면 유방이 남긴 유언을 통해 다음과 같은 결론을 얻을 수 있다. 유방이 여후에게 유언을 남긴 것은 지혜롭지 못한 행동이었다. 진시황이 조고에게 유언을 남긴 것처럼 이는 정보의 단방향 전달로, 불안정한 한나라 초기 정국에는 문제가 발생할 확률이 매우 높았다. 특히나 유약하고 소심한 유영이 태자로 있는 상황에서는 말이다.

태자 유영이 유약한 사람으로 큰 데는 전적으로 유방의 책임이 컸다. 유영은 어렸을 때 두 차례나 심각한 정신적 충격을 받았다. 첫 번째는 항우의 군대가 유방의 고향에 대한 소탕 작전을 벌여 유영의 할아버지와 어머니가 포로로 잡혀간 일이다. 당시 나이 겨우 다섯 살에 불과했던 유영은 키가 작아 수풀 속에 숨어 있어서 다행히 화를 면할 수 있었지만 심한 정신적 충격을 받았을 것이 분명하다. 두 번째는 더 무서운 경험을 했다. 그가 유방과 함께 항우의 추격을 받을 때였다. 수레가 너무 무거워서 항우군에게 따라잡힐 것을 두려워한 유방은 자식인 유영 남매를 수레에서 떨어뜨리려고 했다. 어떻게 친아버지가 아들인 자신을 수레에서 떨어뜨려 추격해오는 적들에게 넘길 수 있단 말인가. 아무리 급박한 상황이라도 누구도 이를 받아들이지 못할 것이다. 이 이후로 유영은 유약하고 소심한 성격을 띠게 되었고 어떤 일을 하든 지레 겁을 집어먹었다.

유방은 원래 유영을 태자 자리에서 내리고 그가 가장 총애하는 척부인戚夫人의 아들 조왕趙王 여의如意를 태자로 삼으려고 했다. 그러나 유영의 모친인 여후와 대신들의 반대에 부딪혀 그만 실패하고 말았다.

유방이 보기에 여후가 반대한 것은 자신의 친아들을 폐위하는 것이니, 정리상 당연했다. 하지만 대신들까지 반대하고 나서자 유방은 번민에 휩싸였다. 대신들은 태자를 폐출하는 것이 국가 안위와 관련될 만큼 큰일이라는 이유를 내세웠지만 유방은 그들의 생각을 전혀 납득할 수 없었다.

여후는 애초부터 유영을 손아귀에 넣고 흔들 생각을 가지고 있었고, 대신들 역시 그런 생각을 하지 않은 것이 아니었다. 설사 그런 생각을 가지지 않았다 해도 현실이 그들을 그렇게 만들었다. 당시 유영의 집권에 위협이 될 세력 중 하나는 여치呂雉, 여후의 이름)를 위시한 외척 세력인 '후당后黨'이었다. 여기에는 여택呂澤, 여산呂産, 여록呂祿 등 여씨 일가가 포함된다. 또 하나의 세력으로 소하를 위시한 '상당相黨'이 있었다. 여기에는 조참, 주발, 관영 등이 포함된다. 쌍방 모두 유방과 사이가 너무 친밀해서 유방이 노골적으로 그들을 제거하기는 어려웠다. 그래서 유방은 한 가지 묘책을 생각해냈다. 이는 솔직히 건달만이 생각해낼 수 있는 방법이었다.

유방은 상당을 제압하기 위해 유영 곁에 강인하고 든든한 여후를 배경으로 앉혔다. 여후 주변에는 용맹하고 싸움에 능한 후당이 있었다. 그리고 이런 후당을 제압하기 위해 충분한 실력과 명망을 갖춘 소하를 재상에 임명했다. 한편 소하의 세력을 견제하기 위해 그에게 백성과 이익을 다투는 감투를 씌워 백성들의 지지를 얻지 못하게 했다. 동시에 유방은 여후의 여동생을 대장 번쾌에게 시집보내 소하가 군권을 가지지 못하게 했다. 이런 일련의 조치들로 유방의 계산은 척척 들어맞았다.

우선 양쪽 세력이 서로 견제하고 균형을 이룸으로써 누구도 감히 먼저 상대방을 공격하지 못했다. 상당이 엉뚱한 생각을 품더라도 항상 여후를 고려해야만 했고, 여씨 일가 역시 승상이 어떻게 나올지를 반드시 따져보아야 했다.

이것이 바로 앞서 언급한 승상의 중요성이다. 그래서 여후가 만약 유방의 의사에 따라 승상을 임명하게 되면, 한나라는 이들 승상의 의지대로 앞으로 나갈 수 있는 것이다.

유방의 이런 견제의 예술이 실현될 수 있었던 것은 앞서 다른 보험을 들어놓았기 때문이다. 그 보험은 바로 성씨가 다른 제후를 제거한 것이다.

어찌하면 용사를 얻어 사방을 지킬까!

그럼 먼저 한고조 12년 초로 돌아가보자. 그해 유방은 반란을 일으킨 회남왕淮南王 영포英布를 격퇴했지만 화살에 맞아 상처를 입은 채 장안으로 돌아왔다. 최후의 친정을 마친 그는 4개월 후

숨을 거두게 된다. 돌아오는 길에 고향인 패현沛縣에 들른 것은 어쩌면 죽기 전 금의환향하고 싶은 마음이 들었거나 화살에 맞은 상처와 여독을 풀기 위해서였는지 모른다. 그는 한동안 그곳에 머물며 고향 부로父老들과 함께 즐거운 시간을 보냈다.

그는 고향 사람들을 모두 불러 모아 술자리를 마련하고 양과 돼지를 여러 마리 잡았다. 이는 그가 건달 시절에 빚진 술값을 갚는 자리이기도 했다. 열흘 넘게 즐겁게 논 유방이 떠나려 하자 마을 사람들이 이를 만류했다. 그는 마다하지 못하고 길가에 천막을 친 채 다시 사흘 동안 실컷 마시고 놀았다.

중국인의 고향 관념은 예로부터 세계 최고로 손꼽힌다. 외지에서 성공을 거둔 후에는 반드시 금의환향하는 게 순서이다. 항우가 진나라를 멸망시킨 후 동쪽으로 돌아가기를 고집하며 남긴 천고의 명언이 있다.

"부귀해진 뒤에 고향에 돌아가지 않는 것은 비단옷을 입고 밤길을 다니는 것과 같으니, 누가 그걸 알아주겠소!"

바로 이런 뿌리 깊은 '귀향' 정서가 성공을 거둔 수많은 중국인이 고향에 돌아가 한바탕 놀고 마시게 된 이유가 되었다. 유방은 천하를 차지했으니, 당연히 고향 사람들과 놀고 마시는 데도 남다른 흥취를 보였다.

그는 먼저 어린이 120명으로 구성된 합창단을 조직하고, 직접 "큰 바람이 부니, 구름이 날아오르는구나. 위엄을 온 세상에 떨친 후 고향으로 돌아왔다. 어찌하면 용사를 얻어 사방을 지킬까!"라는 가사를 지었다. 그는 축(筑, 거문고와 같은 열세 줄의 중국 현악기-옮긴이)을 연주하며 선창을 마친 후 갑자기 목 놓아 울기 시작했다. 울음을 그친 뒤에는 다시 덩실덩실 춤을 추었다. 그리고 마지막에 고향에 대한 깊은 정을 숨김없이 털어놓았다.

"떠돌이는 항상 고향 생각에 슬픈 법입니다. 내 비록 관중에 도읍을 정했지만 언젠가 죽게 되면 내 혼백은 고향 패현을 그리워할 것입니다."

고향에 대한 생각은 그리움이 되기도 하지만 종종 분노로 표출되기도 한다. 유방도 예외가 아니어서 그를 배반한 풍읍豊邑에 대해서는 보복을 가했다. 유방의 고향은 본래 풍읍이었지만 후에 패현으로 이사를 했다. 유방은 거사를 일으킨 후 스스로 패공沛公이라 칭하고 풍읍을 공격해 점령했다. 그는 옹치雍齒에게 풍읍을 지키게 했지만 옹치가 그를 배반하고 위魏나라에 귀순했다. 이 일로 인해 그는 금의환향했을 때 패현의 부역과 조세는 면제해주었으면서도 풍읍에 대해서는 동등한 대우를 해주지 않았다. 이는 보복이라기보다는 고향에서 황제의 권위를 과시한 것으로 보는 편이 옳다.

유방의 금의환향은 어쩌면 한나라 초기 정국의 축소판이라 할 수 있다. 그가 자신의 성공을 과시한 것이 그렇다는 의미가 아니라 그가 지은 〈대풍가大風歌〉가 그렇다는 의미이다. 세 구절로 구성된 이 노래는 중국 문학에서 손꼽히는 작품으로 평가된다. 문학적 재능을 전혀 갖추지 못한 유방이 〈대풍가〉를 지을 수 있었던 것은 특수한 환경에 기인한다. 그의 주관적인 생각과 객관적인 현실이 맹렬히 충돌하는 상황에서 그의 진심이 밖으로 표출된 것이다. 우리는 항우가 죽기 전에 지은 〈해하가垓下歌〉를 기억하고 있다. 이 두 노래에는 자신의 비범한 인생 역정이 끝날 즈음 눈앞에서 겪은 강렬한 체험, 그리고 앞날을 내다보면서 생긴 근심과 곤혹스러움이 고스란히 담겨 있다.

어떤 사람은 유방의 〈대풍가〉를 승리자의 개선가라고 말한다. 하지만 그 안에 담긴 뜻을 음미해보면 사실 이 노래는 승리자의 비가悲歌이다.

특히 "어찌하면 용사를 얻어 사방을 지킬까!"라는 마지막 구절은 7년 동안 황제에 올랐던 유방 본인의 심경을 대변하고 있다. 여기서 우리는 한나라 초기에 제후들이 일으킨 모반을 떠올릴 수 있다. 동시에 이는 유방이 얼마 안 있어 남기게 된 정치적 유언의 사상적 기반이 되었다.

여기서 '용사'는 누구일까? 바로 여러 제후들이다. 그렇다면 그는 제후들을 모두 죽일 거면서 애초에 왜 그들을 제후로 임명한 것일까? 이 모든 일의 단초는 진시황에게서 비롯되었다.

또한 어찌하면 용사를 제거할 수 있을까?

천하가 통일된 후 시황 26년에 분봉제分封制와 군현제郡縣制를 둘러싸고 대신들 사이에 격렬한 논쟁이 벌어졌다. 천하에 전쟁이 끊이지 않는 이유가 모두 후왕侯王 때문이라고 생각한 진시황은 최종적으로 이사가 제안한 군현제를 선택했다.

유방은 항우와 전쟁을 벌이던 4년 동안 분봉제를 실시했다. 하지만 이는 진시황의 전철을 되풀이하지 않았던 것이 아니라 어쩔 수 없는 선택이었다. 그는 항우에 대항할 힘을 키우기 위해 강력한 군대를 거느린 자를 제후에 봉할 수밖에 없었다. 그 기간 동안 한왕韓王 신信, 팽월彭越 등 여덟 명을 이성異姓 왕에 봉했다. 이와 함께 그는 군현제도 실시했다. 항우와 천하를 다투는 동시에 자신의 영토에 18개 군을 설치한 것이다.

이는 유방이 이성 왕에게 땅을 분봉할 생각이 전혀 없었음을 의미했고, 또 천하가 안정된 후 그가 이성 왕을 한 명씩 제거한 행동의 기초가 되었다. 유방은 원래 건달 출신이었다. 전통 의식이나 규범에 속박을 받지 않았던 그가 정치적 필요에 의해 분봉제를 실시했으니, 정치적 필요에 의해 제후들을 제거하는 것은 당연했다.

유방이 전통 의식이나 규범에 속박을 받지 않았다고 말하는 근거는 그가 봉한 왕들이 일정한 규칙이나 제도에 따라 분봉된 것이 아니라 완전히 정책과 책략에 의해 분봉되었기 때문이다. 대놓고 말하면 분봉된 왕들은 유방에게는 성공의 도구에 불과했다. 존귀하고도 권위 있는 '왕'이란 단어도 유방에게는 별 의미가 없는 것이었다.

연왕燕王 장도臧荼는 중원에서 멀리 떨어진 유幽·연 땅에 거하며 자기 영토를 지키는 데 만족하고 있었다. 그는 유방과 항우가 싸울 때 사태를 면밀히 주시한 후 현명하게 유방 편에 서서 제후의 지위를 인정받았다. 조왕趙王 장이張耳는 자기 나라에서 상당한 영향력을 행사했기 때문에 유방은 조나라를 평정한 후 그를 왕으로 세웠다. 한왕 신은 그저 평범한 장수에 불과했다. 그는 자발적으로 유방을 따라 한중漢中에 들어갔지만 특별한 재능을 보이지도, 훌륭한 공을 세우지도 못했다. 그런데도 유방이 그를 한왕에 봉한 이유는 그가 한왕의 서손庶孫이었으므로 그곳 민심을 안정시키는 데 누구보다 유리했기 때문이다. 솔직히 이 세 왕의 공로는 조참, 주발 등 한나라 초기 공신들과 비교하는 것 자체가 불가능했지만 유방이 오히려 이들을 왕으로 봉한 처사에서 시대를 꿰뚫는 지혜를 엿볼 수 있다.

한나라 건국 초기에 천하가 어느 정도 안정되자 유방의 마음속에서 건달의 본성이 꿈틀대기 시작했다. 유방은 한고조 5년(기원전 202년) 2월에 즉위한 이후부터 한고조 12년 4월 장락궁에서 병사할 때까지 무려 7년이란 시간 동안 이성 왕들에게 죄를 덮어씌우고 그들을 토벌하는 데 바쁜 시간을 보냈다. 반란 평정은 해마다 끊이지 않고 벌어졌다. 반란을 일으킨 자들은 대부분 항우를 무찌르고 천하를 얻는 데 도움을 준 공신들이었고 심지어는 직계 자손이나 가까운 신하까지 포함되어 있었다. 배반할 만한 자도, 남들이 부추겨 배반한 자도, 또 절대로 배반하지 않을 자까지 반란을 일으켰으니, 유방에게 그 7년이란 시간은 고난의 연속이었다. 그래서 그가 항우와 대치할 때 보여준 차분함이나 익살은 더 이상 보기 어려웠다.

제후들이 반란을 일으키면 유방은 어디든 달려가 반란을 평정했다. 그는 임강왕臨江王 공위共尉, 연왕 장도, 한왕 신, 조왕 장오張敖, 조나라 재상 관고貫高, 대대나라 재상 진희陳豨, 제왕齊王에서 초왕楚王으로 강등된 데 불만을 품은 회음후淮陰侯 한신韓信, 양왕梁王 팽월, 회남왕 영포, 연왕 노관盧綰을 잇달아 토벌했다. 이 기간 동안 유방이 겪은 정신적, 육체적 고통은 말로 다 설명할 수가 없다. 또한 그는 이레 동안 흉노에게 포위되어 하마터면 목숨을 잃을 뻔했고 조나라 땅을 지날 때는 암살자를 만났으며 영포를 토벌할 때는 화살에 맞아 치명상을 입었다. 그 누가 이런 엄청난 풍파를 감당해낼 수 있단 말인가? 오직 유방만이 가능했을 일이다.

군말할 필요 없이 한나라 초기 공신들은 수적으로나 질적으로 역대 최고였다. 하지만 이들은 한낱 유방의 도구에 불과했기 때문에 그의 온갖 핍박 아래 부득불 반란의 길로 들어설 수밖에 없었다. 한왕 신이 가장 전형적인 사례이다.

앞에서 이미 언급했지만 유방이 한왕 신을 세운 것은 오직 한나라 민심을 안정시키기 위해서였다. 천하가 안정되자 한왕 신은 더 이상 이용 가치가 없어졌을 뿐 아니라 정예부대까지 거느리고 있어서 유방의 마음을 늘 불편하게 했다. 유방은 먼저 한왕 신에게 국경을 위협하는 흉노를 물리치라고 명령했다. 하지만 흉노의 소동을 잠재울 능력이 없었던 한왕 신은 흉노에게 화친을 청했다. 유방은 속으로 쾌재를 부르며 이를 빌미로 한왕 신을 태원군太原郡으로 이주시켰다. 태원군에는 병사나 식량이 하나도 없는데다가 흉노를 막는 막중한 책임까지 져야 했으므로 한왕 신의 처지는 사형수나 다름없었다. 이와 마찬가지로 한신, 팽월, 영포 등도 유방에게 직접 혹은 간접적으로 죽임을 당했다.

역대로 공신들을 대거 살육한 개국 황제 가운데 유방보다 잔인한 황제는 없었다. 훗날 명明나라의 주원장朱元璋만이 이에 버금갈 만하다. 유방과 주원장은 모두 황제의 길을 걸을 때 어느 세력과도 손을 잡아 단결된 힘을 보여줘야 했기 때문에 추종 세력의 구성이 매우 복잡했다. 이는 마치 한약을 달이는 것과 같아서 수많은 약재를 약탕기에 넣지만 약을 다 달인 후에는 약재는 모두 버리고 탕약만 마시는 것에 비유할 수 있다.

유방은 초나라를 배신하고 한나라에 달라붙은 연왕, 한왕, 조왕 등과 연합하면서 그들을 왕에 봉하고 그들이 봉지에서 마음껏 활개 치는 것을 묵인했다. 또 항복한 항우의 장수들을 구슬려서 한신을 제왕에 봉하고 팽월을 양왕에 봉했으며 영포를 회남왕에 봉했다. 전국을 통일하기 전 그가 설치한 62개 군 가운데 중앙에서 직접 통제할 수 있는 곳은 고작 15개에 불과했다. 그러므로 이성 왕이 유방의 황권에 얼마나 큰 위협이 됐는지 쉽게 알 수 있다.

유방은 이런 특수한 역사적 조건으로 인해 이성 왕들을 제거할 수밖에 없었다. 결국 "어찌하면 용사를 얻어 사방을 지킬까!"라는 그의 외침은 사실 다음과 같은 뜻을 가지고 있다. 이 용사들은 사방을 지키는 데 가장 적합한 도구이지만 임무를 완수하면 죽이지 않을 수 없다는 뜻 말이다.

유씨 천하를 위한 첫 번째 유언
- 백마의 맹세

이어서 그는 자신의 제국을 위해 보험 하나를 더 들어놓았다. 유방은 세상을 떠나기 한 달 전인 한고조 12년 3월 중순에 중병을 핑계로 조정 대신들과 부인인 여후를 한데 부른 다음 백마 한 마리를 죽이고 하늘에 맹세했다. 이것이 바로 한나라 역사에 지대한 영향을 미친 '백마의 맹세'이다.

백마의 맹세에는 두 가지 내용이 담겨 있다. 첫째는 대신들에게 나라를 길이 보존하겠다는 맹세를 받은 것이다. 그래야만 대신들과 그 자손들이 영원히 부귀영화를 누릴 수 있을 테니까. 둘째는 유씨가 아닌 자가 왕이 되려 한다면 천하가 함께 그를 공격하고, 공적이 없는 자가 제후가 되려 한다면 천하가 함께 그를 토벌하라는 것이다.

유방은 정말 고단수였다. 그는 자신과 함께 진나라에 반기를 들고 초한 전쟁에서 동고동락한 장수와 병사는 물론 그 자손들의 운명까지 한나라의 운명과 하나로 묶어놓았을 뿐만 아니라 그들이 유씨 정권 유지를 위해 후회 없이 싸우게 했다.

한나라가 공신들을 후대한 것은 그들의 공로에 대한 보상이자 "유씨가 아닌 자가 왕이 되려 한다면 천하가 함께 그를 공격하라"는 유언을 실현하는 기초가 되었다. 후자가 물론 백마의 맹세의 궁극적인 목표였다.

이로써 백마의 맹세는 한나라의 상방보검(尙方寶劍, 황제가 사용하는 검으로 최고의 권위를 상징한다-옮긴이)이 되어 한나라에 다른 뜻을 품은 자는 이 보검 아래에서 심사숙고하지 않을 수 없었다. 얼마 지나지 않아 이 검이 효과를 발휘했다. 여후가 자신의 친척을 왕에 봉하려 하자 승상 왕릉이 펄쩍 뛰며 큰소리로 진평과 주발을 꾸짖었다.

"당신들은 설마 그때 선제와 피를 나누며 했던 맹세를 잊은 것이오? 지금 선제께서 돌아가시고 여후가 선제의 맹세를 어기려 하는데도 이를 제지하지 않으니, 훗날 저승에서 무슨 면목으로 선제를 뵐 수 있겠소?"

여후의 제안은 끝내 강행 처리됐지만 이러한 왕릉의 태도는 매우 중요한 것이다. 이를 통해 여씨 일가에게 분봉하는 행위가 영원히 불법임을 알 수 있기 때문이다. 이러한 전제는 나중에 여씨 일가를 궤멸하는 데 현실적인 명분이 되었다.

여후도 백마의 맹세의 중요성을 잘 알고 있었다. 그녀는 임종 직전 자신이 왕으로 봉한 두 친척에게 이렇게 말했다.

"선제께서 애초에 대신들에게 유씨가 아닌 자가 왕이 되려 한다면 천하가 함께 그를 공격하라는 말을 남기셨소. 내가 죽은 뒤 여러분들은 반드시 조심해서 일처리를 하시오."

사태는 정말 그녀가 예측한 대로 흘러갔다. 주발이 군영에서 손을 한 번 휘두르자 여씨 일가는 순식간에 궤멸하고 말았다.

시간이 흘러 경제景帝의 왕황후가 경제에게 자신의 오빠를 후侯에 봉해달라고 청하자 당시 승상이던 주아부周亞夫가 백마의 맹세를 언급했고 경제는 하는 수 없이 황후의 청을 거절했다. 성제成帝 때 외척인 왕씨가 권력을 장악하자 대신들이 백마의 맹세로 호소하고 음양오행설을 거론했다. 결국 대장군 겸 대사마大司馬인 왕봉王鳳은 자리에서 물러나고 말았다. 이렇게 보면 백마의 맹세는 그야말로 유씨 정권을 유지한 수호신이나 다름없었다.

백마의 맹세는 동한東漢에 이르러서도 여전히 위력을 발휘했다. 장제章帝 때 황제가 몇 차례나 황태후의 형제를 후로 봉하려 했지만 황태후는 백마의 맹세를 들어 완곡하게 거절했다. 안제安帝 때는 조양후朝陽侯 유호劉護의 사촌형인 유환劉環이 안제의 유모 딸인 백영伯榮을 아내로 맞이하면서 유호의 작위를 물려받았다. 그러자 대신인 양진楊震이 상소를 올려 "선제께서 대신들과 백마의 맹세를 맺으면서 공신이 아니면 작위를 내리지 말라고 하신 걸로 알고 있습니다. 그런데 지금 유환은 아무런 공도 없으니, 어찌 작위를 받을 수 있겠습니까!"라고 말했다. 또 영제靈帝 때는 황제가 환관 직을 남발하자 대신 여강呂强이 상소를 올렸는데, 역시나 유방과 대신들이 맺은 백마의 맹세를 들어

이를 만류했다.

　백마의 맹세의 효력은 여기서 그치지 않았다. 왕망王莽이 옛것에 의탁해 제도를 개혁하여 새로운 왕조를 세우려 하자 그에게 핍박받던 농민과 지주들이 '한나라 후예'의 이름으로 군사를 일으켰다. 이들이 이처럼 뜻을 같이했던 이유는 "유씨가 아닌 자가 왕이 되려 한다면 천하가 함께 그를 공격하라"는 맹세가 사람들 마음속에 깊이 박혀 있던 것과 밀접한 관계가 있다. 당시 가장 강력한 반란군인 녹림군綠林軍이 들고 나온 구호 역시 "유씨를 옹립하여 민심을 얻자"였을 정도였다. 그래서 그들은 멍청이 유현劉玄을 황제로 삼았다. 그때 누군가 유현에게 유방이 제후를 봉한 일들을 따라하자고 건의하자 이 멍청이 황제는 뜻밖에도 "애초에 선제께서 유씨가 아닌 자는 왕으로 삼지 말라고 하셨소"라고 대답했다.

　유방은 결코 신도 아니고 예언자도 아니었다. 유방이 백마를 죽여 대신들과 맹세한 가장 큰 이유는 진나라 멸망의 역사를 거울로 삼아 이성 왕들을 뿌리째 뽑아버리고 공적이 탁월한 공신들에게 나라를 맡기기 위해서였다. 이것이 바로 유방이 유씨 통치를 공고히 하기 위해 채택한, 매우 영향력 있는 최후의 전략적 조치였다.

한나라 400년 역사의 버팀목

　갓 수립된 왕조는 종종 전 왕조를 본보기로 삼는데, 한나라 역시 예외가 아니었다. 유방은 이성 왕을 쫓아내고 그곳에 동성

同姓 왕을 봉함과 동시에 진나라의 군현제를 답습했다. 이로써 서한 西漢은 '군'과 '봉국封國'이 병존하는 군국제郡國制를 실시하게 되었다. 이는 주로 역사에 대한 유방의 견해에서 비롯되었다. 그는 주나라는 분봉제 때문에 멸망했고, 진나라는 분봉을 실시하지 않아 멸망했다고 여겼다. 만약 도처에 봉국을 세워 황족들에게 다스리게 했다면 진승陳勝과 오광吳廣의 난은 분명 실패했으리라. 그래서 유방은 절충이 되는 방법을 채택해서 한편으로는 진나라의 군현제를 유지하고, 다른 한편으로는 주나라의 분봉제를 부활시켰다.

또한 그는 봉국과 군이 서로 간섭하지 않도록 규정하고, 봉국은 독립적인 행정권과 군사권을 누리도록 했다. 물론 봉국도 형식상으로는 군처럼 중앙정부의 통제를 받았다. 그러나 유방이 죽고 얼마 지나지 않아 봉국과 중앙정부 사이에 불화가 생기기 시작했다. 이 현상은 여러 사람들에게 간파되어 경제 때 대신 조조鼂錯는 봉국의 면적을 축소하고 왕들의 권한을 제한하자고 강력하게 주장했다. 이 주장으로 인해 결국 후원後元 3년(기원전 141년) 한나라 역사에 큰 영향을 미친 '오초칠국吳楚七國의 난'이 일어나게 되었다.

칠국은 당시 제국 동쪽에 위치해 있었고 실력 또한 상당히 막강했다. 그들이 정변을 선포하고 실천에 옮겼을 때 한나라는 영토 절반을 잃은 꼴이 되었다. 자신의 적수가 이렇게 막강하리라고는 상상도 못했던 경제는 자신의 경솔함을 크게 후회했다. 그는 특히 할아버지 유방이 실시한 분봉제가 가져온 결과에 대해 진저리를 쳤다. 그때 칠국이 외친 구호는 두 가지였다. 하나는 조조를 죽이라는 것이었고, 또 하나는 거두어들인 토지를 돌려달라는 것이었다. 경제는 이를 모두 수용하여 조조를 저잣거리에서 허리를 베어 죽이고 그의 삼족을 멸했다.

그러나 칠국 연합군은 중앙정부의 굴복에도 결코 행동을 멈추지 않았고, 이번 소동을 주도한 유비劉濞는 자신이 황제에 오르겠다고 공공연히 떠벌리고 다녔다. 그의 군대가 낙양洛陽까지 치고 들어오자 한나라에서는 전투에 능한 주아부를 출격시켰다. 그는 바로 전에 유씨 정권을 공고히 한 태위 주발의 아들이었다. 주아부가 두 달 만에 오·초 연합군의 양도糧道를 끊어버리자 굶주림과 피곤에 지친 연합군은 퇴각하기 시작했다. 주아부는 이 틈을 놓치지 않고 적을 추격해 오·초 연합군을 대파했다. 반군의 주력부대인 오·초 연합군의 패배로 오·초 양국은 멸망했고 다른 봉국의 왕들도 자살하거나 살해당했다. 기세등등했던 오초칠국의 난은 이처럼 순식간에 평정되었다.

오초칠국의 난이 평정되면서 한나라는 중대한 전환점을 맞게 되었다. 만약 칠국 연합군의 우두머리인 유비가 군대를 원활히 지휘하고 남의 의견을 들었다면 천하가 누구의 손에 들어갔을지는 모를 일이다. 유비의 반란이 성공했다면 중국은 전쟁이 끊이지 않았던 전국시대戰國時代로 돌아갔을 것이 분명하다. 그러나 그는 결국 실패하고 말았다. 그의 실패로 유방 이래로 내려오던 분봉제는 종말을 고했고 서한 왕조는 순조롭게 위기에서 벗어나 통일 국면이 더욱 공고해졌다.

경제는 이 기회를 틈타서 각 봉국의 행정권과 군사권을 전부 몰수했다. 그리하여 봉국의 대권은 중앙정부에서 직접 파견한 국상(國相, 봉국의 재상)에게 넘어가게 되었다. 중앙정부는 마침내 진정한 통일 정부를 수립할 수 있게 되었고 훗날 무제武帝가 제국의 전성기를 이

끄는 데 견실한 기초를 제공했다.

분봉제는 유방의 가장 큰 오판이었는지 모른다. 그는 분봉제가 유씨 천하를 공고히 하는 데 꼭 필요한 조치라고 생각했다. 그러나 이 오판으로 인해 하마터면 그가 각고의 노력 끝에 창업한 기반이 무너질 뻔했다.

어쩌면 이는 한나라의 운명이었는지도 모른다. 우리는 때때로 어떤 일의 성패에 크든 작든 '운'이 작용한다는 사실을 인정하지 않을 수 없다.

한고조 12년 4월 유방이 중병으로 일어나지 못하자 여후는 궁 밖에서 명의를 찾아 그의 병을 치료하게 했다. 진찰이 끝난 후 유방이 의원에게 치료가 가능한지 물었다. 의원은 물론 치료가 가능하다고 대답했다. 의원은 당연히 칭찬을 들을 것으로 생각했는데, 뜻밖에도 유방이 불같이 화를 내며 소리를 질렀다.

"이 몸은 평민의 신분으로 세 자짜리 검을 뽑아 천하를 취했으니, 이것이 운명이다. 그리고 지금 내가 죽음을 앞둔 것도 바로 운명이다. 설사 편작(扁鵲, 전설 속의 명의)이 다시 살아난다 해도 내 운명을 거스를 수는 없다!"

그리고 그는 그 의원을 내쫓아버렸다.

유방에게 '운명'이란 말은 특히나 더 설득력을 가진다. 그가 진나라 말기에 봉기하지 않았다면, "왕후장상이 어찌 씨가 따로 있겠느냐!"라는 진승의 외침에 평민들이 신분 상승을 노리고 그의 부대에 가담하지 않았다면 그가 어떻게 항우를 무찌르고 천하를 차지할 수 있었을까! 우리는 그 이전에 일개 평민에서 황제에 오른 자가 아무도 없었음을 기억해야 한다.

솔직히 말해서 수많은 사람들이 건달 또는 사생아라고 부른 이 사람이 황제에 오른 데는 정말 운이 많이 따랐다. 기원전 206년 유방이 함곡관函谷關을 돌파하자 진의 2대 황제인 자영子嬰은 지레 겁을 먹고 스스로 성문을 열어 항복했다. 천하를 통일한 지 16년도 되지 않은 진나라는 이렇게 멸망했다. 4년 후 유방이 제후들과 연합하여 해하에서 항우를 포위하자 서초西楚의 패왕으로 이름을 날렸던 항우는 고향으로 돌아가 재기하라는 뱃사공의 권유를 듣지 않고 오강烏江에서 스스로 목숨을 끊었다. 이로써 유방은 천하를 차지하게 되었다.

이듬해 유방은 낙양의 남쪽 궁에서 주연을 베풀고 여러 신하들에게 자신은 왜 천하를 차지했고 항우는 왜 실패했는지에 대해 질문을 던졌다. 진나라와 초나라가 반짝 흥했다가 순식간에 멸망한 사실은 유방이 제국의 흥망과 안정에 대해 돌아보는 계기가 되었다. 이때 고기高起와 왕릉이 항우는 부하들에게 물질적 이익을 베푸는 데 인색했지만 유방은 그렇지 않았던 것이 승패를 가른 결정적 요인이라고 지적했다. 하지만 유방은 자신의 성공이 그런 단순한 이유 때문이 아니라 인재를 적재적소에 잘 활용했기 때문이라고 대답했다.

한편 유방은 진나라 멸망의 원인을 가혹한 형벌에서 찾았다. 폭력으로 구정권을 전복했지만 똑같이 강압적인 폭력으로 신정권의 합법성을 증명해서는 안 된다는 것이 그의 생각이었다. 그래서 그는 간단하고 따르기 쉬운 법률을 제정하고 집행하고자 노력했다.

유방이 밖에 나가 제후들과 싸울 때 한나라의 내정은 소하가 모두 책임졌다. 소하는 진나라 관리 출신으로, 이런 배경은 그가 정치를 행하는 데 필연적으로 영향을 미쳤다. 한편 소하는 형벌에 근거해 나라를 다스린, 진나라의 고압적인 정치가 불러온 극단적인 결과에 대해서도 잘 알고 있었다. 그는 한나라의 통치 질서를 새로 세우기 위해 자기에게 가장 익숙한 진나라의 제도와 법률에서 많은 것을 취했다. 그러나 민심을 가라앉히고 민생을 안정시키기 위해 최대한 사회적 조건과 민심에 부합하는 제도를 수립하고자 노력했다.

훗날 소하의 뒤를 이어 재상이 된 조참은 무위의 원칙을 표방하여 덕망 있고 나이가 지긋한 인물을 주로 관리로 삼아 너그러운 정치를 펼쳤다. 조참의 정치 노선은 매우 명확했다. 그는 소하가 제정한 법령과 제도를 그대로 따라 되도록 말썽을 줄이고 사회적 모순이 격화되는 것을 피했다.

이런 점으로 볼 때 유방의 뛰어난 인사 능력은 그가 항상 자랑하던 용인술用人術과 밀접한 관련이 있다. 또한 먼 미래까지 내다본 그의 유언은 중간에 오초칠국의 난을 겪기도 했지만 한나라 400년을 다지는 결정적인 역할을 했다.

오초칠국의 난 외에 개국 황제 유방이 유언에서 소홀히 한 점이 하나 더 있다. 그가 선택한 후계자들은 천하를 어지럽히지 않는다는 무위의 정책으로 나라를 다스렸지만 이는 결코 장구한 계책이 아니었다. 왜냐하면 제국이 일정 단계까지 발전한 뒤에는 반드시 변화가 필요하기 때문이다. 물론 이는 유방이 말한 대로 사람이 예측할 수 있는 일이 아니다. 결국 70년도 지나지 않아 한나라를 쇠락으로 몰고 간 황제가 출현했으니, 그는 바로 한무제이다.

"내시에게 '주공이 성왕을 도와 제후를 조회하는 그림'을 그리게 한 뒤 이를 곽광에게 하사했다."
-《한서漢書》〈곽광전霍光傳〉

"막내 아들인 불릉을 황제로 세우고 너는 주공이 되어라."
-《한서》〈무제본기武帝本紀〉

중국의 전체 역사에서 봤을 때 한무제는 절대 용렬한 군주가 아니었다. 한나라 입장에서 그는 큰 재앙이나 다름없었다. 그는 진시황과 마찬가지로 말년에 자신의 삼족을 멸하는 등 무수한 잘못을 저질렀다. 하지만 한무제 때는 나라가 멸망할 정도의 실수는 있었어도 나라가 멸망할 정도의 재앙은 없었으니, 이는 그와 한나라가 생사의 갈림길에 놓였을 때 한 치의 어긋남도 없이 후사를 결정했기 때문이다.

3장

한무제, 곽광에게
그림을 선물한 이유는?

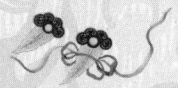

— 한나라 무제 —

그림 속에 담긴 비밀

후원後元 원년(기원전 88년) 초에 한무제는 사람을 시켜 그림 한 폭을 그리게 한 뒤 이를 대신 곽광에게 하사했다. 그림을 펼쳐본 곽광은 고개를 갸우뚱했다. 사실 이는 '주공周公이 성왕成王을 도와 제후를 조회하는 그림'이었다. 주공은 애초에 주나라 무왕武王이 왕을 보좌할 대신으로 점찍어놓은 인물로, 무왕이 죽자 성왕을 도와 국사를 처리했다. 이는 왕을 보좌하는 신하와 어린 군주의 가장 환상적인 조합으로, 후대에 커다란 칭송을 받았다.

그해는 한무제가 세상을 떠나기까지 일 년 정도의 시간이 남은 때였다. 곽광은 비록 한무제의 의도를 정확히 이해하지 못했지만 분명 숨은 뜻이 있음을 깨달았다. 이 수수께끼는 일 년 후에 밝혀지게 된다. 그때 한무제의 병이 위중해지자 곽광이 울면서 물었다.

"폐하께 변고가 생긴다면 누구를 새로운 황제로 삼아야 합니까?"

한무제가 남은 힘을 다해 대답했다.

"작년에 네게 준 그림의 의미를 아직도 이해하지 못했느냐? 막내아들인 불릉弗陵을 황제로 세우고 너는 주공이 되어라!"

이는 숨이 턱 막힐 만큼 심각한 유언이었다. 파란만장한 일생을 보낸 한무제는 말년에 이르러 황제 자리를 물려줄 아들을 찾지 못하자 커다란 위험을 지닌 탁고託孤의 도박을 감행한 것이다.

우선 당시 곽광이 실권 없는 광록대부光祿大夫를 맡고 있었다는 사실을 알아야 한다. 또한 그는 손톱만 한 공적도 없었고 재주 면에서도 남들보다 뛰어나지 못했다. 그런데 한무제는 왜 이런 그에게 탁고의 임무를 맡긴 것일까?

곽광은 대장 위청衛靑의 외종질이자 곽거병霍去病의 동생이었다. 이 두 명장은 흉노와의 전쟁에서 커다란 공로를 세워 한나라의 대들보로 자리매김했고 한무제가 가장 총애하는 신하가 되었다. 곽광은 이런 배경을 가지고 있어서 십대인 어린 시절부터 궁중에 들어와 한무제를 모셨다. 곽광의 가장 큰 장점은 사람됨이 신중하고 듬직하며 좀처럼 잘못을 저지르지 않는다는 것이었다. 게다가 용모가 수려하고, 얼굴이 희고 깨끗하며, 멋진 수염을 길러서 딱 봐도 성인군자의 풍모를 지니고 있었다. 사료에 따르면 그는 황제의 수레를 관리하는 봉거도위奉車都尉로 20여 년간 황궁을 출입하면서도 잘못을 범한 적이 없었다고 한다. 궁궐을 출입할 때마다 한 치의 오차도 없이 매번 똑같은 자리를 밟았을 정도였다.

상식적으로 이런 사람은 큰일을 하기에 적합하지 않다. 그러나 한무제는 곽광을 매우 총애하고 믿었다. 그래서 두 사람은 일반적인 군신 사이를 넘어선 친밀한 관계와 두터운 감정을 오랫동안 유지할 수 있었다.

이것이 한무제가 그를 보정輔政 대신으로 선택한 중요한 요인이라 할 수 있다. 하지만 이것이 결정적인 이유는 아니었다. 결정적인 요인을 설명하려면 한무제 후기의 인재들에 대해서부터 얘기를 시작해야 한다.

한무제 통치 초기에 한나라에는 인재가 넘쳐났다. 그 주요 원인으로는 '문경의 치(文景之治, 문제文帝와 경제의 치세에 전란으로 피폐해진 나라를 안정시켜 태평성대를 이룬 시기)'를 거쳐 한나라가 정치·경제적으로 전성기를 맞았기 때문이다. 이 시기에 걸출한 인재가 대량으로 출현했고 이들이 현자를 갈망한 한무제에게 발탁되어 한무제 초기에는 명신이 끊이지 않고 배출되었다. 이들은 경제, 정치, 문화, 사상을 막론하고 모든 분야에서 탁월한 업적을 남겼다.

그러나 원봉元封 5년(기원전 106년) 대장 위청이 사망한 후부터 한나라에는 쓸 만한 인재를 찾아볼 수 없게 되었다. 이때 한무제는 불로장생약을 찾느라 혈안이 되어 있었는데, 이는 아무리 애를 쓴다고 해도 인력으로 해결될 일이 아니었다. 이처럼 한무제가 정치에서 손을 놓고 사치와 폭정을 일삼을 즈음인 정화征和 2년(기원전 91년) '무고의 화(巫蠱之禍, 무고란 무술巫術로 남을 죽이는 것을 가리킨다. 강충江充이 한무제의 병이 깊은 이유가 태자 유거의 무고 때문이라고 모함하자 이에 반발한 유거가 일으킨 난리이다)'가 터지고 말았다. 이 사건으로 인해 어사대부御史大夫 폭승지暴勝之, 사직司直 전인田仁을 필두로 한 대신들과 여태자戾太子 유거劉據를 따르던 명신들이 모두 살해되었다. 또한 훗날 여태자의 누명을 벗겨주는 과정에서 한무제를 따르는 충직한 신하들이 이와 연루되어 죽임을 당했다. 이로써 한나라의 관직은 뜻밖에도 공백 사태를 겪고 말았다.

처음에 한무제는 조정 중신들 가운데 탁고의 임무를 맡길 사람을 찾으려 했다. 그러나 후원 원년 초(기원전 88년) 조정에는 구경九卿 가운데 단 세 명만이 남아 있었다. 그중 승상 전천추田千秋는 재주와 학식이 전혀 없는 인물이었다. 그가 승상 자리에 오른 것은 전부 여태자의 억울함을 풀어달라고 상소를 올린 덕분이었다. 그밖에 무한한 잠재력을 지닌 어사대부 상구성商丘成은 뜻밖에 한무제에게 엄청난 미움을 받았다. 마지막으로 상홍양桑弘羊은 경제적 감각이 뛰어난, 보기 드문 인재였지만 탁고의 임무를 맡기기에는 자질이 부족했다. 이처럼 한무제 후기에는 그가 믿을 만한 보정 대신이 하나도 없었다. 그러나 곽광은 비록 관직이 낮고 재능이 부족했으며 머리도 똑똑하지 않았지만 성실함으로는 조정에 그를 따를 인물이 없었다. 이로써 곽광은 반세기 동안 한나라 조정을 주름잡은 중요한 인물이 되었다.

여기서 한 가지 짚고 넘어갈 것이 있다. 한무제는 주변 국가에 한나라의 위세를 떨치고, 후대에 한나라의 이름을 길이 남기기 위해서 곽광이란 인물을 선택한 것일까?

아니면 그를 선택한 데는 또 다른 말 못할 이유가 숨어 있지 않을까?

왜 곽광이어야만 했을까?

원봉 원년(기원전 110년) 초에 흉노를 개미 새끼 한 마리 없는 황무지로 쫓아내는 데 앞장섰던 곽거병이 병사하자 태자 유거가 의지하던 위씨 집단의 세력이 점점 쇠퇴하기 시작했다. 한무제는 황후인 위자부衛子夫와 유거가 불안해하는 모습을 보고 그때까지 건재하던 위씨 집단의 대들보 위청을 찾아가 한담을 나누었다.

"국가가 수립된 지 이제 60~70년밖에 되지 않아 모든 것이 제자리를 잡지 못했소. 게다가 사방에서 외적들의 침입이 끊이지 않아 짐은 부득불 선조들의 '무위' 정책을 바꿀 수밖에 없었소. 만약 군대를 출동시켜 사방 오랑캐를 평정하지 않았다면 한나라는 평화를 얻지 못했을 것이오. 이런 이유들 때문에 어쩔 수 없이 천하의 백성들을 수고롭고 힘들게 했던 것 같소."

위청이 이 말을 듣고 고개를 끄덕이며 대답했다.

"그 점은 저도 십분 이해합니다. 폐하께서 사방으로 군대를 일으키고 영토를 개척한 것은 한나라 강산과 사직을 오래도록 보존하기 위함입니다. 신하와 백성들이 고생한 것은 맞지만 이는 도의상 당연히 해야 하는 것이지요."

그러자 한무제는 곧바로 본론으로 들어갔다.

"만약 후대에도 짐과 같은 조치를 취한다면 반드시 진나라가 망한 길을 그대로 밟게 될 것이오. 태자 유거는 듬직하고 침착하여 천하태평을 이끌 재목이므로 짐이 아무런 걱정도 없소. 내 아들 가운데 만약 수성의 군주를 찾는다면 유거보다 적합한 아이는 없다고 보오. 듣자하니, 황후와 태자 모자가 짐이 자신들을 총애하지 않는다고 마음속으로 불안해하는 것 같소. 어찌 그런 일이 있을 수 있겠소! 그러니 장군이 그들에게 짐의 뜻을 밝혀주시오."

여기서 우리는 한무제가 사람을 달래는 데 일가견이 있음을 알 수 있다. 그리고 더 중요한 것은 그가 말년에 멸망 당시 진나라의 역사를 살펴보고 자신과 같은 지도 방식은 미래의 한나라를 이끄는 데 부적합하다는 결론을 내렸다는 점이다.

다시 말해 그는 자신의 강경한 집권 방식을 부드럽게 바꾸고 싶어 했고, 여기에 태자 유거의 성격이 딱 부합했던 것이다. 그는 '수성의 군주'가 자신의 자리를 계승하길 바랐다.

정화 원년(기원전 92년)에 조왕趙王 유팽조劉彭祖가 죽자 한무제는 유팽조의 아들 유작劉綽을 조왕에 봉하려 했다. 그런데 누군가 한무제에게 유작은 능력이 뛰어나고 야심 또한 만만치 않다고 보고했다. 잠시 생각에 잠긴 한무제는 유작이 욕심이 많아 백성들을 다스리기에 부적합하다는 이유를 들어 그를 조왕에 세우지 않았다. 결국 그는 평판이 좋지도 나쁘지도 않은 무시후武始侯 유창劉昌을 조왕으로 삼았다.

이 사례를 보면 곽광이 왜 가장 믿음직한 보좌 대신으로 임명되었는지 금방 알 수 있다. 곽광의 다른 성품이 설사 마음에 들지 않았더라도 그 안에 포함된 여유로움, 온건함, 신중함과 같은 정치적 경향이 한무제의 마음에 쏙 들었던 것이다.

곽광의 입장에서 봤을 때 그가 이런 성격을 키운 것은 상당히 의도적이었다고 할 수 있다. 그는 다년간 한무제를 따라다니며 한무제의 흥성에서 쇠퇴까지의 전 과정을 두 눈으로 똑똑히 지켜보았다. 그래서 그는 복잡하고 심각한 한나라의 사회 정세에 대해 다른 사람보다 더 깊이 이해하게 되었다. 또한 한무제를 가까이 모시면서 말년의 한무제가 겪은 생각과 감정의 변화를 명확히 꿰뚫고 있었다. 바로 이런 장점 때문에 그는 한무제가 어떤 사람을 필요로 하는지, 또 어떤 정치적 태도를 지녀야 하는지 잘 알고 있었다. 이런 이유로 한무제가 곽광을 최고의 보좌 대신으로 선택한 것은 당연한 일이었다. 곽광은 정권을 잡은 후 관용 정책을 실시했다. 한무제 통치 후기의 가혹한 정치를 크게 완화하고, 부역과 세금을 경감해주는 일련의 조치를 취하여 한나라의 사회와 경제는 점차 부흥의 국면으로 접어들었다.

이러한 '휴양생식休養生息' 정책의 실시는 이후 역사 발전에 중대한 영향을 미쳤다. 휴양생식 정책한 무제를 계승한 소제昭帝와 선제宣帝의 통치 방침으로 자리 잡았다. 이는 안정과 휴식을 간절히 바라던 사회적 요구에 정확히 부합했다. 그 결과 이 시기의 정치, 경제, 문화는 크게 번성하고 발달하게 되었다. 역사에서는 이를 '소선중흥昭宣中興'이라고 부른다.

하지만 곽광은 다른 사람과 절대 타협하지 않는 성품을 가지고 있어서 자신이 마음먹은 일은 꼭 해내야 직성이 풀렸다. 그래서 어떤 사람은 그가 어린 황제를 끼고 자신의 목적을 달성하려는 야심을 가졌다고 말하기도 했다. 그러나 다행히도 한고조의 '백마의 맹세'가 있어서 유씨 이외의 자가 함부로 날뛰는 일은 발생하지 않았다.

솔직히 한무제는 곽광을 완벽히 신임할 수밖에 없었다. 그 이유는 한무제 말년의 정세에서 찾아볼 수 있다.

무고의 화, 황실의 비극

한무제가 중국 역사상 적극적인 정책을 펼친, 몇 안 되는 황제라는 사실은 누구도 부인할 수 없다. 그는 즉위 직후부터 끊임없이 한나라에 대한 수술을 감행했다.

그는 혹리酷吏를 기용하고, '추은령(推恩令, 제후의 장자만이 작위와 영토를 물려받을 수 있는 법령을 고쳐 모든 자제가 봉지를 받을 수 있게 했다. 이 정책으로 제후국의 영토가 잘게 쪼개지고 세력이 약화되었다-옮긴이)'을 실시하고 봉선 의식을 시행해 전제 정치를 강화했다. 그리고 중농억상重農抑商 정책을 실시하고, 산민(算緡, 상인의 영업 자산에 대한 특별 과세-옮긴이)과 고민(告緡, 상인의 탈세를 고발하는 자에게 보상금을 내리는 제도-옮긴이) 제도를 도입하고, 염철鹽鐵 산업을 국가에 귀속시켜 경제권을 틀어쥐었다. 또한 '백가百家를 배척하고 오직 유가儒家만을 존중하고', 학교를 창설하여 백성들의 사상을 통일했다. 물론 그의 일생일대의 사업은 39년간 지속된 흉노 정벌로, 그는 흉노를 멀리 쫓아내서 고비사막 남쪽으로는 얼씬도 못하게 했다. 그 기간 동안 그는 동구東甌와 남월南越까지 평정하여 서남쪽의 이족들을 복속시키는 혁혁한 공로를 세웠다.

하지만 이러한 '수술들'은 오히려 제국을 사지로 몰아넣는 후유증을 낳고 말았다. 그의 과욕은 사회적 갈등을 격화시켰고 누구도 건드리기 어려운 문제들을 양산했다. 결국 전국이 황폐화되고 인구가 반으로 줄었으며 도적이 창궐하여 사회가 요동치고 심지어 붕괴의 위험을 맞게 되었다.

그러나 한무제의 가장 큰 오점은 신선을 찾아 장생불사를 추구한 것일 듯하다. 물론 그를 탓할 수만은 없다. 진나라와 한나라 때는 음양오행과 방술이 크게 유행하여 천인감응天人感應의 신학이 일세를 풍미했다. 이는 마치 오늘날 우리가 외계인에게 지대한 관심을 갖는 것과 비슷하다고 할 수 있다. 어쩌면 인간은 천년 후에 자신의 이런 어리석음에 대해 똑같이 부끄러워할지도 모르겠다. 하지만 지금 우리는 외계인에게 호기심을 가지고 있고 심지어 외계인의 존재를 굳게 믿는 사람도 있지 않은가.

한무제 말년에는 도사들이 인기가 많았고 이에 편승한 사기꾼들도 인기가 많았다. 이 시기에 출현한 유명한 사기꾼으로는 이소군李少君과 소옹少翁 등을 들 수 있다. 그중 소옹과 관련된 재미있는 일화가 있다.

하루는 소옹이 괴상한 글자를 가득 쓴 비단 조각을 먹이와 함께 소에게 먹인 다음 짐짓 모르는 척하며 한무제에게 "이 소는 특이하여 뱃속에 분명 기이한 물건이 있을 것입니다"라고 말했다. 한무제가 당장 사람을 시켜 소의 배를 갈라보니, 그 안에서 정말 기괴한 글자로 가득한 비단 조각이 나왔다. 하지만 소옹의 글씨체를 알아보고 크게 진노한 한무제는 그 자리에서 그를 죽여버렸다.

이 사건은 한무제에게 큰 충격을 주었지만 연애에 빠진 사람이 사랑에 두 눈이 머는 것처럼 그는 여전히 신선과 방술에 푹 빠져 있었다.

한무제는 한 도사에게 일찍이 이렇게 말한 적이 있다.

"어느 날 아침 내가 하늘을 나는 신선이 된다면 처자식을 잃는다 해도 무슨 상관이랴! 이는 마치 해진 신발 한 짝을 잃어버린 것과 같다."

이 말에서 신선이 되고자 하는 그의 열망이 얼마나 큰지를 엿볼 수 있다. 수십 년 전으로 되돌아가보면, 진시황 역시 이와 비슷한 말을 한 적이 있다.

"내가 황제黃帝처럼 하늘을 나는 신선이 된다면 헌신짝 버리듯 처자식을 버릴 수 있다."

물론 이런 집착이 직접적으로 심각한 결과를 초래하지는 않는다. 다만 신선이 되고자 하면서 부득이하게 형성된 변태 심리가 문제였다. 이런 심리가 결국 한무제 후기에 벌어진 나쁜 결과에 직접 영향을 미쳤다.

한무제가 혁혁한 공을 세운 것은 사실이지만 그 대가로 어마어마한 물자를 쏟아 부어야 했다. 흉노를 정벌하기 위해 나라 전체의 무기가 동원되었을 뿐만 아니라 막대한 군비 지출로 당시 백성들은 안심하고 살 수 없었다. 그리고 신선이 되려는 것 역시 공짜가 아니었다. 이를 위해 한무제는 귀신에게 산을 지어주고 도사에게 수많은 돈을 바치는 등 셀 수 없이 많은 재물을 탕진했다. 또한 그는 천상에서 탈 말을 얻기 위해 저 멀리 중앙아시아의 대완국大宛國까지 쳐들어갔다. 비록 천마를 얻는 데는 성공했지만 그 결과로 막대한 돈이 낭비되고 많은 병사들의 희생이 뒤따랐다.

이러한 대량의 물자 소모는 세금 증가로 이어져 경제 위기를 초래하게 되었고 동시에 각종 사회적 갈등이 격화되어 전국 각지에서 소규모 농민 반란이 동시다발적으로 일어났다. 이런 갈등은 한나라의 토대를 심하게 흔들어놓았다. 계급 간의 갈등은 통치 집단 내부의 충돌로까지 격화되어 권력투쟁의 기미가 서서히 감돌기 시작했다.

한무제는 여기에 기름을 붓는 행동까지 하게 된다. 연로하고 병이 깊었던 한무제는 밖에 나가 사람들과 교류하거나 대신들을 접견하지 않고 대부분의 시간을 감천궁甘泉宮에서 휴양하며 보냈다. 그렇다 보니 외로움이 커진데다가 궁궐 내부에서 날로 심해지는 권력투쟁을 보면서 그는 점점 성격이 포악하고 의심이 많아지기 시작했다. 물론 신선이 되고자 했지만 이를 이루지 못한 조급한 심리도 크게 작용하고 있었다. 이런 변태 심리가 괴로운 현실과 한데 어우러져 한나라 역사에서 유명한 '무고의 화'를 일으키게 되었다.

이 무고의 화로 인해 한무제는 중국 황제 중 유일하게 '자신의 삼족을 멸한' 인물이 되었다. 앞서 언급했지만 한나라는 미신의 시대였다. 미신이 성행하게 되면 반드시 해괴망측한 일들이 벌어지게 되어 있다. '무고'란 사람을 저주하는 방법이다. 오동나무로 만든 인형을 땅에 묻고 이 나무인형을 이용해 누군가를 저주하면 그 사람이 비명횡사한다는 것이다. 신비주의에 빠진 한무제는 당연히 이 말을 믿어 의심치 않았다. 황제의 신분으로 남을 '무고'할 수는 없었지만 다른 사람이 이 방법으로 자신을 저주할 것이 틀림없다고 믿었다.

결국 승상인 공손하公孫賀 부자, 그의 딸인 양석공주陽石公主와 제읍공주諸邑公主가 한무제를 무고했다는 혐의를 받고 목숨을 잃고 말았다. 이후 한무제는 무고의 위협에 대비하기 위해 자신의 측근을 임명해 무고를 다스리게 했다. 그 사람이 바로 역사상 유명한 강충江充이다. 이자는 이간질하여 시비를 일으키기로는 둘째가라면 서러울 정도라고 소개되어 있다. 한무제는 처음에 그를 직지수의사자直指繡衣使者에 임명했는데, 이 관직은 오늘날의 공안국(公安局, 우리나라의 경찰청에 해당-옮긴이) 국장에 해당된다. 나중에는 그에게 조정의 문무백관, 황족, 외척의 불법 행위를 감찰하는 권한까지 주었다.

하루는 강충이 한무제를 따라 감천궁으로 가다가 황태자 유거의 가솔이 치도馳道로 수레를 몰고 가는 광경을 목격했다. 치도는 황제가 행차할 때 다니는 전용 도로이다. 등급이 엄격한 고대 사회에서는 황태자라도 치도로 다닐 수 없는데, 그의 가족이 그 도로를 이용했으니, 당연히 불법이었다. 그래서 강충은 유거의 가족과 마차를 억류했다. 유거는 이 소식을 듣고 직접 강충의 집을 찾아가 가족들을 풀어달라고 요청하는 한편, 이 사실을 부친에게 알리지 말라고 부탁했다. 그러나 강충은 법이란 공평무사하게 집행해야 한다며 유거의 부탁을 일언지하에 거절하고 이 사건을 한무제에게 보고했다.

한무제는 이런 강충의 행동을 크게 칭찬하고 그를 더욱 신임했다. 그러나 이 이후로 강충은 유거와 원수지간이 되었다. 한무제가 점점 연로하고 병이 깊어지자 강충은 하루하루가 불안해지기 시작했다. 만약 한무제가 하루아침에 세상을 떠나고 유거가 황제에 오르면 자신은 죽은 목숨이나 다름없었기 때문이다. 그래서 그는 한무제가 홀로 감천궁에 기거하고 또 태자와 사이가 소원한 틈을 이용하기로 마음먹었다. 한무제가 무고라면 기겁하는 것을 잘 알고 있었던 강충은 이를 빌미로 황제와 태자 사이를 이간질하여 유거를 폐위하려는 음모를 꾸몄다.

어느 날 황제가 악몽을 꾸자 기회를 노리던 강충은 태자를 그 꿈에 끌어들였다. 그는 태자가 동궁에서 무고를 했기 때문에 하늘이 이를 미리 알려준 것이라고 해몽했다.

한무제는 즉시 그에게 동궁과 황후 위자부의 처소를 수색하라고 지시했다. 사전에 철저히 준비를 마친 강충은 사람들을 이끌고 두 곳으로 쳐들어갔다. 과연 태자와 황후의 궁전에서 여러 개의 나무인형이 발견되었다. 무고는 당시 대역죄에 해당했다. 한무제의 의심병과 포악함을 잘 알고 있었던 유거는 이것이 모함이라고 주장해도 부친이 들어줄 것 같지 않았다. 그래서 그는 강충을 잡아들여 살해하고 군사를 동원해 반란을 일으켰다.

한무제는 이 사실을 알고 크게 분노하여 승상에게 군사를 이끌고 가서 친아들 유거를 주살하라고 명령했다. 이에 장안성에서 유혈 사태가 발생해 닷새 동안 전투가 끊이지 않았다. 하지만 중과부적이었던 유거는 대패하여 외지로 멀리 달아났다가 얼마 지나지 않아 자살로 생을 마감했다. 황후 위자부 역시 태자가 패했다는 소식을 듣고 스스로 목숨을 끊었다.

정화 2년에 발생한 이 사건은 서한 통치 집단 내부에서 벌어진 권력투쟁이자 한무제 일가가 빚은 동족상잔의 비극이었다. 한무제는 이 비극으로 가족 여러 명을 잃고 크나큰 정신적 충격을 받았다. 훗날 그는 자신의 잘못을 뉘우치고 태자의 억울함을 풀어주었지만 이미 태자는 이 세상 사람이 아니었다. 말년의 그에게는 태자가 공석인 상황이 흉노가 권토중래하는 것보다 더 심각했다.

한무제가 잘못을 뉘우친 것은 그가 세상을 떠나기 4년 전의 일이었다.

젊어서 위대한 공적을 세우는 것보다 늙어서 잘못을 범하지 않는 것이 더 어렵다. 또한 잘못을 범하기는 쉽지만 이를 바로잡는 것은 매우 어렵다. 그러나 한무제는 이를 능히 해낸 인물이었다.

잘못을 깨닫고 고치는 것보다 훌륭한 일은 없다

한무제가 잘못을 고치기 시작한 시점은 태자가 피살된 지 3년째 되는 정화 4년(기원전 89년)이었다. 한무제는 그해 봄에 여러 중대한 조치를 시행했다. 첫째는 당시 한나라에서 농업이 가장 발달한 산동山東 지방을 시찰한 일이다. 그는 여기서 68세의 노구를 이끌고 두 가지 작업을 진행했다. 하나는 직접 땅을 파고 농지를 경작한 일이다. 이는 물론 당연히 쇼였다. 하지만 황제가 아무런 이유 없이 쇼를 할 리는 없었다. 그가 이렇게 한 목적은 자신이 잠시나마 농업에 소홀했지만 다시는 그런 일을 반복하지 않겠다고 백성들에게 선전하기 위해서였다. 또 하나는 수행한 대신들에게 일장 연설을 한 일이다. 그는 이렇게 말했다.

"짐이 황위를 계승한 이래로 백성들을 행복하게 해준 적이 없었으니, 그들이 나 같은 황제를 만난 것은 정말 불운한 일이었소. 하지만 이 이후로 절대 그런 일은 없을 것이오. 백성들을 도탄에 빠지게 했던 일들을 지금부터는 하나도 하지 않을 작정이오."

조금이라도 생각이 있는 대신은 황제가 평생 동안 지켜왔던 기존의 국책을 바꾸려 한다는 사실을 알아차릴 수 있었다. 이는 황제가 보낸 신호라고 말할 수 있다. 허다한 대신들이 이 신호를 받고 갈팡질팡할 때 앞서 언급한 승상 전천추는 바로 행동에 들어갔다. 그는 한무제에게 상소를 올려 다음과 같이 말했다.

"황제께서 기왕 과거와의 단절을 강조하시니, 가장 먼저 신선이 되고자 하는 일을 포기하십시오. 지금 도성 안에는 수많은 방사方士

들이 모여 있습니다. 황제께서도 세 차례나 그들에게 속임을 당하지 않았습니까. 사람들에게 황제의 결심을 믿게 하려면 반드시 그들과 연을 끊어야 할 것입니다."

한무제는 즉시 그의 건의를 받아들여 방사를 전부 해산시켰다. 그리고 자신의 행동을 뉘우치는 발언을 했다.

"짐이 너무 어리석어 방사들에게 속으면서도 그들을 항상 신임했소. 그래서 그들이 결국 백성의 피와 땀이 서린 돈을 갈취하도록 방치했소. 이는 짐이나 백성에게 백해무익한 일이었소."

이것이 한무제가 정화 4년에 취한 두 번째 조치였다.

세 번째 조치는 바로 윤대輪臺 죄기조(罪己詔, 황제가 스스로를 꾸짖는 조서-옮긴이)였다. 이를 위해서는 반드시 상홍양을 언급해야 한다. 장사꾼 집안 출신이었던 상홍양은 어렸을 때부터 계산에 아주 밝았고 열세 살 때 궁으로 들어가 한무제의 시종이 되었다. 한무제는 즉위 후 한편으로는 제도를 개혁해서 중앙집권을 강화했고, 다른 한편으로는 쉬지 않고 흉노, 월, 서남쪽 이족 정벌에 나섰다. 이로 인한 국력 소모에 한무제의 사치까지 더해져서 서한 초기 '문경의 치' 때 쌓아놓은 국부가 유출되고 재정 위기가 심각해졌다.

상홍양은 이 시기에 정치 일선에서 두각을 나타냈다. 그는 한무제 통치 전반기에 커다란 신임을 받아 국가 수입 증대에 크게 공헌했다. 그의 지휘 아래 서한 정부는 소금, 철, 술을 전매하고 균수법(均輸法, 한 지방의 특산물을 조세로 걷고 다른 지방에 팔면서 생기는 유통 차익을 국가가 챙기는 제도-옮긴이)과 평준법(平準法, 물가를 평준하게 조정한다는 취지이나 사실은 균수법으로 특산물의 원가가 저렴할 때 대량 구매하여 물가가 오르면 되팔아 생기는 차익을 국가가 챙기는 제도-옮긴이)을 시행했으며, 산민·고민 제도 및 화폐 통일 정책 등을 하나하나 실행에 옮겼다.

정화 4년까지도 자신이 한무제에게 제안한, 세금을 쥐어짜는 방법이 여전히 유효하다고 여긴 상홍양은 상소를 올려 신강新疆 윤대에 군대를 주둔시키고 황무지를 개간하자고 요청했다. 하지만 이 상소는 한무제에게 단칼에 거부당했다. 이것이 바로 상홍양이 최고의 보좌 대신이 되지 못한 가장 중요한 이유였다. 왜냐하면 이때 한무제는 이미 기존의 방침을 바꿀 마음을 먹고 있었는데, 상홍양의 생각은 여전히 한무제 초기에 멈춰 있었기 때문이다. 이처럼 황제의 뜻과 시류의 변화를 읽지 못했으니, 한무제에게 인정을 받지 못한 것도 당연했다.

이런 점에서 볼 때 한무제의 판단은 대단히 정확했다. 상홍양은 한무제가 죽은 후에도 여전히 한무제의 생각이 모두 옳고 완벽하다고 생각했으니 말이다. 그에게 한무제가 정한 규범은 절대 바꿀 수 없는 것이었고 한무제가 시행한 방침은 모두 따라야만 하는 것이었다. 그래서 흉노는 계속 공격해야 하고 염철 전매는 계속 시행해야 하며 엄격한 형벌은 계속 실시해야만 했다. 또 도적이 출몰하거나 소동이 일어나면 모두 강경 진압해서 일벌백계로 다스려야만 했다.

하지만 그가 올린 상소는 오히려 한무제를 일깨워주었다. 이 제왕은 도리어 죄기조를 반포하고 몇 가지 조치를 발표했다. 첫째, 윤대에 군대를 주둔시키자는 상홍양의 제의를 거부했다. 둘째, 자신의 일생을 돌아보며 진심으로 반성했다. 마지막으로 생산력 회복을 위해 각종 조치를 채택했다. 이는 윤대 개간과 관련되어 있었기 때문에 역사에서는 이를 '윤대 죄기조'라고 부른다.

나이가 지긋한 일국의 제왕이 온 백성에게 머리를 숙이고 사과하는 용기는 정말 가상하다고 할 만하다. 이런 깬 의식은 고대 어떤 제왕도 따라올 수 없는 것이었다. 《자치통감資治通鑑》의 저자인 사마광司馬光은 한무제의 죄기조에 대해 이렇게 평가했다.

"한무제와 진시황은 닮은 점이 너무 많았다. 그들 모두 커다란 공적을 세웠지만 집권 후반기에 나라의 운명을 벼랑 끝으로 내몰았다. 하지만 한나라는 진나라처럼 멸망의 길을 걷지 않았다. 그 이유는 아주 간단하다. 진시황은 죽음에 이르러서도 자신의 잘못을 전혀 몰랐던 반면, 한무제는 말년에 이를 뉘우치고 고쳤기 때문이다. 일반 백성들조차 이를 행하기 쉽지 않은데, 천하를 주재하는 군왕이 이를 행했으니, 얼마나 대단한가!"

한무제가 위험을 느끼고 정신을 차렸을 때는 시기적으로 많이 늦긴 했지만 다행히 이것이 전환점이 되었다. 그가 죽은 후 한나라가 진나라처럼 붕괴되고 와해되지 않은 이유는 말년에 중대한 정책 변화를 시도했기 때문이다. 그는 숨을 거두기 전 2년이란 시간 동안 모든 대외 전쟁을 종식하고 온힘을 경제 건설에 쏟아 부었다. 한나라의 수명이 오랫동안 지속된 것이 소제와 선제 두 황제가 심혈을 기울여 나라를 다스린 결과라면, 이 '소선중흥'의 시발점은 바로 한무제가 말년에 실시한 정책 변화라고 할 수 있다.

그리고 이를 멈추지 않고 시행한 사람이 바로 한무제가 선택한 보정 대신 곽광이었다.

　앞에서 우리는 곽광의 사람됨이 착실하고 일처리에 있어서 신중하다고 얘기했다. 이런 사람은 일처리 능력이 매우 뛰어나지는 않지만 잘못된 길로 절대 빠지지 않는다는 장점이 있다. 그리고 실제로도 그러했다.

　곽광은 정권을 잡은 후 한편으로는 권력을 동원해 한무제의 일부 정책에 수정을 가했다. 먼저 흉노 문제를 예로 들어보자. 그는 한무제가 흉노와 벌인 전쟁 결과를 토대로 당시 한나라의 정치·경제상의 필요에 따라 변경에 군대를 주둔시키고 흉노의 소규모 침입에 대해 꼭 필요한 반격을 가하는 동시에 신중한 자세를 취하여 더 이상 선제공격을 하지 않았다. 경제 면에서는 염철 전매의 각종 폐단을 개혁하고 주세酒稅를 철폐하여 사회의 불만과 압력을 누그러뜨렸다.

　다른 한편으로는 잘못을 바로잡으려다가 오히려 더 나빠지는 상황을 피하기 위해 총체적으로 한무제의 역사적 공적을 긍정하는 기치를 선명히 내걸었다. 그래서 기존 정책을 고수하고 강경책과 유화책을 적절히 혼용하여 나라의 근본이 흔들리는 일은 없게 만들었다. 그러자 나라가 안정되고 질서가 잡혀 한무제 사후 혹시나 벌어질 일촉즉발의 위기에서 벗어날 수 있었다.

　한나라의 미래를 건, 한무제의 도박은 멋지게 성공했다. 하지만 유능한 보정 대신만으로는 충분치 않았다. 유거가 죽은 후 어떤 아들을 후계자로 삼아야 나라가 안정될 것인지가 가장 중요한 문제였다.

수성의 후계자, 유불릉

중대한 국책의 변화만으로는 결코 한 나라의 연속성을 보장할 수 없다. 제국에 우수한 제왕과 신하들이 없다면 아무리 전대 황제가 수많은 성과를 올렸다 해도 말짱 도루묵일 뿐이다.

만약 무고의 화가 터지지 않았다면 태자 유거가 한나라의 다음 황제에 등극했을 것이다. 먼저 한무제는 자신처럼 사방으로 정벌을 다니는 황제는 제국의 미래에 전혀 부적합하다고 인식했다. 그래서 그가 인정한 후계자는 마땅히 유거처럼 '온화하고 신중한' 사람이어야 했다. 다음으로 유거가 분란을 일으킨 일이 없었으므로 장자가 제위를 잇는 법통을 무시하고 마음대로 그를 끌어내릴 수 없었다. 마지막으로 무고의 화가 발생하기 전 한무제의 몸이 많이 좋아졌다고 해도 특별한 상황이 아니라면 함부로 후계자 문제를 건드릴 수 없었다.

그러나 끝내 무고의 화가 발생하고 말았다. 한무제는 새로운 후계자를 찾지 않을 수 없었다. 이때 한무제는 현재의 정치적 상황에 맞춰 황실의 통치를 수호하는 것을 가장 먼저 고려해야 했다. 그래서 그는 자신의 행동을 반성할 줄 알고 천하를 안정시킬 수 있는 '수성의 군주'가 후계자가 되길 바랐다. 이런 심리적 변화는 비록 실패를 겪은 후 그 실패에 대한 반성은 아니었지만 당시 한나라의 객관적인 요구에는 절대적으로 부응하는 것이었다.

그 앞에 놓인 후보자는 총 네 명이었다. 모두 그의 친아들로 연왕燕王 유단劉丹, 광릉왕廣陵王 유서劉胥, 창읍왕昌邑王 유박劉髆, 어린 아들 유불릉이 그들이었다.

유단과 유서의 모친은 이희李姬였다. 그들은 원수元狩 6년(기원전 117년)에 동시에 왕으로 봉해졌다. 이희는 줄곧 한무제의 총애와는 거리가 멀어서 '자식이 어미 덕택에 신분이 상승하는' 봉건시대에 유단과 유서는 한무제의 주목을 전혀 받지 못했다. 게다가 그들은 황제가 될 꿈이 전혀 없었기 때문에 땅을 분봉받을 때 불법행위를 많이 저질러서 인심을 크게 잃었다. 두 사람의 성격은 젊은 시절의 한무제를 너무 닮았다. 그래서 한무제는 마음속으로 그들이 '수성의 군주'는 아니라고 여겼다.

유거가 죽고 얼마 지나지 않아 유단이 태자의 신분으로 궁에 들어가 곁에서 한무제를 돕겠다는 상소를 올렸다. 이를 본 한무제는 화를 버럭 내며 유단을 더욱 멀리하고 다시는 돌아보지 않았다. 한편 유서는 무예 연마에만 노력을 기울여 한무제가 요구한 정치적 자질을 전혀 갖추지 못했다. 이로써 두 사람은 완전히 한무제의 눈 밖에 나고 말았다.

후계자가 될 가능성이 가장 높았던 창읍왕 유박 역시 불운한 사건에 휘말려 황제의 자리에는 오를 수 없었다. 유박은 한무제가 말년에 매우 총애했던 이부인李夫人의 아들이었다. 이부인은 한무제가 보배처럼 아꼈지만 애석하게도 젊은 나이에 세상을 떠났다. 그러나 이부인은 매우 총명한 여인이었다.

그녀가 몹쓸 병에 걸려 목숨이 경각에 달리자 한무제가 수차례 그녀를 병문안했다. 하지만 이부인은 한무제가 처소로 들어오는 것을 막았고, 한무제가 억지로 들어와도 이불로 얼굴을 가린 채 절대 보여주지 않았다. 한무제는 안타까워하며 그녀의 얼굴을 보려 했지만 이부인은 결코 허락하지 않았다. 한무제가 돌아간 후 시종이 그녀에게 왜 황제에게 얼굴을 보여주지 않았는지 물었다. 그러자 총명한 이부인은 이렇게 대답했다.

"내가 지금 중병에 걸려 낯빛이 너무 파리하니, 황제께서 이 얼굴을 보신다면 나에 대한 환상이 모두 깨질 것이다. 하지만 내 얼굴을 보시지 않는다면 예전의 가장 아름다웠던 모습을 영원히 기억해주실 것이다. 그래야 우리 가족이 황제의 연민 덕에 번창할 수 있지 않겠느냐!"

현실은 정말 그녀가 예측한 대로 돌아갔다. 이부인이 죽은 후 한무제는 그녀를 너무도 그리워하여 그녀의 가족들을 잘 보살펴주었다. 기원전 97년 유박은 창읍왕에 봉해졌다. 유박의 외삼촌인 이광리李廣利도 장군에 봉해져 지위가 당시 위청, 곽거병과 앞뒤를 다투었다. 이광리는 또 태자의 반란을 진압할 당시 승상 유굴모劉屈氂와 사돈 관계를 맺었다.

정화 3년(기원전 90년) 흉노가 침입하자 한무제는 이광리에게 군대를 이끌고 출정하게 했다. 이광리는 출병 전에 유굴모를 찾아가 한참 동안 밀담을 나누었다. 밀담의 내용인즉슨, 이광리가 군사를 거느리고 출정한 동안 유굴모가 창읍왕을 태자로 세울 방안을 모색한다는 것이었다. 창읍왕이 태자가 되면 이광리는 장차 황제의 외삼촌이 되는 것이고, 유굴모도 이광리와 사돈 관계이니, 그 덕을 입을 수 있었다.

그러나 일은 호락호락하게 흘러가지 않았다. 그만 그들의 밀담을 엿들은 자가 이 사실을 한무제에게 보고한 것이었다. 한무제는 이 사실을 알고 하마터면 머리를 잡고 쓰러질 뻔했다. 이는 창읍왕이 태자가 될 자격 여부의 문제가 아니었다. 봉건시대에는 대신들이 사사로이 누구를 군주로 세울지 논의하는 것 자체가 삼족을 멸할 역모죄에 해당되었다. 그밖에 태자가 죽은 후 후사 문제로 머리가 아픈 상황에서 이런 일이 발생했으니, 한무제의 분노는 한층 더 컸다.

그는 즉각 승상 유굴모를 감옥에 가두고 모진 고문을 가했다. 그런데 뜻밖에도 유굴모의 처의 처소에서 수많은 나무인형이 나왔다. 결국 일은 점점 확대되었다.

한무제는 크게 노하여 유굴모와 이광리의 가족들을 몰살하고 멀리 전선에 나가 있는 이광리를 압송해오라는 명을 내렸다. 가족들이 몰살당했다는 소식을 들은 이광리는 전공을 세워 위기를 모면하고자 했다. 그러나 공을 세우려는 마음만 급한데다가 군대 내부의 갈등까지 더해져 그는 그만 전쟁에서 패하고 흉노에게 투항하고 말았다.

이 사건이 종결된 후 창읍왕도 세상을 떠났다. 이제 한무제에게는 다른 선택의 여지가 없었다. 그에게는 오직 어린 아들 유불릉만이 남아 있었다.

한무제와 진시황의 다른 점은?

곽광에게 '주공이 성왕을 도와 제후를 조회하는 그림'을 하사하고 얼마 지나지 않아 한무제는 깜짝 놀랄 만한 일을 벌였다. 그가 말년에 총애하던 구익鉤弋 부인(조첩여趙婕妤-옮긴이)을 자신의 뜻을 거슬렀다는 이유로 차가운 냉궁冷宮에 가둬버린 것이다. 구익 부인은 야사는 물론 정사에도 기록이 남아 있다.

기록에 따르면 그녀는 태어나자마자 손가락이 오므라들어 주먹이 펴지지 않았다고 한다. 그녀가 출가할 나이가 되었을 즈음 한무제가 불러 손을 어루만지자 주먹이 바로 펴졌다고 한다. 한무제는 이 기이한 여인을 얻은 후 매우 총애했고 그녀가 낳은 아들이 바로 유불릉이었다. 한무제가 곽광에게 그림을 선물했을 때 이 아이의 나이는 열 살도 채 되지 않았다.

한무제가 구익 부인을 가둬버린 목적은 너무도 자명했다. 한나라에는 황태후가 막강한 권력을 휘두르는 경우가 많았기 때문이다. 한나라 초기에 여후가 전권을 휘둘러 유씨를 깔아뭉갰으니, 유방의 현명한 유언이 없었다면 유씨 천하가 아니라 여씨 천하로 바뀌었을지도 모를 일이다. 이때 죽음이 임박한 한무제는 어떻게 이런 일을 사전에 차단할지 충분히 생각할 시간이 없었다. 그래서 그는 가장 악랄한 방법을 선택하고야 말았다. 미래의 황태후를 제거하여 여후가 정사를 어지럽힌 일을 사전에 막은 것이다.

이어서 그는 분봉한 왕들을 어르고 달래는 조치를 취했다. 한무제 때의 제후들은 경제 때만큼의 권력을 가지지는 못했지만 여전히 우습게 볼 상대들이 아니었다. 유단은 태자가 피살된 후 한무제에게 도성에 들어가 아버지와 슬픔을 함께 나누겠다는 편지를 보냈다. 이에 갑자기 의심이 든 한무제는 편지를 가져온 사자를 죽여버리고 그의 봉토 중 3개 현을 몰수해버렸다. 이로써 유단 및 다른 제후들에게 경고의 메시지를 보낸 것이다.

또 후원 2년(기원전 87년) 초 몸을 가누지 못할 정도로 병이 깊어졌음에도 한무제는 감천궁에서 제후들을 조회했다. 특별한 사안이 있었던 것이 아니라 유불릉을 황제에 앉히겠다는 뜻을 강력하게 전달하기 위해서였다.

얼마 후 한무제는 이제 정말 세상과 하직할 날이 다가왔음을 깨닫고 주위에 명해 유불릉을 태자로 삼고 곽광을 대사마 겸 대장군으로 봉하는 조서 초안을 작성하게 했다. 이튿날에는 조서를 내려 곽광을 보정 대신으로 임명하고, 김일제金日磾, 전천추, 상홍양, 상관걸上官桀에게 곽광을 도와 함께 유불릉을 보좌하라고 명령했다.

몇몇 대신이 한무제의 조서를 받들기 위해 그의 침대 맡에 엎드려 예를 갖추었다. 한무제는 이미 정신이 혼미해서 입을 떼기도 힘들었다. 생전에 천하를 주름잡은 일세의 영웅이 죽음을 앞두고 고작 침대 한 칸을 차지한 채 움직이지도 못하는 모습을 보자 사람들은 마음이 너무 아려왔다.

며칠 후 한무제가 세상과 작별을 고하니, 그의 나이 69세였다.

탁고 대신은 모두 다섯 명이었지만 진정한 핵심 인물은 곽광 하나였다. 훗날 다섯 대신 사이에 분란이 발생해서 연왕 유단, 상관걸, 상홍양이 함께 반란을 일으키고 말았다. 이로써 탁고 대신들이 하나씩 사라졌지만 한무제가 선택한 곽광만은 마지막까지 꿋꿋이 자리를 지키며 한나라를 지탱했다.

후대 사람들은 이 시기 역사를 언급할 때 한무제는 "늦었지만 잘못을 고쳤고, 적임자에게 탁고했다"라고 평가했다. 먼 미래를 내다본 정확한 판단력은 역사가 증명해주고 있다. 후대인들은 또한 한무제가 진시황의 길을 걷지 않은 이유가 모두 여기에 있다고 여겼다.

탁고는 예로부터 존재했지만 진시황이 중국을 통일한 후부터 한무제 전까지는 한 번도 시행되지 않았다. 그 이유로는 다음의 몇 가지를 들 수 있다. 첫째, 이 시기에는 황제의 수가 매우 적어 탁고할 만한 조건이나 배경이 갖추어지지 않았다. 둘째, 탁고는 "인간의 본성은 선하다"는 유가의 관점 하에서만 가능한 일이었다. 한무제 전까지는 사실 진나라의 연속선상에 놓여 있어서 유가 사상이 주류를 이루지 못했다. 앞선 시기에는 법가가, 나중에는 도가道家가 주류를 점했다. 그러다가 동중서董仲舒가 제창한 '독존유술(獨尊儒術, 오직 유가만을 존숭하자-옮긴이)'을 한무제가 채택한 이후에 비로소 유가 사상이 주류 대접을 받았다. 셋째, 사실 탁고는 한무제가 어쩔 수 없는 상황에서 선택한 것이었다.

절망적인 상황에서도 최선을 다한 이 방법은 결과적으로 성공을 거두었다. 그리고 당시 조정에서 이런 분위기가 형성되기도 했다. 가장 유명한 탁고의 사례는 아마도 주나라 무왕이 주공 단旦에게 탁고한 일일 것이다. 유가의 경전에서는 주나라 정권이 공고해지고 발전하게 된 공을 대부분 주공의 보좌로 돌리고 있다. 이로써 주공은 유가에서 가장 존경받는 고대 성인이자 유가 규범의 화신이 되었다.

그래서 한무제가 곽광에게 탁고할 때 먼저 '주공이 성왕을 도와 제후를 조회하는 그림'을 하사하고 임종 전에는 "주공의 일을 행하라"고 신신당부한 것이다. 이런 일들이 진나라 때 행해지기는 불가능했다. 혹자는 유방의 시대에도 불가능한 일이라고 말한다. 반면 독존유술을 기본 국책으로 삼은 한무제 때 시행된 것은 사상의 필연성에 기인한다. 이는 한무제 자신이 유가 문화에 깊이 빠져 있었던 것 외에 당시 정치·사회적으로 유가가 상당한 영향력을 행사했음을 설명해준다. 그렇지 않았다면 한무제가 탁고란 방법을 절대 생각해냈을 리가 없다. 그가 설사 이를 제기했다 해도 그의 사후에 사람들이 이 방식을 절대 인정하지 않았을 것이다.

다시 되돌아가서 중국 최초의 황제와 여덟 번째 황제의 공통점을 알아보자. 최초의 황제는 물론 진시황 영정嬴政이고, 여덟 번째 황제는 한무제 유철劉徹이다. 유철은 동시에 서한 왕조의 6대 황제이기도 하다. 우리가 관용적으로 '진황한무秦皇漢武'라고 부르는 데는 다 이유가 있다. 한무제의 행동 하나하나가 진시황과 너무 닮았기 때문이다.

진시황은 신선이 되어 장생불사하기를 원했고, 한무제 또한 그러했다. 진시황은 흉노를 멸망시키기 위해 몽염에게 30만 대군을 이끌고 흉노를 공격하게 해서 700리 밖으로 몰아냈다. 한무제도 흉노와 양립할 수 없다며 세 차례나 위청과 곽거병을 파견해 대규모 전쟁을 벌임으로써 흉노를 1,000킬로미터 밖으로 쫓아냈다. 진시황은 번국(藩國, 제후국-옮긴이)을 폐지하고 군현을 설치했으며 가혹한 형벌을 시행하여 중앙집권을 강화했다. 한무제도 '추은령'으로 번국의 세력을 약화시키고, 혹리를 기용하여 호족 세력을 억압하고 반란을 진압했으며, 걸핏하면 이족을 침략해서 많은 사람을 주살했다. 진시황은 사치와 욕심이 극에 달해 아방궁을 건설하고 여산에 묘지를 축조하느라 막대한 재물을 탕진했다. 한무제도 방탕한 생활과 향락을 즐기느라 백성들을 혹사시키고 물자를 낭비했다. 그는 진나라 황실의 정원인 상림원上林園을 무려 300여 리에 달할 정도로 증축했다. 안에는 정자, 누각, 인공호가 끊임없이 이어져 있었고, 수많은 궁녀, 가수, 무희들이 호사스러운 생활을 누리고 있었다. 한무제 말년에 이르기까지 상림원의 토목공사는 그친 적이 없을 정도였다. 진시황은 분서갱유를 통해 강압적으로 사상과 문화를 통제했다. 한무제도 백가를 몰아내고 유가만을 존숭하여 수천 년 동안 이어진 문화 전제주의의 시발점이 되었다.

두 황제가 직면한 형세는 놀랍게도 흡사했다. 진나라는 수년간의 전쟁을 통해 통일을 실현했고, 이어진 진시황의 대규모 동원으로 국력은 이미 쇠퇴의 길로 접어들었다. 한나라 역시 무제 말기에 이르러 국고가 텅 비고 백성들의 반란이 사방에서 일어났다.

그러나 진나라는 2대에서 멸망했지만 한나라는 무제 이후에 오히려 중흥의 역사를 맞이했다. 이 차이는 바로 여기서 오는 것이다. 즉 진시황은 형세를 정확히 파악하지 못했을 뿐 아니라 유언 문제를 순조롭게 해결하지 못했지만 한무제는 그렇지 않았다는 것이다.

중국 역사상 최초의 황제가 진시황이라는 사실이 한무제에게는 행운이었다. 유방은 진시황을 보고 경험과 교훈을 흡수하여 한나라의 강성을 위해 정확한 선택을 했다. 한무제는 말년에 제 본분을 잊고 남을 따라하다가 이것저것 모두 잃었지만 결정적인 순간에는 잘못을 고쳐서 진시황의 운명을 반복하지 않았다.

"그대의 재주는 조비보다 열 배나 뛰어나 반드시 나라를 안정시키고 대사를 이룰 수 있을 것이오. 만약 유선이 보좌할 만하다면 그를 보좌하고, 그의 재주가 미치지 못하다면 그대가 황제 자리를 취하시오." −《삼국지三國志》〈촉서蜀書〉 '제갈량전'

"선주는 또한 후주에게 조서를 내리며 말했다. '너는 승상과 함께 일을 도모하고, 그를 아버지처럼 섬겨라.'"
−《삼국지》〈촉서〉 '제갈량전'

"선주는 병이 위독해지자 승상 제갈량에게 탁고의 임무를 맡기고, 상서령 이엄에게 그를 돕도록 했다." −《삼국지》〈촉서〉 '선주전'

유비劉備의 말을 빌리면 자신은 한고조 유방의 후손이지만 재주가 조상에 비해 한참 뒤처진다고 했다. 그러나 재주가 없다 해도 행운을 만난다면 최소한 황폐한 땅에서 황제 노릇을 할 수 있다. 유비가 황제에 오른 과정은 중국의 수많은 황제와 달리 매우 해학적이었고, 그는 황제가 된 뒤에도 여느 황제와는 다르게 행동했다. 그리고 그가 남긴 정치적 유언은 촉한蜀漢 정권을 혼란에 빠뜨렸다. 삼국시대三國時代에 그는 줄곧 약자의 위치에 있었으며, 그가 남긴 유언은 '절망 속에서도 최선을 다한' 전형이 되었다.

4장

절망 속에서도 최선을 다한 선택

― 촉나라 유비 ―

관우를 잃다

만약 관우關羽가 형주(荊州, 주로 강릉 및 그 주변 지역을 가리 킨다-옮긴이)를 잃지 않았다면 유비는 몇 년을 더 살았을지도 모른다. 관우가 형주를 잃은 후 유비는 슬픔과 분노가 극에 달했다. 형주는 그에게 매우 중요한 요충지였는데 이를 잃었으니, 누구라도 심기가 불편했을 것이다. 게다가 같은 해, 같은 달, 같은 날에 죽기로 맹세한 아우까지 죽지 않았던가. 그는 맹세를 지켜 따라 죽을 수는 없었지만 반드시 대응 조치를 취해야만 했다.

형주는 삼국시대에 어떤 곳보다 중요한 전략적 요충지였다. 형주를 점령한다는 것은 대략 다음과 같은 의미를 가졌다. 첫째, 북쪽으로 양양襄陽을 위협하고(또는 공격해 점령하고) 운이 좋으면 강한江漢 전 지역을 빼앗아 조조曹操의 중원 땅을 위협할 수 있다. 둘째, 장강長江의 요새를 모두 점거하여 장강 하류에 위치한 동오 지역의 안전을 보장할 수 있다. 셋째, 파촉巴蜀의 근거지로 한 발짝 더 진군하여 훗날 파촉과 한중漢中을 점거함으로써 남북 대치의 기반을 닦을 수 있다. 넷째, 남방의 4개 군과 북방 조위曹魏를 차단한 다음 남방을 취할 수 있다.

이렇게 중요한 전략적 요충지는 사실 유비가 동오에 빌린 것이다. 그 과정을 보면 다음과 같다. 208년 11월 동오의 대장 주유周瑜는 대군을 이끌고 적벽赤壁에서 조조를 대파하고, 다시 장강을 거슬러 서쪽으로 진군하여 강에 접해 있는 주요 도시(사천四川 지방으로 들어가는 관문인 이릉夷陵을 포함)들을 접수했으며, 강릉江陵을 포위하고 조인曹仁과 치열한 전투를 벌였다. 그해 12월 유비는 주유가 강릉에서 대전을 치르는 틈을 타서 몰래 부대를 거느리고 남하하여 장사長沙, 계양桂陽, 무릉武陵, 영릉零陵의 남방 4군을 손에 넣었다. 이듬해 말에 조인이 더 이상 주유의 공세를 당해내지 못하고 퇴각하자 강릉은 주유의 손에 넘어갔다. 그달 말에 유비는 스스로 형주목牧에 올랐고, 주유는 남군南郡의 절반을 유비에게 떼어주었다. 210년 12월 유비는 생명의 위험을 무릅쓰고 형주를 빌리러 손권孫權을 찾아갔다. 이때 유비의 야심을 일찌감치 간파한 주유는 이 기회를 빌려 유비를 억류하고 후환을 제거하자고 건의했다. 하지만 공교롭게도 그해 말에 주유가 병사하고 말았다. 손권은 정보程普에게 남군태수를 맡기고, 노숙魯肅에게는 주유의 군대를 그대로 이어받아 형주 전 지역을 책임지게 했다. 유비에게 줄곧 호감을 가졌던 노숙이 그에게 형주를 빌려주자고 하자 손권도 이에 동의했다. 결국 그달에 노숙이 육구陸口로 물러남으로써 장강 연안에 걸친 형주의 주요 지역(강릉에서 이릉에 이르는 일대)이 모두 유비의 손에 들어가게 되었다.

원래 몸 붙일 땅이 없었던 유비는 익주益州를 점령하면 돌려준다는 조건으로 형주를 빌렸다. 그러나 그는 익주를 차지하고도 형주를 돌려줄 의사가 전혀 없었다. 그래서 관우를 파견해 형주를 굳게 지키게 했다. 빌렸으면 돌려주는 것이 천하의 이치지만 유비는 절대 돌려주려 하지 않았고 손권은 줄곧 형주를 되돌려 받으려고 했다. 그래서 결국 둘 사이의 갈등이 격화되고 말았다.

이때 유비는 관우를 지나치게 신임하는 치명적인 실수를 범하게 된다. 결국 남의 말을 전혀 듣지 않는 고집불통이었던 관우는 하늘을 찌를 듯한 자만심으로 인해 형주를 잃고 말았다. 마지막에는 후일을 도모하지 않고 굳이 죽음을 선택함으로써 그는 후대에 매우 나쁜 인상을 남겼다. 용맹함이 대적할 자가 없었던 전설 속의 관우는 사실 어리석기 짝이 없는 필부에 불과했다.

유비는 물론 이를 인정하지 않았고, 오로지 아우의 복수를 위한 깃발을 내걸고 손권 토벌을 준비했다. 출병 전 많은 사람들이 승상 제갈량이 도착하면 상의하여 결정하자고 했지만 유비는 막무가내였다.

뼈 있는 유언

손권을 공격하러 나설 때 유비는 제정신이 아니었다. 손권은 유비가 쳐들어온다는 애기를 듣고 편지를 보내 화친을 청했으나 유비는 크게 노하여 편지를 찢어버렸다. 막 출병하려던 그는 막내 아우인 장비張飛가 부하의 손에 피살되었다는 비보를 전해 듣고 이루 말할 수 없는 상심에 빠졌다. 이는 손권을 토벌하겠다는 그의 결심을 더욱 굳혀주었다. 결국 유비는 이미 자신을 통제할 수 없는 상태에서 돌아올 수 없는 길을 떠나게 되었다.

그러나 그가 이 길을 걷게 된 것은 결코 관우의 죽음 때문이 아니었다. 어떤 이는 대업을 이룬 인물들 대부분이 냉혈동물이라서 그에게 감정이 남아 있다면 이는 그의 진심의 1퍼센트에 불과하다고 말한다. 관우의 죽음은 사실 그에게 동오를 토벌할 구실에 불과했다.

그가 다시 돌아오지 못할 길을 가게 된 것은 당시의 형세 때문이었다. 적벽대전 이후 위, 촉, 오 삼국이 정립하는 국면이 형성되었다. 그러나 삼국의 국력을 비교해보면 위가 가장 강했고, 그다음이 오였으며, 서촉西蜀이 가장 약했다.

이제 막 황제를 칭한 유비는 상하가 일치단결하고 사기가 왕성한 이때야말로 출정할 절호의 기회라고 여겼다. 그래서 유비는 누구를 선제공격 대상으로 삼을지 한참 동안 고민했다. 먼저 위나라를 공격하는 것은 전혀 현실적이지 못했다. 약자가 강자를 공격하는 것은 바보들이나 하는 행동이었으니까.

그래서 그는 시선을 손권 쪽으로 돌렸다. 손권이란 인물은 당대에 둘도 없는 영명한 군주로 강동을 점거하고 민심을 얻었다. 또한 형주를 기습 점령하여 힘이 날로 강대해지자 유비로서는 촉각을 곤두세울 수밖에 없었다. 그럼 먼저 동오를 공격하여 멸망시킨다면 중국 남방 지역을 대부분 점령할 수 있고, 여기에 서촉의 힘을 합친다면 북으로 진격하여 위나라도 취할 수 있을 듯했다. 황제를 칭한 후 웅대한 이상이 갑자기 솟아난 유비는 아무것도 돌아보지 않고 전국의 병력을 동원해서 직접 군대를 이끌고 손권 정벌에 나섰다.

유비가 제갈량을 얻기 위해 세 번이나 그의 초가로 찾아갔을 때 제갈량은 '융중대隆中對'를 내놓으며 손권과 연합하여 조조에 대항하라고 말했다. 그런데 지금에 와서 이 권유를 거스른 진짜 이유는 그의 야심 때문이었다. 관우의 죽음도 물론 그에게 큰 충격이었지만 '분노하여 출정하게 된' 진정한 이유가 될 수는 없었다. 그가 만약 보통 사람의 감정을 가졌다면 결코 삼국정립의 한 축을 형성할 수 없었고 더욱이 촉한의 황제도 될 수 없었다.

유비가 아들인 아두阿斗를 땅바닥에 던져 조운趙雲의 마음을 산 일을 상기한다면 의리 때문에 동오를 공격했다는 말은 믿음이 가지 않는다.

그러나 유비는 촉한의 실력뿐 아니라 자신을 너무 과대평가했다. 만약 조조가 대부호라면 손권은 상점 주인이라고 할 수 있다. 그렇다면 유비는? 바로 밥을 빌어먹는 거지였다. 불쌍한 눈물로 가장 큰 이익을 얻었고 마침내는 대부호, 상점 주인과 어깨를 나란히 했으니, 하늘의 도움이 얼마나 컸는지 모른다.

물론 조조나 손권이 그를 칭찬한 것으로 볼 때 그는 분명 대업을 이룬 인물이었다. 누군가 멋진 사내대장부가 되지 못해서 그럴듯한 내시가 됐다면 바로 유비가 그런 격이었다.

유비에게 황제의 길은 의심의 여지없이 성공적이었다. 그는 두꺼운 낯짝에 의지해서 다른 사람의 얼굴을 살피는 데 꽤나 노력을 기울여 마침내 황제의 자리를 차지했다. 그러나 동오 토벌에 나섰다가 된통 패하고 말았다. 거느리고 간 장수와 병사 태반이 죽거나 다쳤을 뿐만 아니라 자신의 목숨마저 경각에 달리고 말았다. 그가 패잔병을 이끌고 백제성白帝城으로 퇴각했을 때는 이미 죽음이 임박해 있었다. 그해가 바로 223년(촉한 장무章武 3년)이었다.

그는 제갈량을 불러 다음과 같은 유언을 남겼는데, 이 유언은 2,000년 가까운 세월 동안 논란이 끊이지 않았다.

"그대의 재주는 조비曹조보다 열 배나 뛰어나 반드시 나라를 안정시키고 대사를 이룰 수 있을 것이오. 만약 유선劉禪이 보좌할 만하다면 그를 보좌하고, 그의 재주가 미치지 못하다면 그대가 황제 자리를 취하시오."

유비가 이 말을 꺼내자 현장에 있던 모든 신하들이 깜짝 놀랐을 뿐 아니라 제갈량도 하마터면 놀라 자빠질 뻔했다. 다른 사람에게 자신의 황제 자리를 손수 넘겨주는 것은 그야말로 바보 같은 짓이다. 자신의 나라를 순순히 넘겨주는 것도 마찬가지이다. 물론 유비에게는 나라를 제갈량에게 넘길 만한 의기가 전혀 없었다. 그래서 제갈량은 이 말을 듣자마자 눈물을 흘리며 당장 무릎을 꿇고 이렇게 아뢰었다.

"신이 어찌 감히 고굉股肱의 힘과 충정의 절개를 다하지 않겠습니까! 죽음으로써 그분이 보위를 잇게 하겠나이다!"

유비는 고개를 끄덕이고 옆에 있던 유선에게 말했다.

"너는 지금부터 승상을 아버지로 모시고, 절대 이를 게을리 해서는 안 될 것이다."

훗날 많은 사람들이 이 말에 대해 다양한 의견을 내놓았다. 첫 번째 견해는 유비가 제갈량을 크게 신임하여 대범하게 이 말을 꺼냈다는 것이다. 두 번째 견해는 정반대로 유비가 제갈량을 완전히 믿지 못해서 제갈량이 무거운 짐을 등에 진 채 오직 유씨 천하를 위해 죽을 때까지 몸을 바치게 하려고 이 말을 남겼다는 것이다. 세 번째 견해는 유비가 제갈량의 속내를 떠보았다는 설이다. 만약 제갈량이 그 자리에서 얼굴에 희색을 띠면 당장 목을 베려 했다는 것이다. 하지만 이 견해는 신빙성이 거의 없다. 제갈량처럼 똑똑한 사람이 황위를 내준다고 얼굴에 희색을 띨 리가 있겠는가? 그가 정말 유비의 나라를 빼앗을 마음이 있었다면 그리 급할 필요가 있었겠는가? 네 번째 견해는 이렇다. 제갈량에게 유비의 아들 중 하나를 '골라 취해' 황제로 삼으라는 말이지, 결코 제갈량이 황제가 되라는 말은 아니라는 것이다.

어떤 견해든 유비는 절대 자신의 나라를 제갈량에게 물려줄 마음이 없었던 것 같다. 당시의 시대적 상황으로는 유비가 설사 동오에 바보같이 패했다 해도 신하들은 그를 나무랄 수 없었다. 그는 말끝마다 유방의 한실漢室 천하를 부흥하자고 부르짖으며, 유방이 대신들과 약속했던 말을 끄집어냈다. 그것은 바로 "유씨 아닌 자가 왕이라고 칭하면 천하가 모두 그를 공격하라"였다. 왕을 칭하는데도 공격을 당하는데 하물며 황제는 말해 무엇하랴!

그밖에 당시 같은 봉건시대에 유씨 천하를 다른 사람에게 넘길 만한 식견이나 도량이 유비에게 있을 리 만무했다. 수천 년을 이어온 봉건시대에 황제가 자발적으로 황위를 다른 사람에게 넘긴 사례는 단 한 차례도 없었다.

그렇다면 이들 견해 가운데 네 번째가 가장 믿음이 간다. 그런데 유비는 왜 제갈량에게 아들 중 하나를 골라 황제로 삼으라고 했을까? 이러한 견해를 가진 사람들은 유비가 유선을 군주가 될 만한 인물로 여기지 않았다고 생각한다.

유선은 정말 군주가 될 자격이 없었을까?

유선은 바보 황제가 아니다!

유선을 용렬한 군주로 여기는 것은 다음의 네 가지 이유 때문이다. 첫째, 유선은 친정을 시작한 후 군자를 멀리하고 소인을 가까이했다. 그러나 고대의 어느 황제 곁에도 소인은 몇 명씩 꼭 있었다. 만약 이 점 때문에 유선을 머저리 황제라고 말한다면 너무 가혹한 처사가 아닐까.

둘째, 위나라가 쳐들어오자 싸우지 않고 항복했다. 당시 형세로 볼 때 유선에게는 철저하게 멸망할 것인지, 아니면 구차하게 삶을 구걸할 것인지 두 가지 선택밖에 없었고, 그는 후자를 선택했다. 그러나 이 또한 그를 바보라고 부를 이유가 되지는 못한다. 중국의 황제 가운데는 싸우지 않고 항복한 자가 아주 많았기 때문이다. 당시 그는 투항을 거부하는 아들에게 이렇게 말했다.

"지금 대신들이 모두 항복하자고 말하는데, 너는 오히려 혈기만 믿고 싸우자고 주장하니, 온 성을 피로 물들일 작정이냐?"

이렇게 볼 때 유선은 어진 군주라고 말할 수 있다.

셋째, 배은망덕했다. 이는 "유비가 아이를 내동댕이쳐서 사람의 마음을 얻다"라는 이야기가 처음 나온 때로 거슬러 올라간다. 당초 조운이 난군亂軍 중에서 유선을 구해냈으나 훗날 관우, 장비, 마초馬超, 황충黃忠을 추증할 때 조운만 쏙 빼먹었다. 유선은 조운에게 큰 은혜를 입고서도 이를 헌신짝처럼 저버렸다는 것이다.

하지만 사실은 전혀 다르다. 그가 조운을 추증하지 않은 것은 사실 조운에 대한 유비의 처우를 따랐기 때문이다. 유비는 장군 직에 전장군 관우, 우장군 장비, 좌장군 마초, 후장군 황충, 이렇게 네 명만 봉했다. 조운은 그 자리에 전혀 끼지 못했다. 그러나 훗날 강유姜維 등이 이 문제를 제기하자 유선은 이를 흔쾌히 받아들여 조운을 추증했다.

넷째, 뼈이 전혀 없었다. 촉나라가 사마소司馬昭에게 멸망한 후 유선은 망국의 군주가 되어 낙양으로 끌려갔다. 낙양에 도착하자 사마소가 연회를 열어 그를 초대했다. 그런데 연회장에서 연주하는 음악은 촉나라 것이었고 기녀들이 추는 춤 역시 촉나라 것이었다. 적절한 비유인지 모르겠지만 이는 고립된 항우에게 사면초가四面楚歌를 들려주는 것과 흡사했다. 당시 투항한 촉나라 대신들 모두 눈물을 흘리며 통곡했지만 유선만은 오히려 담소를 즐기며 태연자약했다. 그러자 사마소가 곁에 있는 사람들에게 "내 이처럼 생각이 없는 자를 본 적이 없구나!"라고 혀를 찼다. 하지만 바꿔 말하면 이때 유선은 이미 '그물 속 물고기'나 다름없었으니, 속없는 행동이야말로 명철보신明哲保身하는 지름길이 아니겠는가.

이렇게 볼 때 유선은 사람들 인상 속에 깊이 박힌 대로 '바보'가 절대 아니었다. 그가 만일 좋은 집권 환경을 만났다면 일대의 영명한 군주가 되었을 가능성이 매우 높다.

유비는 죽기 전에 유선에게 다음과 같은 유언을 남겼다.

"승상이 네 지혜가 매우 뛰어나다고 말했으니, 정말 그렇다면 나는 아무런 걱정도 없다."

아버지만큼 자식을 아는 사람은 없다. 게다가 제갈량도 절대 남의 비위나 맞추는 사람이 아니었다. 그들이 유선의 지혜가 뛰어나다고 말했으니, 이는 자신을 기만하고 남을 속이는 말이라고 볼 수 없다.

더도 말고 덜도 말고 사실이 그러했다. 유선은 223년에 등극해 263년에 위나라에 투항할 때까지 41년간 재위에 있었다. 재위 기간만 따지면 삼국시대 군왕들 가운데 가장 길었다. 불안 요소가 가득했던 당시에 이토록 오랫동안 집권할 수 있었던 것은 상당한 재능이 아니고서는 절대 불가능했다. 혹자는 그것이 제갈량의 보좌 덕분이라고 말한다. 그러나 제갈량은 234년에 사망했다. 유선은 그가 죽은 후에도 29년이나 황제 자리에 더 있었으므로 이를 모두 제갈량의 공으로 돌리기는 어렵다.

집권 기간 외에 다음의 몇 가지 사건을 통해서도 유선이 어리석은 황제가 아니었음을 증명할 수 있다.

위나라 대장 하후패夏侯覇는 조상曹爽이 사마의司馬懿에게 죽임을 당한 후 반란을 일으켰다가 실패하여 촉나라로 도망쳤다. 그의 아버지 하후연夏侯淵은 바로 촉나라 장수 황충에게 목숨을 잃었다. 이런 상황에서 그가 촉나라로 도망친 것은 더 이상 갈 곳이 없었음을 의미했다. 이때 유선은 그를 만난 자리에서 이렇게 담담하게 말했다.

"장군의 부친은 반간계(反間計, 이간책)에 의해 살해된 것이지, 절대 선주께서 직접 모해한 것이 아니요."

난처한 문제를 슬그머니 넘기는 이 몇 마디 말에 하후패는 마음을 놓을 수 있었다.

제갈량이 죽자 안한장군安漢將軍 이막李邈이 상소를 올려 암암리에 제갈량이 반역을 꾀할 마음을 가졌다고 헐뜯었다. 그는 이렇게 하면 권세 있는 신하를 꺼리는 임금의 마음에 영합할 수 있을 것이라 여겼다. 그러나 유선은 발끈하여 당장 이막을 사형에 처했다.

또 유선은 제갈량이 죽자 바로 승상 제도를 폐지하고 장완蔣琬을 대사마에 임명해서 행정 업무를 주관하고 군사 업무를 겸하게 하는 한편, 비위費禕를 대장군에 임명해 군사 업무를 주관하고 행정 업무를 감독하게 했다. 이는 바로 제갈량에게 집중되었던 직무와 권력을 둘로 나누어 상호 견제의 효과를 노린 것이다. 이것이 도대체 누구의 머리에서 나왔는지 지금은 알 길이 전혀 없다. 하지만 정책 결정권은 유선에게 있었으니, 유선의 조치로 봐도 무방하다. 이런 정치적 균형을 고려할 줄 아는 사람이 설마 어리석은 군주였겠는가?

이처럼 유선이 용렬한 황제가 아니었는데도 촉한의 승상 제갈량은 왜 "몸과 마음을 다해 나랏일에 힘쓰고 죽음에 이르러서야 비로소 그치며" 정권을 유선에게 돌려주지 않았을까?

유비의 유언 속에 오묘한 이치가 숨어 있었던 것일까? 아니면 제갈량에게 또 다른 고충이 있었던 것일까?

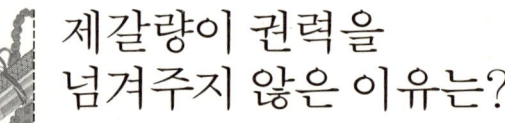 제갈량이 권력을 넘겨주지 않은 이유는?

애초에 유비는 제갈량에게 탁고할 때 "만약 유선이 보좌할 만하다면 그를 보좌하고, 그의 재주가 미치지 못하다면 그대가 황제 자리를 취하라"고 분명히 말했다. 이는 표면적으로 보면 둘 중 하나를 선택하라는 말이다. 하지만 유비는 유선이 보좌할 만한 군주이고, 제갈량이 섣불리 유선의 제위를 취하지 않으리라는 사실을 잘 알고 있었다. 결국 유비는 이런 유언을 남김으로써 자신의 대범함을 만천하에 알리고 제갈량에게는 충정을 약속받았다고 할 수 있다. 이는 정말 조조도 울고 갈 간웅奸雄의 모습이 아닐까.

제갈량은 유비의 유언에 몸 둘 바를 몰라 나라를 위해 한시도 쉬지 않고 일하는 한편, 죽을 때까지 대권을 독점하고 손에서 권력을 놓지 않았다. 유선은 명목상으로만 국가원수였을 뿐, 실질적인 집권자는 제갈량이었다. 어떤 이는 그 이유를 유선이 조정 일에 서툴렀기 때문이라고 지적한다. 하지만 이는 근거 없는 이야기에 불과하다. 유선은 정식으로 태자 교육을 받지는 못했지만 다년간 유비를 따라다니며 곁에서 알게 모르게 영향을 받았다. 그러므로 정사에 전혀 도움이 되지 않는 지경에는 이르지 않았다고 볼 수 있다.

어떤 제왕이든 나라를 다스리는 방법은 이론이 아닌 경험을 통해 얻게 되어 있다. 제갈량이 이 점을 모를 바보가 아니었다. 그런데 유선에게 좀처럼 기회를 주지 않았으니, 혹시 사심을 품은 것이 아닌가 하는 의심이 들 수 있다. 하지만 제갈량은 자그마한 사심도 가지지 않았다. 유비처럼 교활한 사람 앞에서 조금이라도 사심을 품었다면 일찌감치 제거되었을 확률이 높기 때문이다.

그렇다면 제갈량은 왜 죽을 때까지 정권을 유선에게 돌려주지 않았을까?

여기에는 다음과 같은 이유가 있다. 첫째, 제갈량이 맡은 책임은 무겁고 갈 길은 매우 멀었다. 유비가 전쟁에서 패한 대가는 형주를 잃는 데 그치지 않았다. 유비가 죽은 후 촉나라는 민심이 불안해지고 사병의 수 또한 급격히 감소했다. 이는 국가에 잠재된 불안정한 요소들이었다. 제갈량은 〈출사표出師表〉에서 이렇게 밝혔다.

"선제께서는 신이 신중한 사람임을 아셨기 때문에 붕어崩御를 앞두고 신에게 대사를 맡기셨습니다. 명을 받은 이래로 밤낮으로 근심하고 탄식하며 부탁하신 일을 제대로 수행하지 못해 선제의 영명함에 누가 될까 두려워했습니다."

여기서 제갈량은 유비가 그에게 탁고한 이유가 바로 자신의 신중함과 조심성 때문이라고 스스로 해석했다. 당시 촉나라의 정황상 이런 인물이 나라를 다스려야만 위기를 안정으로 바꿀 수 있었다. 그래서 제갈량이 함부로 권력에서 손을 떼지 못한 것이다.

둘째, 이때 촉나라는 안팎으로 곤경에 처해 위기가 사방에 잠복해 있었다. 그는 〈출사표〉에서 "천하가 삼분된 지금 익주는 피폐해졌으니, 이야말로 국가의 존망이 달린 위급한 때입니다"라고 말했다. 제갈량은 작은 일을 크게 부풀리는 사람이 아니었다. 그런 그가 이런 말을 했다는 것은 실제로 상황이 여의치 않았음을 설명한다. 당시 제갈량은 "북쪽으로는 조위가 호시탐탐 노리고 동쪽으로는 동오가 악감정을 품는" 등 외부적인 압력에 직면해 있었을 뿐 아니라 내부적으로도 우려할 만한 압력에 시달렸다.

먼저 촉나라는 뛰어난 정치가와 장수들이 잇달아 세상을 등지면서 인재가 부족해졌다. 여기에 가장 근본적인 내부 갈등이 전혀 해결될 기미를 보이지 않았고, 이는 훗날 촉나라를 멸망으로 내몬 결정적인 요인이 되었다.

그래서 제갈량은 한편으로는 유선과의 군신 관계를 돈독히 하고, 다른 한편으로는 서로 다른 정치 파벌 및 집단의 이익을 대표하는 사람들과의 관계를 조절하는 데도 신경을 써야 했다. 바로 이런 이유 때문에 제갈량은 또 다른 탁고 대신 이엄李嚴과 심각한 갈등을 빚었고, 이엄은 결국 권력에서 쫓겨나게 되었다. 그러므로 제갈량은 어찌되었든 정권을 유선에게 넘겨줄 수가 없었다.

이엄의 축출로 유비의 유언은 물거품이 되어버렸고 그가 바랐던 목표 또한 허공으로 날아가버렸다.

수포로 돌아간 유비의 계산

어쩌면 유비가 이엄에게 제갈량을 도와 함께 유선을 보좌하도록 한 것 자체가 실수였는지 모른다. 이엄은 남양南陽 사람으로, 일찍이 형주목 유표劉表와 익주목 유장劉璋 밑에서 벼슬을 지냈다. 그는 똑똑함과 노련함으로 유표와 유장에게 큰 신임을 받은, 세상 물정에 밝고 재능이 출중한 관료였다.

212년 유비가 성도成都 공격에 나서자 이듬해 유장은 이엄을 파견해 면죽綿竹에 군대를 주둔시키고 유비의 진공을 막게 했다. 그런데 뜻밖에도 '충심'으로 유명한, 이 전선 지휘관이 자신의 부대와 관리들을 이끌고 유비에게 투항해버리고 말았다. 유비는 이엄의 도움으로 몇 차례 대전을 치른 끝에 마침내 성도를 점령했다.

이엄의 투항은 유비가 최종 승리를 거두는 데 결정적인 역할을 했다. 그러므로 이엄이 유비의 신임을 얻은 것은 당연했다. 하지만 이 것이 그가 탁고 대신으로 임명된 주요 요인은 아니었다. 이엄이 보좌 대신이 된 진짜 이유는 바로 그가 유장 근거지의 대표적인 인물이었기 때문이다.

유비는 유장 일파를 구슬리고 새로 건립한 촉한 정권의 기반을 다지기 위해 하는 수 없이 이엄을 특별 대우해주었다. 유비는 죽기 일 년 전에 그를 상서령에 임명했고 임종시에는 유조를 내려 유선을 보좌하게 했다. 그러나 그는 동시에 이엄을 중도호中都護에 임명하고 변경인 영안永安을 지키게 했다.

이는 이엄이 명목상 탁고 대신이지, 사실은 국경이나 지키는 장수에 불과했음을 뜻한다. 예로부터 중앙을 벗어난 보좌 대신은 없었다. 이런 점으로 볼 때 후주에 대한 그의 영향력은 매우 미미했고 그에게는 유선을 돌볼 실권이 없었음을 알 수 있다.

물론 이엄은 탁고의 임무를 맡고 싶은 마음이 간절했지만 유비는 사전에 이 기회를 철저히 차단했다. 이엄의 관직을 보면 그는 광록훈光祿勳, 중도호, 상서령을 지냈다. 이와 비교해 제갈량은 승상, 사례교위司隸校尉, 녹상서사錄尚書事를 지냈고 지방관으로 익주목을 겸임했다.

촉나라는 한나라의 관료 제도를 그대로 이어받았다. 중추 기구는 삼공구경三公九卿으로 승상은 삼공보다 상위 관직이고, 광록훈은 황궁의 호위대장으로 구경 가운데 하나였다. 여기서 승상과 호위대장의 직책을 비교해보면 누가 높은지 금방 알 수 있다.

한나라 제도에 따르면 중도호는 군사권이 없지만 사례교위는 감찰권을 가지고 있었다. 그밖에 상서령은 본래 구경의 속관屬官으로 황제의 공문서를 관장했다. 반면 녹상서사는 상서대尙書臺를 뛰어넘어 대각臺閣의 모든 일을 총괄했다. 마지막으로 한나라 말기와 삼국 시대에는 지방관의 영향력이 상당히 컸는데, 제갈량은 익주목에 올라 지방을 관할했다.

게다가 이엄은 성도에서 멀리 떨어진 영안에 있다 보니, 자신이 맡은 직책을 제대로 수행하기가 어려웠다. 호위대장인 광록훈의 직책상 그는 항시 황제를 곁에서 모셔야 했지만 오히려 변경에 주둔하여 자신의 직무를 다할 수 없었다. 다음으로 국가 문서를 관장하는 상서대의 수장이 황실 근처에 없다 보니, 모든 문서가 그의 손을 거칠 수 없어 상서대의 각종 사무를 실질적으로 장악하지 못했다. 마지막으로 중도호는 본래 변경을 지키는 장수여서 중앙에 아무런 영향력도 행사할 수 없었다.

이처럼 이엄은 세 개의 관직을 가졌지만 실질적인 권력은 행사하지 못했다. 게다가 변경에 주둔하고 있어서 황제에게 변고가 생겨도 즉시 달려올 수 없었다. 그는 확실히 중앙에서 쫓겨났다고 말할 수 있다. 이상의 분석을 통해 알 수 있는 사실은, 유비는 처음부터 이엄을 보좌 대신으로 인정하지 않았고 그저 그에게 허명뿐인 관직을 주어 당시의 불안한 형국을 안정시키고자 했다는 것이다.

그러나 이엄은 외부의 압력을 그냥 참고 견딜 인물이 결코 아니었다. 그는 이것이 유비의 계략임을 알고 있었기 때문에 제갈량이 정권을 독점하는 데 상당히 불편한 심기를 드러냈다.

사건은 그가 영안에 주둔하던 때로 돌아간다. 이 기간 동안 심상치 않은 몇 가지 사건이 발생했다. 첫 번째 사건은 익주 종사從事 상방常房이 남쪽으로 순시를 떠났을 때 벌어졌다. 그는 순시 도중 제갈량의 명령이 아니라 이엄의 편지를 각 주·군의 세력 집단에게 전달했다. 두 번째 사건은 이엄과 절친했던 맹달孟達이 위나라에 투항한 뒤에도 둘이 계속 서신을 주고받았다는 것이다. 이엄은 차례로 '삼유'(유표, 유장, 유비)를 섬겨 줏대 없이 이쪽저쪽에 빌붙는다는 오명을 얻었다. 당시 그는 촉나라의 동쪽 대문을 지키고 있었는데, 그가 유비에 투항한 것처럼 조위에 투항했다면 촉나라는 결딴이 났을지도 모른다.

첫 번째 사건에서는 이엄이 제갈량과 권력을 다투고 싶어 했음을 알 수 있고, 두 번째 사건에서는 딴마음을 쉽게 품는 그의 결점을 읽을 수 있다.

제갈량은 이런 징조들을 미리 주목하고 있었지만 바로 손을 쓰지는 않았다. 이엄이 만만한 상대가 아닌데다가 한창 영토를 개척하는 상황에서 그를 돌아볼 겨를이 없었다. 그러다가 226년에 이엄이 강주江州로 부임하게 되었다. 그는 이 전략적 요충지에 도착한 후 계속해서 중앙정부와 제갈량에 대한 불만을 터뜨리기 시작했다.

그는 먼저 강주에 큰 성을 축조하고, 주위 16리에 창룡문蒼龍門과 백호문白虎門을 세웠다. 또한 성 서쪽 10리 되는 곳에 뒷산을 뚫어 강물을 대고 새로운 도시를 건설하여 세력 거점으로 삼았다. 동시에 제갈량에게 5개 군을 묶어 파주巴州를 설치하고 자신을 자사刺史로 임명해줄 것과 '부府'를 여는 것을 허락해달라고 요구했다. 당시 촉나라에서는 승상인 제갈량만이 '부'를 열 자격이 있었다.

제갈량은 이런 일련의 사태를 지켜보며 이엄을 하루 빨리 제거하지 않으면 촉한 정권에 후환이 될 것이라고 생각했다. 제갈량의 예측은 틀리지 않았다. 이엄은 촉 땅의 4분의 1과 막강한 군대를 손에 넣은 후 중앙의 명령을 거부하고 제갈량이 파견한 사자를 고의로 무시하고 배척하기 시작했다.

이때 강주는 이미 독립적인 정치·군사 중심지와 다름없어서 촉나라의 수도인 성도와 대등한 지위를 누렸다. 이엄이 이렇게 빨리 성장할 수 있었던 것은 모두 유장의 옛 부하라는 신분 때문이었다. 제갈량과 이엄의 관계는 옛날 주나라의 주공이 섬동陝東을 차지하고, 소공召公이 섬서陝西를 차지하며 둘로 나눈 상황과 비슷했다.

제갈량은 이엄의 요구를 모두 거부하고 치밀한 계획을 세워 그를 옥죄기 시작했다. 먼저 230년 그는 강주도독 이엄을 표기장군驃騎將軍으로 승진시키고는 그에게 군사 2만 명을 이끌고 한중으로 들어가게 했다. 동시에 이엄의 아들 이풍李豐에게 강주도독 자리를 물려주고 뒤처리를 맡겼다. 이엄은 이를 거부할 구실을 찾지 못했고, 굳이 거부할 이유도 없어 보였다. 강주는 여전히 자신의 손 안에 있었기 때문이다. 그는 결국 황제의 명령에 따라 한중으로 이동했다.

이듬해 제갈량은 네 번째 북벌에 나서면서 이엄에게 군량 수송을 책임지게 했다. 하지만 군량 조달이 늦어지자 이엄은 오나라가 습격했다는 거짓 정보를 흘려 북벌군을 퇴각하게 하고 자신의 잘못을 덮으려 했다. 한편 후주에게는 제갈량이 일부러 철군했다고 거짓 보고를 했다. 결국 나중에 이 사실이 들통 나자 이엄은 관직을 박탈당하고 평민으로 강등되어 재동梓潼으로 유배되었다.

뒤이어 제갈량은 강주도독 이풍의 병권을 빼앗고 새로운 지휘관을 임명했다. 이로써 전략적 요충지인 강주는 촉 정부의 손에 다시 들어오게 되었다.

그러나 강주가 귀속되면서 유비의 정치적 유언도 파산을 선고했다. 겉은 누구보다 온화했지만 속은 교활하기 짝이 없는 황제의 유언은 처음부터 깨질 운명을 지니고 있었다. 그가 이엄을 탁고 대신으로 선택한 것은 유장의 옛 부하들을 위무하기 위해서였다. 그런데 제갈량이 이러한 안배를 철저히 깨뜨리고 말았다. 훗날 유비 쪽의 새로운 사람들과 유장의 옛 부하들 사이에 갈등이 격화되면서 촉한의 멸망을 부추기게 된다.

제갈량은 유비의 정치적 유언을 완성하지 못하고 결국 실패하게 되는데, 그 이유는 매우 단순했다.

 최선의 선택, 그러나 제갈량의 한계

유비의 유언 첫 구절은 "그대의 재주는 조비보다 열 배는 뛰어나다"였다. 유비는 왜 이런 말을 했을까? 아마도 그는 제갈량이 북상하여 조위를 공격하길 바란 것 같다. 실제로 제갈량도 그렇게 했지만 결과는 실패로 돌아갔다.

제갈량의 실패는 필연적이었다. 《삼국지》의 저자 진수陳壽는 제갈량을 이렇게 평했다.

"제갈량은 다스림이 무엇인지 아는 걸출한 인물로서 관중管仲, 소하와 견줄 만하다. 하지만 해마다 군사를 움직여 나갔음에도 끝내 공을 이루지 못했으니, 임기응변이나 장수로서의 지략은 그의 장기가 아니었다."

당시 촉나라에는 유능한 장수들이 많았지만 제갈량은 이들을 십분 활용하지 못했다. 먼저 조운이 있었다. 조운은 뛰어난 용병술로 수많은 전공을 세운 인물이었다.

한 번은 조조의 군량을 약탈하러 나간 황충이 한참이 지났는데도 돌아오지 않자 조운이 군사 십여 기를 이끌고 황충을 찾아 나섰다가 그만 조조 본대와 맞닥뜨리게 되었다. 조운은 조조군과 싸우면서 퇴각해서 자신의 진영까지 쫓기게 되었다. 이때 성을 지키던 장익張翼이 급히 성문을 닫으려 하자 조운은 오히려 문을 활짝 열고 깃발을 내리고 북소리를 멈추라고 명령했다. 이에 조조군은 복병이 있을까 의심하여 싸우지도 않고 달아났다. 이 틈을 타서 적의 후미를 공격한 조운은 수많은 사상자를 냈다. 이는 제갈량의 공성계空城計와 비교해도 전혀 손색이 없다.

그는 제갈량의 제1차 북벌 때는 소수의 병력으로 촉나라의 군수물자를 지켜내기도 했다. 그래서 제갈량으로부터 대적을 만나도 조금도 당황하지 않고, 소수로 다수를 이기는 데 능하다는 칭찬을 들었다. 제갈량은 이런 위대한 장수에게 시종 군권을 넘겨주지 않았다.

다음으로는 위연魏延이 있었다. 위연은 용맹하면서도 지략이 뛰어나 유비 시절에 한중태수 겸 진원장군鎭遠將軍으로 발탁되었다. 한 번은 유비가 그와 식사를 하며 물었다.

"지금 자네에게 이런 중임을 맡겼는데, 직무를 어떻게 준비할 것인가?"

위연이 즉시 대답했다.

"조조가 병력을 총동원하여 쳐들어온다면 대왕을 위해서 그들을 막아낼 것입니다. 그의 수하가 10만 병력을 이끌고 온다면 그들을 전멸시킬 것입니다."

유비는 이 말에 기쁨을 감추지 못했다. 위연이 한중을 지키는 10여 년 동안 조위는 함부로 한중을 쳐들어올 마음을 먹지 못했다. 하지만 제갈량은 이 인재 역시 중용하지 않았다.

제1차 북벌 때 하후무夏侯楙라는 무능한 장수가 장안을 지키고 있었다. 그러자 위연이 제갈량에게 이렇게 건의했다.

"이자는 밥통에다가 겁쟁이입니다. 정예병 5,000을 주신다면 곧장 포중褒中을 뚫고 진령秦嶺을 따라 이동하여 열흘 안에 장안에 이를 수 있습니다. 하후무는 저 위연이 습격했다는 소식을 듣게 되면 분명 성을 버리고 달아날 것입니다. 그러면 장안을 쉽사리 손에 넣을 수 있습니다."

당시 정황으로 볼 때 이는 매우 훌륭한 계책이었다. 성공하면 깜짝 놀랄 만한 공로를 세울 수 있고, 설사 실패한다 해도 군사 5,000만 잃으면 그만이었다. 그러나 일생을 신중하게 살았던 제갈량은 이를 단호히 거절하고 이론가인 마속馬謖을 선봉으로 삼았다가 결국 가정街亭 전투에서 대패하는 쓴맛을 보았다.

위연은 제갈량을 따라 북벌에 나설 때마다 새로운 의견들을 내놓았지만 항상 제갈량에게 저지되었다. 제갈량에게는 위연이 반골 기질을 타고났다는 편견이 있었기 때문이다. 냉정하게 말해서 장수로서 위연의 자질은 당시 촉한의 누구에게도 뒤지지 않았다. 만약 그의 재주를 제대로 활용했다면 촉한의 역사는 제갈량이 다스릴 때와 달라졌을지도 모른다.

이어서 소개할 장수는 강유이다. 제갈량은 처음 기산祈山으로 출전했을 때 강유를 얻고 크게 기뻐했다. 당시 강유의 나이는 27세였다. 제갈량은 그를 '상사(上士, 뛰어난 장수-옮긴이)'라고 부르며, "충직하고 부지런하며 시의에 밝고 생각이 치밀하다"고 입이 마르도록 칭찬했다. 그러면서도 그에게 역시 군권을 내어주지 않았다.

강유가 활약한 것은 제갈량이 죽은 다음이었다. 그는 제갈량의 유지를 이어받아 계속 북벌을 추진했다. 하지만 제갈량이 끝내 이루지 못한 북벌의 대업을 완성하기에는 군사력이 너무 허약했다. 군사력이 약한데다가 조정에 간신이 판을 치는 상황에서도 강유는 묵묵히 조위와 맞서며 수많은 승리를 거두었다.

그의 적수인 위나라 명장 종회鍾會는 강유를 "문무의 덕을 겸비하여 세상을 뒤엎을 지략을 품었다"고 평가했다. 또 다른 명장 등애鄧艾 역시 강유를 "일세를 풍미한 영웅"이라고 말했다.

만약 제갈량이 자신의 단점을 깨닫고, 군사를 이끌고 출정하는 임무를 조운이나 위연이나 강유 중 한 명에게 맡겼다면 당시 천하의 형세로 볼 때 중원 통일의 위업을 달성하지 않았을까 하는 상상을 해본다. 제갈량은 안에서 비범한 정치적 기지를 발휘하고 밖에서는 그들이 군사적 재능을 보여주었다면 유비가 꿈꾸었던 정치적 유언도 실현될 수 있지 않았을까. 하지만 애석하게도 이 모든 것이 제갈량의 손에서 허물어지고 말았다.

애초에 위연이 제기한 북벌 전략은 훗날 위나라 대장 등애가 촉나라를 멸망시킬 때 그대로 써먹었다. 등애는 밖에서 군대를 통솔하여 스스로 작전을 짤 수 있었기 때문에 그 전략을 실현할 수 있었다. 그러나 위연은 항상 제갈량의 통제를 받았으므로 그 전략이 물거품으로 돌아가고 말았다.

당시나 후대를 막론하고 제갈량은 재상의 재주는 지녔지만 장수의 재주는 부족했다는 평가를 받는다. 그러나 제갈량 본인은 평생토록 이를 모두 겸비했다고 여겼다. 그래서 정무는 물론 군대 업무까지 자신이 직접 관여했다. 남중南中에서 맹획孟獲이 반란을 일으켰을 때도 그는 친정을 결심했다. 사람들이 가지 말라고 간곡히 애원했지만 그는 이 임무를 맡길 사람이 없다며 기어코 출정에 나섰다. 그야말로 "밤낮으로 근심하고 탄식하며 몸과 마음을 다 바쳤다"고 할 수 있다.

남중 정벌은 운 좋게도 성공으로 막을 내렸다. 이는 그의 오만함을 더욱 부추겨 아무도 안중에 두지 않는 지경에까지 이르렀다. 그는 늘 자신만큼 싸움에 능한 장수는 없다고 여겼다. 대규모 북벌 전쟁에서 그는 항상 직접 대군을 이끌고 출정했지만 특별한 전과를 거두지 못한 채 결국 실패로 끝을 맺었다. 촉한 정권은 남의 의견은 받아들이지 않고 자기 고집대로만 한 그로 인해 국력이 크게 쇠해서 멸망이 더욱 가속화되었다.

어떤 사람은 유비가 줄곧 제갈량을 신처럼 받들었기 때문에 우리도 여기에 동화된 것이라고 말한다. 그러나 제갈량은 나관중羅貫中에 의해 과대 포장된 인물일 뿐이다. 저자가 보기에 유비는 결코 제갈량을 신으로 여기지 않았다. 그는 생전에 제갈량이 한실을 중흥할 수 있으리라고 보지 않았다. 그렇다고 절망적인 발언을 할 수는 없지 않은가.

유비의 유언은 "절망 속에서도 최선을 다한 선택"이라고 말할 수 있다. 비록 실현될 가능성은 없었지만 각자가 맡은 임무에 최선을 다한다면 차선의 결과를 얻을 수 있으리라고 그는 생각하지 않았을까.

"내가 군중에서 법을 집행한 것은 대체로 옳았는데, 작은 분노나 큰 잘못을 범한 점은 본받을 가치가 없다. 천하가 아직 안정되지 않았으니, 고대의 장례 예법을 따를 필요가 없다. 나는 두통이 있어서 일찍부터 두건을 썼다. 그러니 내가 죽은 후 장례복은 살아 있을 때와 똑같이 하라. 절대 잊지 마라. 백관들은 대전에서 열다섯 번만 곡을 하고, 안장을 마치면 모두 상복을 벗도록 하라. 각 지방에 주둔하고 있는 장수와 병졸들은 주둔지를 절대 떠나지 말고, 관리들은 자기 직무를 다하도록 하라. 입관할 때는 평상복을 입고 업 땅의 서쪽 언덕, 서문표의 사당과 가까운 곳에 장사 지내고 금과 옥 및 진귀한 보물을 묻지 마라. 내 비첩과 예기들 모두 애쓰고 고생했으니, 동작대에 모여 살게 하고 잘 대해주어라. 침실에는 여섯 자 되는 침대를 깔고 고운 휘장을 설치하며 아침저녁으로 마른 고기와 마른 음식을 대접하라. 매월 초하루와 보름에는 휘장을 향해 가무를 벌이고, 너희들은 항상 동작대에 올라 내 서릉의 묘전을 바라보도록 하라. 남은 향은 부인들에게 나누어주고 제사에 쓰지 말도록 하라. 생계가 막막한 측실들은 신발 짜는 기술을 익혀 팔아 살도록 하라. 내가 관직을 지내며 얻은 인수들은 모두 창고에 보관해두어라. 내 남은 옷가지들은 따로 모아두는데, 보관이 불가능한 것은 너희 형제들이 나누어가져라." —조조의 《유령遺令》

조조가 죽을 때까지 황제를 칭하지 않은 것은 공공의 적이 되길 원하지 않았기 때문이다. 이 점이 조조의 뛰어난 점이며, 더 뛰어난 것은 바로 그의 유언이었다. 유언에서 열거한 자질구레한 일들은 꼭 작은 농지를 경작하는 농부를 연상시킨다. 사실 그는 후계자를 미리 정해놓았기 때문에 유언은 일상의 느낌을 적은 편지에 불과했다. 그의 유언에서 우리는 다음과 같은 결론 아닌 결론을 내릴 수 있다. 통일된 나라의 황제도 유언을 남길 때 심혈을 기울이는데, 그는 도리어 여기서 홀가분했다.

5장

시시콜콜한 일상을 언급하다

— 위나라 조조 —

영웅이 하늘로 돌아가다

큰 인물이 세상을 떠나기 전에는 갖가지 징조가 나타난다고 한다. 건안建安 25년(220년), 조조가 한중에서 낙양으로 돌아와 대전을 수축하라고 명했다. 수하 사병들이 탁룡사濯龍祠로 가서 나무를 베어내는데, 나무줄기에서 피가 뿜어져 나왔다. 이 사실을 보고받은 조조는 껄껄 웃으며 계속 나무를 베게 했다.

얼마 후 그는 또 기술자를 불러 정원에 품종이 우수한 배나무를 옮겨 심으라고 명령했다. 기술자가 배나무를 파고 있는데, 갑자기 뿌리에서 선홍빛 피가 흘러나왔다. 기술자가 사실대로 보고하자 조조는 조금 긴장하며 직접 배나무 아래로 달려갔다. 그러자 정말로 붉고 비린내 나는 피가 보였다. 이에 조조는 순간적으로 혐오감과 공포심을 느끼더니, 얼마 지나지 않아 병으로 쓰러졌다.

지금이야 이 이야기들이 황당무계하게 들리겠지만 1800년 전 사람들은 이를 사실로 믿었다. 불과 800년 전 사람인 나관중도 이를 사실로 받아들여 조조가 죽기 전에 나타난 이상한 조짐에다 말을 보태어 사실을 과장했다.

《삼국지연의三國志演義》의 줄거리상, 그는 먼저 조조에게 살해당한 복황후伏皇后 등의 망령을 등장시킨 다음 배나무의 신이 온몸에 피 칠갑을 한 채 조조의 꿈에 나타나게 했다. 소스라치게 놀란 조조는 온몸을 벌벌 떨고 식은땀을 줄줄 흘리며 감히 눈을 감지 못했다. 전부터 불면증을 앓아왔던 조조는 결국 병으로 쓰러지고 말았다.

조조는 병이 나자 급히 명의를 찾았다. 그의 이름은 바로 화타華陀

였다. 화타는 병세를 진단한 후 머리를 쪼개 수술을 해야 한다고 말했다. 서양의 수술은 이로부터 1,000년 후에나 도입되니, 조조는 당연히 이런 치료법을 몰랐다. 그래서 그는 이자가 분명 자기를 죽이려 한다고 여기고 당장 감옥에 가두어 죽여버렸다. 결국 조조는 거대한 고통을 참지 못하고 숨을 거두었다.

나관중이 쓴 이 이야기는 모두 허구이다. 건안 25년 정월 23일에 위왕魏王 조조가 병으로 세상을 떠난 것은 사실이지만 이런 괴이한 일들은 결코 일어나지 않았다. 정월 23일 그는 시간이 얼마 남지 않았음을 깨닫고 사람들을 불러 유언을 남겼다.

"내가 군중에서 법을 집행한 것은 대체로 옳았는데, 작은 분노나 큰 잘못을 범한 점은 본받을 가치가 없다. 천하가 아직 안정되지 않았으니, 고대의 장례 예법을 따를 필요가 없다. 나는 두통이 있어서 일찍부터 두건을 썼다. 그러니 내가 죽은 후 장례복은 살아 있을 때와 똑같이 하라. 절대 잊지 마라. 백관들은 대전에서 열다섯 번만 곡을 하고, 안장을 마치면 모두 상복을 벗도록 하라. 각 지방에 주둔하고 있는 장수와 병졸들은 주둔지를 절대 떠나지 말고, 관리들은 자기 직무를 다하도록 하라. 입관할 때는 평상복을 입고 업鄴 땅의 서쪽 언덕, 서문표(西門豹, 중국 전국시대의 위魏나라 정치가-옮긴이)의 사당과 가까운 곳에 장사 지내고 금과 옥 및 진귀한 보물을 묻지 마라."

유언은 계속 이어졌다.

"쓰다 남은 향은 부인들에게 나누어주고 내 제사에 쓰지 말도록 하라. 생계가 막막한 측실들은 신발 짜는 기술을 익혀 팔아 살도록 하라. 내가 관직을 지내며 얻은 인수印綬들은 모두 창고에 보관해두어

라. 내 남은 옷가지들은 따로 모아두는데, 보관이 불가능한 것은 너희 형제들이 나누어가져라."

그는 또 이렇게 말했다.

"내 비첩婢妾과 예기藝妓들 모두 애쓰고 고생했으니, 동작대銅雀臺에 모여 살게 하고 잘 대해주어라. 침실에는 여섯 자 되는 침대를 깔고 고운 휘장을 설치하며 아침저녁으로 마른 고기와 마른 음식을 대접하라. 매월 초하루와 보름에는 휘장을 향해 가무를 벌이고, 너희들은 항상 동작대에 올라 내 묘지인 서릉西陵의 묘전墓田을 바라보도록 하라."

조조는 분명 안심하고 세상을 떠났을 것이다. 왜냐하면 이미 오래전에 후계자 문제를 마무리 지었기 때문이다. 그의 후계자인 조비는 그가 죽은 지 얼마 지나지 않아 승상의 신분으로 한나라 정권을 찬탈하고 위나라를 수립했다. 이로써 한나라는 역사에서 사라지게 되었다.

영웅의 죽음은 종종 초목도 울게 하고 바람과 구름의 움직임까지 변화시킨다. 하지만 영웅이란 칭호에 부끄럽지 않았던 조조의 죽음은 오히려 담담했다. 그리고 그의 유언 역시 집안의 자질구레한 일을 언급했을 뿐이다. 국사를 논하지 않은 그의 유언은 조조란 인물을 더욱 종잡을 수 없게 한다.

그는 살아 있을 때와 마찬가지로 후계자가 자신의 바람에 따라 신천지를 열어줄 것이라고 확신했다. 그는 이런 자신감으로 경쟁 상대인 두 나라에 대한 걱정을 접었다. 그래서 담담하게 시시콜콜한 말을 남기고, 담담하게 세상을 떠났다.

그렇다면 건안 25년을 전후로 중국 대륙의 대결 구도는 과연 어떤 양상을 띠었을까?

 천하는 이미 조조의 손아귀에?

조조는 후계자에게 매우 가치 있는 유산을 남겨주었으니, 그것은 바로 수많은 인재들이었다. 가후賈詡, 유엽劉曄, 장료張遼, 조인, 장합張合, 서황徐晃, 문빙文聘, 조홍曹洪, 사마의, 조진曹眞, 조휴曹休 등 세대를 아우르는 인재들이 넘쳐났다. 여기에 외부로 확장해 나갈 수 있는 막강한 군사력과 방대한 영토에서 거둬들이는 세금이 있었다.

그렇다면 위나라 외에 두 나라는 어떤 상황이었을까? 조조는 이에 대해 정확히 꿰뚫고 있었다.

먼저 그가 죽기 일 년 전인 건안 24년(119년) 가을에 유비가 성도에서 스스로 한중왕에 올랐다. 이때 유비는 표면적으로 인사, 지리, 군사 모든 면에서 전성기를 구가했다. 그의 수하에는 제갈량, 관우, 장비, 법정法正, 마초, 이엄, 위연, 황충, 조운, 황권黃權 등 인재들이 가득하여 장관을 이루었다.

하지만 자세히 들여다보면 여기에는 심각한 위기가 존재하고 있었다. 먼저 법정은 일찍 죽었고, 이엄은 사사건건 분란을 일으켰다. 다음으로 유비는 조운의 실력에 의심을 품어 중용하지 않았으며, 위연은 이제 막 발탁되어 독자적인 명성과 세력을 형성하지 못했다. 이렇게 보면 유비 정권을 실질적으로 떠받친 인물은 제갈량, 관우, 장비, 마초, 황충이었다. 그중 황충은 너무 연로했고, 마초는 이미 여러 차례 주군을 배반한 경험이 있었다. 더욱 중요한 점은 형주 문제를 놓고 유비와 손권이 줄곧 사이가 좋지 않았다는 것이다. 조조는 이런 경색 국면이 폭발하여 두 나라가 전쟁을 벌일 것이라고 확신했다.

일은 그가 예측한 대로 흘러갔다. 동오가 교묘한 계책으로 관우를 격파하고 죽여버렸다. 이에 격분한 유비가 동오를 공격했지만 역시 패하고 말았다. 관우, 장비, 황충, 마량馬良 등 걸출한 인물들에 유비마저 세상을 떠나자 혼자 남은 제갈량으로서는 유비의 한실 부흥의 염원을 실현할 방법이 없었다.

다음으로 동오 측을 보면 건안 24년 손권은 형주 수복 작전을 실행에 옮겼다. 이 작전에서 육손陸遜이라는 뛰어난 장수가 등장하게 된다. 육손은 관우가 북상하여 형주가 텅 빈 틈을 타서 기습 공격을 감행함으로써 형주를 취했다. 그리고 훗날 침공한 유비도 격파하게 되는데, 그가 기용된 것은 사실 천운이었다.

본래 손권이 믿고 있었던 장수는 여몽呂蒙이었다. 그런데 유비가 아우의 죽음을 슬퍼하며 동오로 진격하려 할 때 여몽이 그만 죽고 말았다. 여몽의 부재로 위기를 느낀 손권은 유비에게 수차례 화친을 청했다. 유비가 이를 받아들이지 않고 기어코 출격하자 손권은 육손이란 카드를 꺼내들었다. 육손은 손권의 기대에 부응하여 열세인 전력으로 쾌승을 거두었다.

하지만 동오도 이것으로 끝이었다. 조조가 보기에 동오가 공격을 펼치려면 최소한 뛰어난 장수 세 명이 필요했다. 한 명은 형주를 방어하고 한 명은 국경을 지키며 나머지 한 명이 군대를 이끌고 출정해야만 했다. 그러나 당시 동오에는 이 대임을 맡을 인물이 두 명 반밖에 없었다. 여몽과 육손, 그리고 반은 서성徐盛이었다. 그중 여몽이 죽어 무엇으로도 메울 수 없는 공백이 생겼다. 이 이후로 외로운 육손이 항상 소방차 역할을 해야만 했으니, 손권이 오래도록 갈망했던 선제공격의 가능성은 점점 희박해져갔다. 유비와의 전쟁을 끝으로 동오도 서촉과 함께 몰락하고 말았다.

천하의 대세가 바로 이러했기 때문에 조조는 후계자를 확정한 이후부터 죽을 때까지 자신이 각고의 노력 끝에 창업한 사업에 대해 전혀 걱정이 없었다. 그래서 자질구레한 일상과 가정사가 걱정거리가 됐던 것이다. 그는 임종 전에 어린 딸을 안고 막내아들인 조표曹豹를 가리키며, 자신의 곁을 지키고 있는 나머지 네 아들에게 눈물로 당부했다.

"이 두 아이를 너희들에게 부탁한다."

그는 또 곧 주군을 잃게 될 여자 권속眷屬들을 위해 신발을 만들어 생계를 유지하라는 유지를 남겼다. 이 조치는 해학적이라기보다 차라리 비극적이다. 생전에 자신이 쓰던 물건을 하나하나 안배한 모습에서는 신외지물身外之物에 대한 미련을 엿볼 수 있다.

사실 조조는 영웅인 동시에 범인이기도 했다. 그도 보통 사람들처럼 죽음을 초탈하지는 못했다. 만약 속세의 덧없음을 깨달았다면 결과는 더욱 좋았겠지만 그는 결국 달관의 경지에 이르지 못했다.

그는 자신이 죽은 뒤 외로울까 봐, 후대 사람들이 분노할 만한, 뜻밖의 행동을 저질렀다. 수많은 미녀들을 동작대에 가둬놓고 이미 죽은 자신을 위해 노래 부르고 춤을 추게 한 것이다.

이는 변태적인 행동이라기보다 생명에 대한 강렬한 집착과 죽음 앞에서도 왕성했던 생명력을 보여준다. 13년 전 그는 유주幽州 동북부에 할거하고 있던 오환족烏桓族을 정벌하고 유성柳城 또한 점령했다. 이듬해인 건안 13년(208년) 정월에 그는 업성鄴城으로 개선하면서 〈귀수수龜雖壽〉라는 악부시樂府詩를 지었다.

신령한 거북이 비록 오래 산다지만 반드시 죽는 날이 있고, 이무기가 안개를 탄다지만 끝내 먼지로 돌아가네. 늙은 천리마는 말구유에 엎어져 있으나 뜻은 천 리 밖에 있고, 열사는 말년에도 웅대한 포부가 사라지지 않았네. 인생사 모든 성패는 꼭 하늘에 달린 것만은 아니라네. 몸과 마음을 편안히 가질 수 있다면 오래 살 수 있으리. 얼마나 행복한가, 노래로 뜻을 읊을 수 있으니.

이것이 바로 인생에 대한 조조의 태도이자 그가 그 시대에 가장 위대한 영웅이 된 이유이다. 그렇다면 이 위대한 영웅은 어떻게 후계자를 선택했을까?

어긋난 후계자 구상

조조는 모두 열세 명의 부인을 두었고 그 사이에서 스물다섯 명의 아들을 낳았다. 후계자 1순위였던 장자 조앙曹昻은 장수張

繡와 전쟁을 벌일 때 곤경에 처한 조조를 구하다가 그만 죽고 말았다. 그는 훗날 가장 총애한 변후卞后에게서 네 아들을 얻었는데, 그중 셋이 조조의 장점을 물려받았다. 그들은 각각 조창曹彰, 조비, 조식曹植이었다.

조창은 변후 소생의 둘째 아들로, 조조에게서 군인의 기질을 물려받았다. 그는 어려서부터 활쏘기, 말타기 등 무예를 무척 좋아했다. 게다가 힘이 장사여서 맹수와 맨손으로 격투를 벌이기도 했다. 조조도 비록 군인 출신이었지만 제왕은 힘만으로 될 수 없었기 때문에 무예를 익히는 데 너무 시간을 투자하지 말고 책을 많이 읽으라고 훈계했다. 그러나 조창의 몸속에 흐르는 군인의 피는 아무리 해도 고칠 수가 없었다.

하루는 조조가 아들들을 불러 모아 각자 좋아하는 것과 포부를 밝히는 자리를 가졌다. 조창의 차례가 오자 그는 이렇게 말했다.

"장차 뛰어난 장군이 되고 싶습니다!"

조조가 그에게 물었다.

"어떻게 뛰어난 장수가 되겠다는 것이냐?"

조창이 흥분해서 대답했다.

"견고한 갑옷을 입고 손에는 날카로운 무기를 쥐고서 어떤 난관이 닥쳐도 병사들보다 솔선수범하여 용맹하게 나아갈 것입니다. 공을 세운 자에게는 반드시 상을 내려 형벌에 있어서도 공정함을 추구할 것입니다."

조조는 이 말을 듣고 큰 소리로 웃었다. 그리고 웃음을 그친 뒤에 조창의 자리는 장군이라고 생각했다. 반면 맏아들 조비는 동생과 비교될 정도로 달랐다. 그는 무예가 출중하고 문학적 재능이 뛰어났을 뿐 아니라 현장에서 정무를 처리하는 데도 남다른 재주를 지녔다. 이처럼 그는 아버지로부터 용의주도하고 치밀한 머리와 매우 현실적인 판단력과 한 발 빠른 추진력을 물려받았다. 셋째 아들 조식은 조조에게서 시인의 기질을 이어받아 자유분방한 재기가 넘쳐 흘렀다.

하지만 초창기에 조조는 이 세 아들을 후계자로 생각하지 않았다. 당시 조조가 후계자로 염두에 두고 있었던 아들은 환부인環夫人과의 사이에서 태어난 조충曹沖이었다. 전해오는 말에 따르면 그는 다섯 살 때 이미 어른도 부끄럽게 할 만한 지혜를 지녔다고 한다.

한 번은 손권이 남방의 코끼리를 조조에게 선물했다. 조조가 그 크기에 놀라며 이 코끼리의 무게를 달 수 있는 사람이 있는지 묻자 모두들 꿀 먹은 벙어리처럼 아무 대답이 없었다. 이때 조조 옆에 있던 조충이 나와서 대답했다.

"먼저 코끼리를 배에 태웁니다. 그다음 코끼리를 태운 배에 어느 정도나 물이 차는지 표시해둡니다. 코끼리를 내리게 한 다음 표시한 지점까지 물이 차도록 다른 물건을 채웁니다. 그리고 그 물건들을 배에서 내려 저울로 무게를 재는 겁니다. 그러면 코끼리의 몸무게가 얼마나 나가는지 금방 알 수 있습니다."

이 이야기는 후대 사람이 조충의 지혜를 부각시키기 위해 꾸며낸 것이 분명하다. 하지만 설사 이것이 거짓이라 해도 조충에 대한 인식에는 전혀 영향을 주지 않는다. 조충의 장점은 주로 '어진 마음과 해박한 견문'에 있었기 때문이다.

하루는 창고를 관리하는 사람이 쥐가 말안장을 갉아먹은 것을 발견했다. 당시 조조는 형벌을 엄격하게 집행했기 때문에 그는 설사 죽음을 면한다고 해도 중벌을 피하기는 어려울 것이라 생각하고 두려움에 벌벌 떨었다. 조충이 이 사실을 알고 그 창고 관리인을 찾아가 이렇게 알렸다.

"사흘 뒤에 자수하도록 하라."

처소로 돌아간 조충은 칼로 자신의 옷에 구멍을 몇 개 내놓고는 걱정스런 얼굴로 조조를 찾아갔다. 조조가 이유를 캐묻자 조충이 대답했다.

"옛말에 쥐가 옷을 갉아먹으면 좋지 않은 일이 생긴다고 했는데, 지금 제 옷을 쥐가 갉아먹어 정말 걱정입니다."

조조가 큰 소리로 웃으며 말했다.

"이는 미신에 불과하니, 걱정하지 마라. 절대 그런 일은 일어나지 않는다."

그런데 잠시 후 창고를 주관하는 관리가 찾아와서 쥐가 말안장을 갉아먹은 일을 이실직고했다. 그러자 조조가 미소를 지으며 말했다.

"내 아들은 옷을 방 안에 두었는데도 쥐의 이빨을 피할 수 없었으니, 창고에 둔 말안장은 말해 무엇 하겠느냐. 다음부터 좀 더 주의하도록 하라."

이는 조충의 어진 성정을 알 수 있는 하나의 사례에 불과했다. 그는 죄를 지은 사람을 볼 때마다 범죄 과정을 알아보고 억울한 사정이 있으면 조조에게 달려가 변호했다. 그리고 조조는 조충의 의견을 들을 때마다 문제를 관찰하고 처리하는 능력과 태도에 대해 고개를 끄덕였다.

그러나 하늘이 천재의 재주를 시기했는지, 조충은 건안 13년에 열세 살의 나이로 요절하고 말았다. 조조는 이에 비통해 마지않았고, 조비 등 다른 아들들이 그를 위로하러 왔을 때 차갑게 말했다.

"이는 내게는 불행한 일이지만 너희에게는 행복한 일이 아닌가."

조조는 사랑하는 아들을 잃은 슬픔을 이기지 못하고 가슴속에 담아두었던 진심을 격하게 털어놓았다. 여기서 우리는 당시 조씨 형제들 사이에 암암리에 후계자 쟁탈전이 벌어지고 있었음을 알 수 있다. 훗날 조비는 황제에 등극한 후 "만약 조충이 살아 있었다면 내가 천하를 차지할 기회는 영영 없었을 것이다"라고 말하기도 했다.

조조는 시대의 반역자라고 할 수 있다. 그래서 태자 책봉에 대한 생각 역시 당시의 전통을 따르지 않았다. 그는 적서嫡庶나 장유를 따지지 않고 오직 정치적 재능을 중시했다.

조조는 조충을 후계자로 세우려던 구상이 물거품으로 돌아가자 남은 아들 가운데 누구를 후계자로 삼아야 할지 고민하기 시작했다.

최후의 후계자는 누구?

조조는 적서나 장유의 조건을 따지지 않았으므로, 아들 모두가 후계자가 될 가능성이 있었다. 조조는 후계자의 조건으로 정치적 재능을 가장 중시했다. 하지만 많은 아들이 이에 미치지 못했고 오직 조비와 조식 두 아들만이 남아 경쟁 체제에 돌입했다.

조비와 조식 형제는 성격 면에서 선명한 대조를 이루었다. 조비는 자신의 결점을 감추는 데 매우 뛰어나고 예의범절을 엄격히 지켜서 겉으로는 전혀 흐트러짐 없는 모습을 보였다. 반면 조식은 사람됨이 솔직하고 거리낌 없이 행동해서 사람을 구속하는 예의범절 따위는 전혀 개의치 않았다.

그럼 먼저 조비의 정치 이력을 따라가보자. 건안 11년(206년) 봄 조조는 병주幷州를 토벌하러 나서면서 조비에게 수도인 업성을 맡겼다. 이는 조비가 최초로 맡은 중임이었다. 그해 그의 나이 스무 살이었다. 그는 2년 후에는 조조를 따라 남쪽으로 형주 정벌에 나섰으며 양주揚州 공격에 참가하기도 했다. 업성으로 돌아온 뒤에는 중대한 정책 결정에 참여하여 참신한 의견을 내기도 했다.

건안 16년(211년) 정월 조비는 오관중랑장五官中郞將 겸 부승상에 임명되어 자체 관서官署를 두었다. 이듬해에 조조가 서쪽으로 마초를 정벌하러 나가고 조비가 업성을 지키는데, 마침 하간河間에서 반란이 일어났다. 조비는 장군 가신賈信을 보내 반란을 평정했다.

전쟁에서 돌아온 조조는 조비의 대처에 상당한 만족감을 표시했다. 그러나 그는 아직 조비를 후계자로 결정하지 않았는데, 바로 조식이 있었기 때문이다.

조조는 조식을 매우 마음에 들어 했다. 건안 17년(212년) 동작대가 완공된 후 조조는 군신들을 거느리고 동작대에 올라 이를 기념하는 문장을 짓게 했다. 이때 조식이 일필휘지로 〈동작대부銅雀臺賦〉를 지어 같은 문학가인 조조의 마음을 기쁘게 했다. 건안 18년(213년) 5월 조조는 위공魏公에 올랐다. 하지만 아직 태자를 책봉하지는 않았다.

조조는 건안 19년(214년) 조식을 태자로 세우려는 생각을 했다. 그해 그는 손권을 정벌하러 나서면서 업성을 지키는 임무를 조식에게 맡기며 이렇게 말했다.

"내가 돈구령頓丘令에 임명되어 본격적으로 관직 생활을 시작할 때 나이 스물셋이었다. 올해 너의 나이 역시 스물셋이니, 반드시 나를 뛰어넘도록 하라."

조식은 업성을 지키는 임무를 완벽히 수행했다. 조조는 둘 중에 과연 누구를 선택해야 좋을지 몰랐다. 건안 16년부터 시작된 이 고민은 사실 매우 중대한 사안이었다. 이는 조비와 조식 둘의 정치적 운명을 판가름할 뿐 아니라 조조가 창립한 대업의 성패와도 직접 관련이 있었다.

고민 끝에 조조는 둘의 능력을 시험해보기로 마음먹었다. 두 아들의 문제 해결 능력을 보고 누구를 후계자로 결정할지 판단하기로 한 것이다.

조조는 먼저 그들에게 국가 대사에 대한 질문을 던졌다. 이때 조식은 물 흐르듯 거침없이 대답했다. 다음으로 그는 두 아들에게 각자 업성 밖으로 나가보라고 하고는 수문장에게는 비밀리에 그들을 밖으로 내보내지 말 것을 지시했다. 이는 두 사람의 임기응변 능력을 시험하기 위한 것이었다. 조비는 수문장이 나가지 못하게 하자 되돌아갔지만 조식은 왕명 수행을 가로막는 자는 살려둘 수 없다며 그 자리에서 수문장의 목을 베어버렸다.

시험 결과는 결국 조식의 압승으로 끝났다. 그러나 이는 훗날 '계륵鷄肋' 사건으로 조조에게 죽임을 당하는 양수楊脩가 뒤에서 조식을 도와준 결과였다. 나중에 누군가 첫 번째 시험의 모범 답안을 양수가 미리 조식에게 알려주었다고 고발하자 조조는 두 번째 시험에도 강한 의심을 품어 뒷조사를 했다. 그 결과 두 번째 시험에도 양수의 도움이 있었음이 밝혀졌다.

이에 조조는 화가 머리끝까지 치밀어 조식에 대한 마음이 조금씩 기울기 시작했다. 하지만 그는 경솔하게 결정을 내릴 수 없어 신하들에게 의견을 구했다.

조조는 신하들에게 무기명으로 이 문제에 대한 생각을 물었다. 그런데 유독 최염崔琰만 자신의 이름을 보란 듯이 크게 써서 의견을 밝혔다.

"《춘추春秋》라는 경전을 보면 장자를 태자로 책봉하라고 말하고 있습니다. 게다가 오관장(五官將, 조비)은 어질고 효성스럽고 총명하니, 왕위를 잇는 것이 마땅합니다. 저는 죽음을 각오하고 이 원칙을 지키겠습니다."

조조는 이를 보고 크게 감동했다. 왜냐하면 최염은 조식이 조카사위인데도 이와 같은 대의멸친大義滅親의 입장을 견지했기 때문이다. 최염을 제외한 나머지 대신들의 입장은 상당히 신중했다. 일단 줄을 잘못 섰다가는 비극적인 결말을 맞을 수도 있는 것이 아닌가. 그런 와중에 모개毛玠가 조심스럽게 의견을 내놓았다.

"원소袁紹는 후계자 문제 때문에 망하고 말았습니다. 후계자 책봉은 능력만으로 결정할 것이 아니라고 생각합니다."

조조는 이 난제 때문에 머리가 지끈지끈 아팠다. 그래서 가장 신임하는 모사인 가후와 독대하여 의견을 물었다. 그런데 가후가 꿀 먹은 벙어리처럼 아무 말도 하지 않는 것이었다. 초조해진 조조가 말했다.

"자네와 흉금을 터놓고 이야기하는데, 어째서 일언반구도 없는 것인가."

가후가 다른 생각을 하다가 깬 듯한 표정을 지으며 대답했다.

"아, 예. 제가 마침 딴생각 중이어서 바로 대답하지 못했습니다."

"무슨 생각인가?"

"원소와 유표 부자의 일을 생각하고 있었습니다."

이 둘은 장자를 태자로 세우지 않았다가 그들 사후에 아들들 사이에 분열이 일어나 멸망의 길을 재촉한 전형이었다. 조조는 물론 가후의 말속에 담긴 뜻을 이해했다.

이는 조비가 조식보다 뛰어났다는 것이 아니라 최염이든 가후든 모두 조비의 지지자였기 때문에 나온 말이었다.

가후는 조비가 자신의 지위를 공고히 하는 데 남다른 재주가 있다고 설명하며 이렇게 덧붙였다.

"도덕을 갈고 닦으며 겸허히 행동하고 늘 부지런하며 자식의 도리를 어기지 않을 뿐입니다."

조비의 이런 인성은 조조가 출정할 때도 발휘되어 조조의 큰 칭찬을 들었다. 당시 그는 동생인 조식과 길옆에서 조조를 전송했다. 조식은 늘 그렇듯이 문재文才를 뽐내며 조조의 출정을 치사하는 글을 올렸다. 그런데 조비는 망연자실한 표정을 짓더니, 갑자기 땅바닥에 무릎을 꿇고 눈물을 흘렸다. 조조 및 좌우의 신하들은 이 모습을 지켜보고 자신도 모르게 흐느껴 울었다. 이에 모두들 조식은 문장은 화려하지만 진심은 조비만 못하다고 여겼다.

이는 매우 단순한 행동처럼 보이지만 조식에게는 절대 불가능한 일이었다. 조식은 마음 가는 대로 행동하는 사람이었다. 그는 술을 좋아하여 술을 아버지처럼 여겼고, 술에 취하면 항상 왕궁의 사마문司馬門을 열고 조조의 전용 도로를 말을 타고 멋대로 달렸다. 또한 조조가 비단옷을 입지 말라는 명을 내렸음에도 불구하고 아내가 비단옷을 입고 저자를 활보하게 했다.

조식에게 이런저런 결점들이 많았지만 조조는 여전히 그를 편애했다. 이유는 바로 조식의 문학적 재능이 그와 너무도 닮았기 때문이다. 하지만 이는 사실 조조의 명백한 실수였다. 우수한 문인이나 학자가 반드시 뜻과 재주를 모두 갖춘 정치가일 수는 없으며, 심지어는 그 반대인 경우도 있다. 공교롭게도 조식이 바로 그러한 인물이었다. 그는 주체할 수 없는 재주를 가졌으면서도 전통적인 관념에 얽매여 마음속으로 한나라 황실을 그리워했고, 서생 티를 팍팍 풍겨 권모술수나 자신을 꾸미는 데 서툴렀다. 가장 안타까운 점은 자신의 재주를 믿고 멋대로 행동하며 사람들과 친분을 쌓는 데 소홀했다는 것이다.

다음의 사건은 조식의 이런 어리석음을 잘 보여준다. 그가 평원후平原侯에 임명되었을 때 조조는 '덕행이 당당한 형자앙邢子昂'으로 칭송이 자자했던 기주冀州의 명사 형옹邢顒을 가승家丞으로 삼아 조식을 보좌하며 예법을 가르치게 했다. 그러나 언제나 제멋대로인 조식의 성격 탓에 둘은 사이가 틀어지고 말았다.

반면 조비는 동생보다 현명했다. 그는 조조의 가신家臣인 최염, 양무凉茂, 병원邴原, 정욱程昱 등을 좋은 말로 구슬려 자기편으로 끌어들였고, 조조의 측근인 순욱荀彧, 가후 또한 그의 레이더에서 벗어나지 못했다.

중국에서는 인사 관계가 정치판으로 확대되면 절대 소홀히 해서는 안 되지만 조식은 이를 너무 우습게 보았다. 이 점이 그가 부친과 가장 다른 점인 동시에 치명적인 약점이었다. 조조는 대업을 이루는 과정에서 항상 각양각색의 인재들을 휘하에 불러 모아 "오직 인재만을 발탁하겠다"는 원칙을 말이 아닌 행동으로 보여주었다.

조조는 여러 가지 시험을 거친 후 마침내 조식이 자신의 이런 장점을 이어받지 못했다는 사실을 깨달았다. 이런 장점은 이전에 조조의 운명을 결정지었고, 훗날 위나라의 운명과도 밀접한 관련이 있었다.

후계자 책봉은 정권 탈취용

건안 22년(217년) 조조는 마침내 조비를 태자로 책봉했다. 이때 다음과 같은 일화가 전해진다. 조비는 이 소식을 듣고 너무 기쁜 나머지 측근의 머리를 감싸 안고 이렇게 말했다.

"너는 지금 내가 얼마나 기쁜지 아느냐?"

이 측근은 집으로 돌아온 후 자신의 딸에게 조비의 말을 그대로 전했다. 그러자 딸이 탄식하며 말했다.

"태자는 장차 군왕의 뒤를 이어 나라의 주인이 되실 분입니다. 이는 매우 번거롭고 두려워해야 하는 대사입니다. 그런데 지금 도리어 기쁨에 겨워 자신의 도리를 잊으니, 위나라의 운이 오래가지 못할 듯

합니다."

바깥출입이 제한되어 있었던 여인네 입에서 이런 말이 나왔다는 것은 말이 안 되고, 역사를 통해 이런 결과를 확인한 후대 사람이 지어낸 이야기가 분명하다.

조비의 성격과 재능으로 볼 때 그가 기뻐한 것은 훗날 위나라의 주인이 된다는 것 외에 훌륭한 일국의 주인이 될 수 있다는 자신감에서 나왔다고 할 수 있다. 이런 자신감은 수많은 지지자들에게 뿌리를 두고 있다. 그는 이들이 아니었다면 동생인 조식에게 결코 승리할 수 없었다는 사실을 누구보다 잘 알았다. 조조도 당연히 이런 상황을 알고 있었다. 그리고 이런 현실이 그가 후계자를 결정하는 과정에 적지 않은 영향을 미쳤다.

당시 조식을 지지한 조력자로는 먼저 정의丁儀, 정이丁廙 형제를 꼽을 수 있다. 그들은 조식과 일반인들이 상상할 수 없는 끈끈한 관계를 맺고 있었다. 이는 어쩌면 조식에 대한 숭배에 가까웠다. 그들은 조조 앞에서 항상 조식의 기재奇才를 칭찬했다. 그러나 이 '기재'가 나라를 다스리는 데 정말 유용한지에 대해서는 전혀 언급하지 못했다. 동생인 정이는 일찍이 조조에게 이렇게 말했다.

"임치후(臨淄侯, 조식)는 이 세상 누구보다 효성스럽고, 총명한 머리는 누구도 따라올 수 없습니다. 그의 문학적 재능은 승상께서도 인정하시지 않았습니까. 젊든 늙든 지금 천하의 모든 인재와 군자들이 그를 위해 살고 그를 위해 죽으며, 또 그와 함께 근심하고 그와 함께 즐거워하고자 합니다. 하늘이 승상께 그를 선물한 것이니, 우리 위나라를 그가 주재한다면 영원히 복을 받을 것입니다."

이는 정말 사람 마음을 혹하게 만드는 말이다. 정이의 언변은 삼국시대에 최고로 꼽혔다. 그는 특별히 조조가 인재를 아끼는 특징을 언급하며 인재와 군자들이 조식을 사모하니, 위나라는 영원히 복을 누릴 수 있다고 강조했다. 그러나 이 말은 조조의 마음을 흔들지 못했다.

다음으로는 양준楊俊이 있었다. 그는 조식의 문재를 당대 최고라고 칭찬하며, 큰 인재가 될 재목으로 여겼다. 또 다른 조식의 지지자는 그 유명한 양수였다. 그는 훗날 '계륵' 사건으로 조조에게 목이 달아난다.

양수는 한나라 태위 양표楊彪의 아들이자 원술袁術의 조카였다. 양표는 조조의 적수인 원술과 친척이라는 이유로 늘 괴롭힘에 시달렸다. 이런 일을 보고 자란 양수는 한나라의 명이 다한 것을 알고 조씨에게 비협조적인 태도를 취했다. 양수는 또한 주부主簿 벼슬에 있으면서 자기 재주를 믿고 거만하게 굴어 조조에게 미움을 샀다. 이런 점으로 볼 때 조조가 설사 조식을 후계자로 정했다 해도 양수를 그냥 내버려두지는 않았을 것 같다.

조식의 지지자들에게는 한 가지 공통된 특징이 있는데, 그것은 바로 조조 앞에서 모두 조식의 문재를 거론했다는 사실이다. 조조도 물론 이 점을 마음에 들어 했지만 이들과 조비의 지지자들을 비교해보면 한마디로 게임이 되지 않았다.

조비의 지혜 주머니로는 사마의, 진군陳群, 오질吳質, 주삭朱鑠이 있었다. '사우四友'라 불린 이들 가운데 사마의와 진군의 정치적 재능 및 모략은 당시 위나라 모사들 중에도 최고로 손꼽혔다. 오질은 심지가 깊고 문재 또한 뛰어났다. 반면 조식 주변에는 모두 문인 일색이어서 정치나 군사 경험이 전무했다. 사마의, 진군, 오질의 노련함과 용의주도함에는 한참 미치지 못했으니, 이는 결과를 보지 않아도 알 수 있는 싸움이었다.

남다른 지혜를 지닌 조조는 일단 조식을 후계자로 임명하면 동시에 그와 대립하는 세력이 나타날 것임을 깨달았다. 반대로 조비를 태자로 삼으면 조식 측은 조비와 대항할 힘이 전혀 없었다. 이로써 결과는 분명해졌다.

조비가 수면 위로 부상하게 된 결정적 요인은 조식과 그의 지지자들이 결코 조조의 이상을 실현할 수 없었기 때문이며, 조비도 이 사실을 똑똑히 알고 있었다.

조식은 원래 정치적 포부가 없는 사람이었다. 이는 그의 지지자들이 조조 앞에서 그를 칭찬한 말들을 보면 금방 알 수 있다. 조식은 뛰어난 문인이었지 절대 뛰어난 정치가는 아니었다. 뛰어난 정치가는 자신의 치명적인 약점을 감추는 데 능하지만 조식은 그렇지 못했다. 조식이 만약 후계자가 되었다면 아마도 훗날의 남당南唐 후주나 송宋나라 휘종徽宗같이 되지 않았을까. 반면에 조비는 정치가의 요건을 모두 갖추고 있었다. 그는 한나라 정권을 찬탈하여 위나라를 수립하려는 조조의 이상을 실현할 준비를 마친 상태였다.

이렇게 해서 조비는 마침내 후계자 자리에 올랐다. 그러나 조조의 조치는 여기서 그치지 않았다. 조식이 비록 힘은 미약했지만 주변에 수많은 모사를 거느리고 있었다. 모사들의 힘을 등에 업고 지금의 위치에까지 오른 조조는 이를 우습게 보지 않았다. 그래서 건안 24년 그는 '계륵'을 빌미로 양수를 죽여버렸다. 양수의 죽음은 조식에게 거대한 손실이었다. 이 이후로 그는 더 이상 조비와 겨룰 힘을 잃고 말았다.

다른 각도로 보면 조조의 후계자 책봉 과정은 한나라 정권 탈취를 위한 리허설이었다고 할 수 있다. 조비를 지지하든 조식을 지지하든 모두 위나라를 인정한다는 전제조건을 깔고 있었다. 그러므로 위나라의 후계 문제에 관심을 가졌다는 것은 명백한 지지 의사를 밝힌 것이다. 반대로 위나라를 반대하는 신료들은 후계 문제에 이러쿵저러쿵 관여하지 않았다.

조비, 아비의 꿈을 대신 이루다

조조는 양수를 죽이고 반년이 지난 건안 25년 정월에 세상을 떠났다. 조비는 조조의 승상, 위왕 등의 관직을 계승하고 신정권 수립에 박차를 가했다. 그해 10월 조비는 '선양'의 방법을 통해 한나라 헌제獻帝로부터 제위를 빼앗고 위 왕조를 건립했다. 연호는 황초黃初로 고쳤다. 일 년 후에는 유비가 제위에 올랐고, 2년 후에는 손권이 스스로 오왕吳王이라 칭함으로써 삼분천하의 국면이 마침내 형성되었다.

조비는 연호를 고친 후 즉각 환관이 모든 관서에서 '영令' 이상으로 승진하지 못하도록 제한을 두었다. 또 황초 3년(222년)에는 조서를 내려 "아녀자가 정치에 관여하면 나라가 반드시 어지러워지게 되어 있다. 지금 이후부터 군신들은 태후에게 국사를 보고하지 마라. 황후 일가는 절대 정치 일선에 나서지 말고, 또 모토(茅土, 옛날 임금이 제후를 봉할 때 그 지방 흙을 싸서 준 데서 유래한 말-옮긴이)의 작위도 함부로 받지 말라"고 선포했다. 이로써 그는 단번에 동한 시대에 환관과 외척이 조정을 쥐고 흔들었던 국면을 일소했다.

일 년 후에는 하늘이 그에게 전국을 통일할 기회를 주었지만 애석하게도 그는 그 기회를 잃고 말았다. 당시 유비는 관우의 복수라는 기치를 내걸고 동오를 공격했다. 그런데 이때 조비는 무슨 이유에서인지 군대를 움직이지 않고 사태를 지켜보고만 있었다. 누군가 그에게 촉과 함께 동오로 출격하여 동오를 멸망시키면 촉도 고립될 것이니, 이때 총공세를 펼치면 천하가 안정될 것이라고 건의했다. 그러나 조비는 생각이 전혀 달랐다. 촉나라가 바보가 아닌 이상, 자신의 의도를 분명 알고 있을 것이라고 생각했다. 그는 산에 올라 호랑이가 싸우는 것을 지켜보다가 호랑이가 서로 꼬리를 물고 늘어져 더 이상 싸울 힘이 없는 틈을 타서 손을 쓰고자 했다. 그는 기회라는 대문 앞에 가만히 앉아서 문장이나 지으며 기다리고 있었다.

유비가 육손과 아직 겨루기도 전에 조비는 신하들에게 유비가 분명 패할 것이라는 깜짝 발언을 했다. 그의 예상대로 유비는 육손에게 대패했다. 그러자 조비는 손에 들고 있던 붓을 내던지고 직접 군대를 거느리고 동오로 출격했다. 그러나 그 원정은 실패로 돌아갔다. 처음부터 망설인 탓인지, 아니면 지나친 자신감 때문인지 몰라도 그는 결국 대장 장료를 잃었을 뿐 아니라 자신감마저 크게 꺾이고 말았다.

그는 황제 자리에 오르자마자 쓰라린 패배를 맛보았다. 누구라도 이런 상황이 닥친다면 자신감을 금방 회복하기가 쉽지 않다. 이처럼 그는 적 앞에서 큰 모욕을 당했지만 둥지 안에서만큼은 절대 강자였다.

그는 경쟁 상대를 매몰차게 핍박했다. 이는 당연한 결과라고 할 수 있다. 예전의 적수가 지금은 자신의 수하가 되었으니, 누구라도 마수를 뻗쳤을 것이다. 그는 먼저 봉지를 바꾼다는 명분으로 조식을 사방으로 옮겨 다니게 했다. 이어서 황초 3년에는 누군가의 무고를 핑계로 조식을 수도인 낙양으로 불러들여 한바탕 모욕을 준 후 봉지인 업성으로 돌려보냈다.

조비가 황제가 된 후 이리저리 옮겨 다녀야 했던 조식은 결국 마흔한 살의 나이로 세상을 떠났다. 그는 형이 자신을 가지고 논다는 것을 잘 알고 있었다. 하지만 형이 황제였으니, 방법이 없었다. 황제가 사람을 가지고 노는 것은 불법이 아니었다.

사실 조비는 마음속에 큰 뜻을 품었지만 머리는 이에 미치지 못했다. 황제인 그의 안목은 아버지보다 훨씬 넓어야 했다. 또한 자신의 목표를 달성하기 위해 어떤 단계를 밟아 나가야 하는지 깊이 깨닫고, 목표 달성을 위해 따르고 집행해야 할 모든 것을 숙지해야만 했다. 하지만 그는 실천 단계에 들어가면 바보가 되어버렸다. 그는 돼지를 어떻게 죽여야 하는지 잘 아는 도살자가 일단 칼을 들면 어찌할 바를 모르는 것처럼 어떻게 해야 자신의 계획을 실천에 옮길 수 있는지를 몰랐다.

조비는 7년간 황제 자리에 있었다. 그는 어쨌든 한나라 정권을 탈취하여 위나라를 건립하고자 하는 조조의 이상을 실현했다. 훗날 그가 남긴 유언은 아버지인 조조의 유언과 비슷했다. 그는 예로부터 망하지 않은 나라가 없으며, 파헤쳐지지 않은 무덤은 없다고 말했다. 그래서 사람들에게 박장薄葬을 부탁했다. 조비의 유언은 조조가 죽을 때 강조한 근검절약 정신이 그대로 배어 있었다.

조조는 일생 동안 황제를 칭하지 않았다. 조조 같은 영웅에게 칭제稱帝는 반드시 천하 통일을 이뤄야만 하는 압박감으로 다가왔을지도 모른다. 그는 이 임무를 후계자에게 넘겼고, 후계자는 그의 도움 없이 임무를 완수했다. 혹자는 이 위대한 영웅이 적벽대전에서 대패한 후 천하 통일의 꿈을 접었다고 말하기도 한다.

단순히 조조의 유언만 놓고 본다면 그는 평범한 사람처럼 일상의 자질구레한 일들을 하나하나 꼼꼼히 언급했다. 그러나 이는 후계자 문제를 확정 지은 여유에서 나온 행동이었다. 그는 임종 전에 천하가 이미 손아귀에 들어왔다는 생각에 마음을 놓았을지도 모른다.

"(장손무기에게) 짐은 공들에게 대사를 맡기노라. 태자가 어질고 효성스러운 것은 공들도 아는 바이니, 그를 잘 보좌해달라."
-《신당서新唐書》〈장손무기전長孫無忌傳〉

"(저수량에게) 내가 천하를 차지한 것은 무기의 공이다. 너는 그의 곁에서 정사를 돕고, 아첨꾼들이 그를 해치지 못하도록 하라."
-《구당서舊唐書》〈저수량전褚遂良傳〉

"(이치에게) 무기와 수량이 있으니, 너는 천하의 일을 걱정하지 마라." -《신당서》〈장손무기전〉

이세민李世民의 정치적 유언인 《제범帝範》을 줄기로, 두 보좌 대신을 가지와 잎으로, 그리고 이치李治를 수분으로 하여 마침내 무성하고 큰 나무가 완성되었다고 말할 수 있다. 물론 이세민이 가장 안타까워할 만한 것은 이 나무가 다른 사람의 손에 넘어갔다는 사실이다. 하지만 유구한 역사의 흐름으로 볼 때 이 나무는 결코 쓰러지지 않았다. 그러므로 이세민의 유언이 잘못인지 아닌지는 이미 중요하지 않다.

6장

'정관의 치세'에서 '영휘의 치세'로!

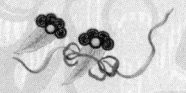

― 당나라 태종 ―

막 내리는 '정관의 치세'

정관貞觀 21년(647년) 정월 이세민이 가장 아끼던 중신 고사렴高士廉이 병사했다. 이세민은 마음이 너무나 아파서 위중한 몸을 이끌고라도 문상을 가려고 했다. 그가 막 길을 나서려는데, 방현령房玄齡이 달려와 가지 못하게 길을 막았다. 하지만 이세민은 그를 물리치고 길을 재촉했다. 황궁에서 멀지 않은 곳까지 행차했을 때 이번에는 장손무기가 헐레벌떡 뛰어와 이세민이 탄 말의 고삐를 붙들고 간곡히 부탁했다.

"폐하께서는 금방 단약丹藥을 드시고서 바람을 쐬려 하십니까? 절대 못 가십니다."

이세민은 여전히 말을 듣지 않고 기어코 문상을 가려 했다. 장손무기는 방법이 없자 아예 길바닥에 드러누워 이세민에게 눈물로 호소했다. 이세민은 당대 명신의 이런 모습을 보고 적잖이 당황하여 하는 수 없이 말을 돌려 궁으로 돌아갔다.

이를 통해 우리는 당시 이세민이 꽤 오랫동안 단약을 복용했고, 몸도 매우 허약해졌음을 알 수 있다. 이해는 그가 세상을 떠나기 2년 전이었다.

정관 22년(648년) 이세민은 토번吐藩의 군사를 빌려 중천축中天竺을 물리치고 1만여 명이 넘는 포로를 잡아 수도인 장안으로 압송했다. 그는 포로 중에 나라이파사那羅邇婆娑라는 방사가 섞여 있는 것을 발견했다.

나라이파사는 중천축에서 꽤 유명한 인물이었다. 중천축의 상류 인사들은 그와 교류하는 것을 영광으로 여겼고, 그가 만든 단약 한 알이면 세상을 모두 얻은 듯했다. 이 시기 이세민은 장생불사에 대해서는 그다지 믿음이 없었지만 단약을 복용하면 수명을 연장할 수 있다고 믿어 의심치 않았다. 공교롭게도 이 방사는 단약을 제조하는 데 남다른 재주가 있었다.

하지만 이세민은 나라이파사가 만든 단약을 먹고 건강이 회복되기는커녕 도리어 병세가 심각해졌다. 단약은 원래 열을 내는 성질을 가지고 있어서 정상인이 복용해도 온몸이 건조해지고 열이 나서 땀이 비 오듯 쏟아지는데, 병이 고황膏肓에까지 든 환자가 먹었으니, 상태가 어떠했겠는가.

정관 23년(649년) 3월 이세민은 힘겹게 병든 몸을 이끌고 현도문顯道門으로 나가 천하에 사면령을 내렸다. 이때 장안성은 소슬하니, 봄이 아직 오지 않았다. 그는 갑자기 추웠다 따뜻했다 하는 날씨에 몇 마디 말도 제대로 못하고 피로를 느껴 궁 안으로 돌아갔다. 이후 그는 더 이상 조정에 나가 정사를 처리하지 않고 태자 이치에게 정무를 돌보게 했다. 그는 이렇게 자신의 손으로 창건한 대당 제국의 최전선에서 영원히 물러났다.

그해 4월 이세민은 주위의 권유로 거처를 취미궁翠微宮으로 옮겼다. 이때 태자를 포함한 많은 사람들은 이세민이 건강을 회복할 것이라는 희망을 안고 있었다. 하지만 이세민은 삶이 얼마 남지 않았음을 알고 있었다.

죽음을 기다리는 동안 이세민은 혹시 잊은 일이나 소홀히 한 일은 없는지 곰곰이 생각에 빠졌다. 그가 가장 염려한 것은 바로 이치였다. 그는 너무 어리고 유약했다. 그래서 몇 번이나 장손무기를 불러 매우 근심 어린 목소리로 이렇게 말했다.

"태자가 어질고 효성스러운 것은 자네가 가장 잘 알지 않는가. 그러니 꼭 이 아이를 잘 보좌하도록 하라."

그해 5월, 즉 세상을 떠나기 열흘 전에 그는 모두가 깜짝 놀랄 만한 조치를 취했다. 그는 이치를 곁으로 불러 직접 밀계를 내린 다음 가장 유능한 대신인 이세적李世勣을 첩주疊州로 좌천시켰다. 훗날 증명되듯, 이는 이세민의 선견지명을 잘 보여주는 대목이다.

그리고 사흘 후 대신 이정李靖이 세상을 떠났다. 이세민은 더 이상 슬퍼할 힘도 남아 있지 않았다. 정관 21년에서 23년 5월까지 불과 2년여의 시간 동안 정관의 전성기를 이끈 고사렴, 마주馬周, 방현령 등이 잇달아 세상을 등졌으니 말이다. 이때 정관 시대의 명신은 이미 얼마 남지 않았다. 이들 대신들이 죽고 이세민도 한계에 다다름에 따라 정관 시대도 마침내 막을 내렸다.

여드레 후 이세민은 더 이상 버틸 힘이 없었다. 그는 이치, 장손무기, 저수량을 곁으로 불러 유조를 내리고, 두 대신에게 이치를 전심전력으로 보좌해달라고 당부했다.

그는 또 저수량에게 이렇게 말했다.

"내가 천하를 얻은 것은 모두 장손무기의 공이다. 그러니 너의 임무는 소인들이 장손무기와 태자 사이를 이간질하지 못하도록 방패 역할을 하는 것이다."

마지막으로 태자에게 "무기와 수량이 있으니, 너는 천하의 일을 걱정할 필요가 없다"고 말하고는 근정전勤政殿에 쓰여 있는 격언을 읽어보라고 했다.

"동으로 거울을 만들면 의관을 바로 할 수 있고, 옛일로 거울을 삼으면 흥망성쇠를 알 수 있으며, 사람을 거울로 삼으면 이해득실을 알 수 있다."

이치가 마지막 구절을 읽자 이세민은 조용히 눈을 감았다. 당나라 최초의 성세는 이렇게 막을 내렸고, 일세를 풍미한 위대한 제왕은 이렇게 사라져갔다. 이때 그의 나이 겨우 52세였다.

이세민이 약간 이른 나이에 죽음을 맞게 된 이유는 세 가지 정도로 볼 수 있다. 첫째는 정관 17년(643년)에 일어난 태자 이승건李承乾의 반란이었다. 힘들게 후계자로 키워놨는데, 불효를 저지를지 누가 상상이나 했겠는가. 물론 반란이야 진압하면 그만이니, 그다지 중요한 것이 아니었다. 무엇보다 중요했던 것은 그의 아들 가운데 마땅한 후계자가 한 명도 없었다는 사실이다. 이 사건은 황제와 아버지의 입장에 선 그에게 크나큰 충격을 주었다. 이로 인해 그는 심신이 점점 쇠약해져갔다.

둘째는 그가 훗날 복용한 단약 때문이었다. 이세민은 제2차 요동遼東 정벌에 나섰다가 큰 부상을 입어서 장안에 돌아온 후에도 날마다 병으로 신음했다. 게다가 몇 달 동안 감기까지 앓아 몸 상태가 나빠지기 시작했다. 이런 상태에도 처리해야 할 정무가 너무 많았기 때문에 그는 결국 단약을 선택했다. 단약이 자기 앞에 닥친 곤경을 풀어줄 것이라 기대했지만 오히려 상황만 악화시켰다.

셋째는 중천축에서 온 그 방사 때문이었다. 그는 중국인이 약물을 어느 정도 복용하는지 정확히 몰랐던 것 같다. 그는 이세민에게 준

단약의 양을 크게 늘려 결국 그의 죽음을 가속화했다.

당나라는 그의 이른 죽음과 정치적 유언으로 인해 어느 왕조도 겪어보지 못한 액운을 경험해야만 했다. 이씨 자손들 대부분도 그 때문에 비운의 죽음을 맞고 말았다.

《제범》, 황제의 정치 교과서

이세민은 봉건시대 대대로 이어온 후계자 양성 방법에 따라 이치를 교육했다. 먼저 태자를 위해 일군의 충실한 스승 집단을 붙여주었다. 그는 원로 중신들로 구성된 막강한 보좌 그룹을 만들었다. 여기에는 태자태사太子太師 장손무기, 태자태부太子太傅 방현령, 태자태보太子太保 소우蕭瑀, 태자첨사太子詹事 겸 태자좌위솔太子左衛率 이세적, 태자빈객太子賓客 저수량 등이 있었다. 하지만 이세민은 이렇게 하고도 마음을 놓지 못했다. 이런 점으로 볼 때 이치는 확실히 제왕의 그릇이 아니었음을 알 수 있다.

결국 그는 자신이 직접 아들을 가르쳤다. 이 가르침은 대부분 군왕의 덕목과 관련이 있었다. 때로는 경전經傳의 뜻을 취해 민간의 구체적인 사례와 결합하기도 하고, 때로는 일상생활에서 일어나는 자질구레한 일까지 하나하나 엄격히 교육했다. 어떤 방식이었든 모두 군왕이 되어 나라를 다스리는, 심도 있는 철학이 스며들어 있었다. 그 안에는 자연스럽게 이세민 개인의 정치 경험과 군왕의 도가 포함되어 있었다.

이세민은 세상을 떠나기 일 년 전인 정관 22년 봄에 친히 편찬한

《제범》을 이치에게 하사했다. 그는 당연히 이 책을 황제의 정치 교과서라 여겼고, 이치가 성실히 읽고 연구하여 훗날 즉위한 후 이를 따르고 본받기를 바랐다. 이 책은 〈군체君體〉, 〈건친建親〉, 〈구현求賢〉, 〈심관審官〉, 〈납간納諫〉, 〈거참去讒〉, 〈계영誡盈〉, 〈숭검崇儉〉, 〈상벌賞罰〉, 〈무농務農〉, 〈열무閱武〉, 〈숭문崇文〉 등 총 12편으로 이루어져 있었다. 이는 그의 일생에 걸친 통치 경험의 총체이자 후계자에게 남긴 정치적 유언이었다. 그는 《제범》〈후서後序〉에서 특별히 이렇게 언급했다.

"이 열두 가지 조목은 제왕의 강령綱領으로 흥망성쇠가 모두 이 안에 담겨 있다. 옛말에 '앎이 어려운 것이 아니라 실천이 어렵다'고 했으니, 실천하는 데 힘써야만 어려움에 처하지 않을 것이다."

동시에 그는 편안할 때도 위태로울 때를 생각하며 항상 신중하게 행동해야만 시작도 좋고 끝도 좋을 수 있다고 경고했다. 이는 어쩌면 자신이 말년에 범한 과오를 반성하는 말일지도 모른다. 어쨌든 《제범》에서 가장 강조하고 있는 말은 바로 '군도君道'이다. 즉 군왕이 행해야 할 도리를 다하고, 인정仁政을 베풀어야 한다는 것이다. 《제범》은 일생에 걸친 당태종의 통치 경험을 집대성한 것으로 미치는 범위가 매우 넓고, 내용 또한 상세하고 충실해서 어떤 황제의 저서도 여기 비견될 수 없다.

이세민은 유가를 숭상하고 도가를 중시한 황제였다. 비록 형제를 죽이고 아버지를 핍박한 대죄를 범했지만 그는 시종 유가의 '인정'이란 이상을 높이 받들어 이를 구체적으로 실천하고자 무던히도 노력했다. 바로 이런 이유 때문에 정치적으로 '정관의 치세'라는 거대한 성공을 거둘 수 있었던 것이다. 이는 또한 그를 중국 역사상 가장 현명한 군주 반열에 올려놓았다.

정관 전기에 이세민은 역대 제왕의 실패 요인을 깊이 있게 연구하여 세금과 부역을 덜어주고 형벌을 느슨히 하는 정책을 대대적으로 실시했다. 또한 적재적소에 인재를 배치하고 법치를 강화하며 간언을 허심탄회하게 받아들이고 옛 역사를 거울로 삼아 눈에 띄는 업적을 이룩했다. 이로 인해 사회, 경제가 다시 살아나고 진일보한 발전을 이루었다. 역사에서는 정관 전기를 "비바람이 순조로워 해마다 풍년이 들고 백성들은 가뭄이나 홍수의 피해를 입지 않아 나라에 기근의 재앙이 일어나지 않았다"고 칭송했는데, 이는 결코 허언이 아니었다.

그러나 정관 후기가 되자 폐단이 나타나기 시작했다. 이 역시 당연히 이세민의 '공로'였다. 결국 정관 13년(639년) 5월 쓴소리를 잘하기로 유명한 위징魏徵이 당태종에게 이렇게 간언했다.

"폐하께서는 지금 시작은 좋았지만 끝이 엉망인 일을 무려 열 가지가 넘게 행하고 계십니다. 일일이 열거하면 다음과 같습니다. 진귀한 보물을 탐내시고, 인재를 함부로 여기시고, 간언을 받아들이지 않으시고, 소인을 가까이하시고, 기이한 것들을 좋아하시고, 인재를 멀찍이 두시고, 사냥에 빠지시고, 아랫사람을 가혹하게 대하시고, 정무에 태만하시고, 백성들을 번거롭게 하시고 그들의 재물을 축내고 계십니다."

이세민 입장에서 보면 이 말은 작은 일을 크게 부풀린 것쯤으로 여길 수도 있다. 하지만 바람이 없다면 파도도 일지 않는 법이다. 정관 후기의 이런 잘못들은 전기와 비교하면 하늘과 땅 차이가 났다.

그러나 이세민은 매우 현명한 군주였다. 그는 한무제처럼 말년의 과오를 감추려 하지 않았다. 도리어 이치에게 남긴 유언에서 냉철하게 자신을 비판하고 이런 점은 절대 배우지 말라고 신신당부했다. 배우려거든 내 장점만 배우고 어떤 일이 있어도 단점은 배우지 마라!

"큰 공을 세운 사람에게는 반드시 큰 잘못이 있다"는 말은 불문율인 것 같다. 혹자는 정률定律이라고 단정 짓기도 한다. 진시황, 한무제, 당태종 모두 이 정률을 실천한 인물들이다. 대부분은 잘못을 그대로 이어가기 마련이지만 그중에는 당태종처럼 과감하게 잘못을 인정하는 경우도 있다.

이세민은 매우 굴곡 있는 인생을 살았다. 그는 형을 죽여 태자의 자리를 빼앗았으며 아버지를 협박하여 황제의 자리를 빼앗았다는 오명을 뒤집어썼다. 하지만 그 후에 전심전력으로 나라를 잘 다스려 대당 제국을 지금도 사람들 입에 오르내리는, 당시 최고의 국가로 만들었다. 그러나 그는 최고의 자리에서 득의만만하다가 하마터면 낭떠러지로 떨어질 뻔했다. 진시황과 한무제가 단약을 믿었다며 늘 비웃던 그가 오히려 직접 시험해보고 그 즐거움에서 헤어 나오지 못했던 것이다.

어떤 사람은 이세민이 평생 살얼음판 같은 위기 속에서 살았다고 말한다. 진왕秦王 시절에는 형 이건성李建成이 황제가 되면 자신을 죽일까 봐 늘 불안에 떨었다. 그래서 선제공격을 감행했던 것이다. 제위 초기에는 사람들이 형과 아버지에게 행한 일을 언급할까 봐 속죄의 심정으로 세계가 주목한 대당 제국을 건설했다. 그리고 말년에는 이치가 대업을 감당할 인물이 아니라는 점 때문에 그를 가르치느라 고생했고 나라의 장래에 대해서도 말 못하게 고민했다.

그래서 그는 이치의 앞길을 평탄하게 만들기 위해 각고의 노력을 기울였다.

태자를 위한 각종 안배들

이세민은 이치에게 전면적인 태자 교육을 실시했지만 아들의 후덕하고 온화한 성격 탓에 과연 냉혹한 정치 투쟁을 이겨낼 수 있을지, 자신을 따르던 대신들이 기꺼이 이치를 도와 '정관의 치세'를 이어갈 것인지 등에 대해 걱정이 이만저만이 아니었다.

이에 이세민은 자신의 모든 능력을 동원해서 이치의 앞길을 가로막는 장애물들을 제거하고자 했다. 장애물은 크게 내부의 문제와 외부의 위협 두 가지로 나뉘었다.

외부의 위협에 대해 이세민은 사방으로 군대를 출격시켜 이씨 정권을 압박하는 변방의 우환거리를 평정했다. 정관 18년(644년)에는 언기(焉耆, 지금의 위구르자치구 카라샤르―옮긴이)로 군대를 보내 언기 왕인 용돌기지龍突騎支를 사로잡았다. 그해에는 고구려를 세력권에 두려는 시도도 했다. 이듬해 그는 행동을 개시하여 육지와 바다 두 길로 나누어 고구려를 침공했고, 직접 요동 전선에 나가 전쟁을 지휘했다. 그러나 고구려의 결사 항전에 막혀 앞으로 나가면 나갈수록 더 큰 대가를 치러야 했다. 결국 고구려를 정복하지 못한 채 날씨가 갑자기 추워지고 군수물자 공급도 원활치 않아 이세민은 퇴각을 명령했다.

정관 20년(646년)에는 군대를 아홉 길로 나누어 북쪽 돌궐突厥 정벌에 나서 통쾌한 승리를 거두었다. 이에 철륵鐵勒 각 부는 당나라에 영원히 신하로 복종할 것을 맹세했다. 정관 22년에 이세민은 제2차 고구려 정벌에 나섰다. 서북쪽으로는 구자(龜玆, 위구르자치구 쿠처 부근에 있던 나라-옮긴이)를 공격하여 정복했다. 서남쪽 파촉 13주에는 정예병을 파견하여 송외松外의 소수민족을 격파하고 70여 부의 항복을 받아냈다.

이세민이 진행한 일련의 대외 전쟁으로 인해 즉시 부작용이 나타났다. 정관 전기에 축적해놓은 식량을 모두 소진해버렸고, 대량의 징병과 세금 징수는 당초 백성에게 휴식을 주겠다는 정책과 완전히 어긋나 백성들이 무거운 부담을 이기지 못하고 곳곳에서 소동을 일으켰다. 그러나 이 역시 모두 이세민의 계산 속에 포함되어 있었다. 이 모든 행동은 자신의 후계자를 위해 장애물을 제거한 것에 불과했다. 또한 그는 자신이 20년 동안 온힘을 다해 다져놓은 기반이라면, 후계자가 제위에 올라 즉각 백성들에게 휴식을 주고 세금과 부역을 덜어주기만 하면 불안한 나라 정세는 금방 회복될 것이라고 믿었다.

이세민에게는 외부의 위협이라는 장애물보다 내부의 문제가 더 큰 골칫거리였다. 그는 이치가 군신들을 부리고 국정을 운영하는 능력이 떨어지고 자신감이 부족한 것을 가장 염려했다.

이치가 태자에 책봉되고 얼마 지나지 않아 그는 이치의 유약한 성격이 걱정되어 장손무기를 불러 이렇게 탄식했다.

"자네는 항상 그 아이를 태자로 세우라고 권했고, 지금은 그렇게 됐네. 그런데 사직을 지키지 못할까 걱정되니, 어떻게 하면 좋단 말인가?"

장손무기가 이러저러한 말로 이치는 분명 훌륭한 통치자가 될 것이라고 위로했지만 이세민은 전혀 마음을 놓지 못했다. 그는 이치가 자신을 오랫동안 따랐던 노신들을 제어하지 못할까 봐 걱정이었다.

뛰어난 사람이 이끄는 집단은 능력이 탁월하다. 이세민이 천고의 업적을 이룰 수 있었던 것은 우수한 신하들의 도움 덕분이었다. 그래서 그는 걱정이 되었다. 이 신하들이 자신만 못한 군주를 만나게 되면 과연 힘을 다할지, 조금 양보해서 과연 복종할지도 의문이었다.

이 때문에 그는 정말 온갖 생각을 다 짜냈다. 그가 가장 먼저 손을 댄 것은 후계 다툼 후에 남아 있던 우환을 제거하고, 장손무기를 필두로 한 관롱집단(關隴集團, 북주에서 수와 당까지 이어진 관중 지방 출신을 중심으로 한 지배층-옮긴이)의 핵심 지위를 공고히 다진 것이다. 장손무기는 장손황후의 오빠였으니, 이세민에게는 손위 처남이었다. 게다가 그는 일찍이 이치를 태자로 세우자고 강력히 요구했고, 충심 또한 대단했다. 이치가 훗날 안정을 찾기 위해서는 자신의 세력을 기를 필요가 있고, 장손무기가 바로 이 세력을 대표했다.

관롱집단을 제외하면 지주 출신의 조정 중신들이 남아 있었다. 이때 위징은 이미 병사했고, 그가 추천한 후군집侯君集, 두정륜杜正倫은 불미스러운 일로 퇴출되었다. 한편 위왕魏王 이태李泰를 태자로 삼자고 주장했던 잠문본岑文本 등도 철저히 숙청당했고, 후계자 쟁탈전에서 줄을 잘못 선 대신들도 잇달아 낙마했다. 이로써 지주 출신의 대신들은 조정에 거의 남아 있지 않았다.

앞에서도 얘기했지만 정관 23년에 이세민은 죽음을 앞두고 조정 중신인 이세적을 첩주 도독으로 좌천시켜버렸다. 이에 이치가 반대하고 나서자 이세민은 의미심장하게 속삭였다.

"이세적은 재주와 지혜가 남다른 중신이다. 네가 아무런 은혜도 베풀지 않고서 훗날 황제가 되면 과연 그를 복종시킬 수 있을까? 내가 지금 그를 외지로 쫓아냈으니, 너는 제위에 오른 후 그를 조정으로 다시 불러들여라. 하지만 단번에 중책을 내리지 말고 천천히 승진을 시켜라. 이때 그의 입에서 원망의 말이 나오거나 그의 행동이 공손하지 못하다면 그 자리에서 당장 주살하여 후환을 남겨두지 마라."

이런 조치들을 보면 이세민의 악랄함에 눈살이 찌푸려진다. 하지만 이 모든 것은 후계자와 자손을 위한, 어쩔 수 없는 선택이었다.

표면적으로 보면 이세민은 이치를 위해 탄탄대로를 열어주었다. 하지만 이치는 그리 멀리 가지 못했다. '정관의 치세'로 배출된 수많은 유능한 신하들은 여러 차례의 숙청에도 불구하고 여전히 조정에 가득했고, 이세민은 후계자 쟁탈전으로 빚어진 갈등만 해결하면 된다고 오판했던 것이다.

그래서 이치는 등극하자마자 매우 곤궁한 처지에 놓이게 되었다. 위엄이 넘치는 이세민 앞에서야 대다수 대신들이 몸을 굽실거렸지만 어린 황제 면전에서는 항상 어른 대접을 받으려 했고 당당하게 의견을 제시했다. 이치가 조금이라도 잘못을 저지르면 그들은 황제를 가르치려 들었다. 장손무기가 특히 심했다. 조정 대신들은 30년 동안 재상을 지낸 장손무기를 매우 두려워했다. 그가 고명대신顧命大臣의 자격으로 이치에 대한 교육을 진행하자 어린 황제는 아무리 발버둥쳐도 아버지가 부주의하게 설치한 '군신의 소용돌이'에서 빠져나올 수 없었다.

그가 나중에 측천무후則天武后를 선택한 것도 이와 큰 관련이 있다.

유약한 태자, 측천무후의 기회

이세민의 유언이 헛말이 되어버린 것은 모두 측천무후 때문이었다. 그녀는 원래 이세민의 첩으로, 그의 곁에서 12년간 재인才人을 지냈다. 훗날 무씨가 천하를 차지하려 한다는 소문이 돌자 이세민은 차마 그녀를 죽이지 못하고 감업사感業寺로 출가시켜버렸다.

이치는 감업사에서 무씨를 보자마자 마음이 크게 흔들렸다고 한다. 그러나 그는 그녀의 아리따운 용모보다는 성숙함과 원숙미에 더욱 마음이 끌렸다. 그녀의 모습은 그가 여덟 살 때 세상을 떠난 어머니 장손황후와 너무 흡사했다.

장손황후는 훌륭한 품성을 갖춘 여인이었다. 많은 역사서에서 '정관의 치세'의 절반은 그녀의 공이라고 말하고 있다. 그러나 아들들은 하나같이 어미를 닮지 않았다. 장자인 이승건은 아버지의 목숨을 노렸고, 차남인 이태도 형과 비슷한 망나니였다. 막내인 이치는 그나마 무력을 좋아하지 않았으나 문약하기 이를 데 없었다.

이런 성격 탓인지는 몰라도 장손황후는 그를 지나치게 좋아했다. 그래서 유약한 성격의 이치에게 어머니를 사모하는 마음이 싹트게 되었다. 이런 마음은 장손황후가 죽은 후에 더욱 뿌리 깊게 박혔다. 어머니를 잃은 이치는 삶의 의욕마저 잃고 말았다. 만약 이세민과 장손무기가 날마다 깨우치지 않았다면 그는 우울증 환자가 되었을지도 모른다.

이치가 황제에 오른 후 무씨를 다시 찾아갔을 때 그녀의 성숙한 모습은 그가 마음속으로 갈망하던 어머니의 이미지와 너무 닮아 있었다. 당나라의 운명은 이 이후로 엄청난 풍파를 겪게 된다. 그녀는 두말할 것 없이 이치의 손에 이끌려 궁에 들어갔다. 그리고 아들을 낳고, 후궁이 되고, 황후의 자리에까지 올랐다. 그녀를 향한 이치의 마음은 일편단심으로, 죽을 때까지 변하지 않았다.

무씨가 자신의 이름을 '측천'이라 바꾸고 이씨 천하를 손아귀에 쥐고 흔들 때 누군가 이런 일이 어떻게 가능한지 의문을 품었다. 설사 그녀가 아무리 뛰어난 지혜를 가졌다 해도 남권 사회에서 이런 업적을 이루기란 사실상 불가능했기 때문이다. 당나라는 군주를 중심으로 한 중앙집권제의 절정에 있었다. 군왕인 이치 또한 과단성이 부족하긴 했어도 용렬하고 무능한 사람은 아니었다. 그런데도 이런 일이 가능했던 이유는 이치가 마음속으로 측천무후가 조정 일에 간여하기를 간절히 바랐기 때문이다. 그럼 이치는 왜 이런 마음을 먹게 되었을까?

그것은 바로 그 자신의 운신의 폭이 너무 좁았기 때문이다. 그래서 그는 측천무후에게 기회를 주게 된 것이다. 운신의 폭이 좁다면 정사를 보좌 대신들에게 맡기면 될 텐데, 이치는 왜 장손무기가 아닌 측천무후를 선택했을까?

이세민은 일찌감치 이치가 제위를 이은 후 순탄치 못한 나날이 계속되리라 예측했다. 이치는 조정에서 상당한 압력을 받고 있었다. 그는 아버지에 비해 능력이 너무 떨어졌다. 자동차 운전자가 비행기를 조종할 수 없는 것처럼 이치는 아버지의 옛 대신들을 조종할 능력이 없었다.

그는 심리적으로 의지할 산이 필요했고, 거기에 측천무후가 서 있었다. 이치의 눈에 측천무후는 아내이자 어머니요, 홍안(紅顔, 아름다운 여성-옮긴이)이자 동료였다. 그녀만 있으면 조정 대신들 앞에서 자신감에 충만해 허리를 꼿꼿이 들고, 부모님이 이룩한 '정관의 치세'를 재현할 수 있을 것 같았다.

이 목적을 달성하기 위해 이치는 천자의 존엄함도 돌보지 않고 외삼촌 장손무기를 직접 찾아가 뇌물을 건넸다. 바로 왕황후를 폐하고 무씨를 황후에 앉히는 데 외삼촌의 지지를 얻기 위해서였다. 하지만 장손무기는 절대 이를 허락할 수 없다고 못을 박았다.

그가 비협조적으로 나온 것은 당연했다. 이는 태종의 유언을 어기는 행동이었기 때문이다. 게다가 황후를 폐하는 것은 조정 대사인데, 어떻게 함부로 폐하라 말라 할 수 있겠는가?

그러자 이치는 회의를 소집해 자신의 생각을 밀어붙이려 했다. 먼저 저수량이 앞으로 달려 나와 태종의 유언을 언급하고 모자를 벗었다. 그러더니 머리를 바닥에 세차게 박았다. 그의 머리와 바닥은 피투성이가 되었다. 이치는 화가 머리끝까지 솟았지만 탁고 대신 앞에서 함부로 화를 낼 수도 없는 노릇이었다. 이때 이세적이 벌떡 일어나 정말 예의 없게 말했다.

"이는 폐하의 집안일이니, 알아서 하시지요."

이치는 이 말을 구실로 삼아 어떤 압력에도 굴하지 않고 무씨를 황후로 세웠다. 장손무기의 보정 대신이란 지위는 이때 이치에게 '사형' 선고를 받았고, 이세민의 정치적 유언은 물거품이 되어버렸다.

어쩌면 이 모든 것이 당나라의 액운이었는지 모른다. 이세민은 남다른 영명함으로 천하의 영웅과 호걸들을 자신의 수하에 두고 천하를 호령했다. 하지만 이치는 아버지와 완전히 상반된 길을 걸었다. 그는 무씨에게 흠뻑 빠져 그녀가 자신을 도와주리라고 확신했다. 그런데 그녀가 자신의 가족을 펄펄 끓는 기름 솥에 빠뜨릴 줄이야 누가 알았겠는가. 이 모든 일을 이세민도 전혀 예상하지 못했다. 그는 아들이 유약한 것은 알았지만 당나라 정권을 한 여인에게 내주리라고는 상상도 하지 못했다.

사실 이세민이 정관 후기에 이르러 후계자의 문제점을 아무리 보완해주었어도, 그가 원하는 바를 달성할 수는 없었다. 두 명의 보좌 대신을 포함해 수많은 이세민의 명신들이 있었지만 관건은 바로 후계자 본인이 재목인지 아닌지에 달려 있는 것이다. 이치는 분명 당나라를 보존할 재목이 아니었다. 그런데 왜 이치를 후계자로 선택했던 것일까?

장자가 아니어도 황제가 될 수 있다!

이치는 당태종의 아홉째 아들이었다. 봉건시대의 제위 계승 순서로 볼 때 그 앞의 여덟 형이 잇달아 낙마하지 않았다면 그는 절대 황제가 될 수 없었다. 그랬다면 당나라 역사를 쑥대밭으로 만든 측천무후가 출현하지 않았을 것이라는 쓸데없는 추측을 해본다.

그러면 당태종은 왜 이치를 후계자로 선택했을까? 역사적으로 볼 때 그는 어떤 이유가 있어서가 아니라 아무런 방법이 없어서 이치를 선택했다.

이세민은 모두 열네 명의 아들을 두었다. 봉건 왕조의 관례에 따라 장자는 태자가 되고, 나머지 아들은 왕으로 봉해진다. 그런데 당나라에서 이 관례를 가장 먼저 깬 사람이 바로 이세민이었다. 그는 장남이 아니었다. 이런 이유로 그의 아들들 사이에는 장남이 꼭 황제가 되라는 보장이 없다는 인식이 피어났다.

이세민의 아들들은 대부분 비참한 종말을 맞이했다. 세 명은 피살되었고, 세 명은 자살했고, 세 명은 요절했고, 한 명은 유폐되었고, 두 명은 서인으로 강등되었다. 《구당서》〈태종제자太宗諸子〉에서는 이렇게 탄식하고 있다.

"자제들이 왕으로 임명되어 기반이 탄탄했다. 그러나 교만과 사치 때문에 몸을 망쳐 이름을 얻지 못했다."

황제가 제위를 다른 성씨에게 물려주는 것은 상상도 할 수 없었으니, 어쨌든 이세민은 이 열네 아들 중에 하나를 선택해야만 했다. 이 중 둘째, 열한째, 열두째 아들이 요절하여 열한 명의 아들이 남아 있었고, 모두에게 후계자 자격이 있었다.

먼저 모습을 드러낸 것은 큰아들 이승건과 넷째 이태였다. 이승건은 승건전承乾殿에서 태어나 그 이름을 얻었다. 그의 이름에는 제위를 계승하고 건곤乾坤을 총괄한다는 뜻이 내포되어 있다.

어린 시절 이승건은 매우 총명하여 여덟 살 때 황태자에 봉해졌다. 하지만 성인이 된 후 가무와 여색에 지나치게 빠져 있었고, 특히 자신을 위장하는 데 능했다. 아버지 앞에서는 충효를 말하지만 궁을 나오면 소인배들과 몰려다니며 음탕한 생활을 즐겼다. 이런 자는 반드시 사고를 치게 되어 있으니, 결국 그는 아버지의 목숨까지 노렸다.

그가 모반을 일으킨 데는 두 가지 이유가 있다. 첫째는 병으로 다리를 절어 아버지에게 호감을 잃었고, 아버지가 위왕 이태를 아껴서 자신이 폐위될까 두려웠기 때문이다. 둘째는 아버지가 일으킨 현무문玄武門의 변(당고조의 후계자 자리를 두고 장남 이건성李建成과 차남 이세민 사이에 벌어졌던 유혈 사건-옮긴이)이 그에게 상당한 영향을 미쳤기 때문이다. 반란은 결국 실패로 돌아갔고, 그는 서인으로 강등되어 검주黔州로 귀양 갔다가 2년 후에 그곳에서 죽음을 맞이했다.

위왕 이태도 선량한 사람은 절대 아니었다. 그는 일찍부터 형을 시기하여 몰래 패거리를 조직해서 태자의 자리를 빼앗으려 했다. 이승건이 폐위된 후 이세민은 그를 태자로 삼으려 했다. 그러나 그는 여기에 만족하지 못하고 혁명을 꿈꾸다가 결국 아버지에게 유폐당해 35세의 젊은 나이에 사망했다.

당태종은 이 사건들로 인해 큰 충격을 받았다. 그의 죽음도 이와 전혀 무관하지는 않다. 만약 이 세상에 정말 인과응보가 있다면 이 사건들은 하늘이 그에게 내린 징벌이라고 할 수 있다. 그는 마침내 비극을 재현하지 않기 위해서 다음과 같은 조서를 내렸다.

"이후로 태자가 부도덕한 짓을 하고 또 태자 자리를 몰래 노리는 번왕이 있다면 둘 다 폐위할 것이다."

태자가 나라의 근본임을 잘 알고 있던 당태종은 셋째 아들인 오왕吳王 이각李恪에게 눈을 돌렸다. 이각은 수양제隋煬帝의 딸인 양비陽妃 소생이었다. 그는 문무를 겸비했고 당태종과 너무 닮아서 대신과 백성들 사이에서 명망이 매우 높았다. 당태종이 그를 태자로 삼으려는데,

장손무기가 강력히 반대하고 나섰다. 그는 외조카인 이승건과 이태가 모두 쫓겨난 상황에서 단 하나 남은 외조카 이치가 제위를 계승하길 바랐다. 당태종은 하는 수 없이 이각을 태자로 세우지 않았다.

하지만 이각이 태자가 되지 않았다고 화를 면할 수는 없었다. 훗날 장손무기는 이치를 후계자로 세우면서 모반을 일으켰다는 이유를 들어 이각을 죽여버렸다. 그가 이각을 죽인 목적은 수많은 사람들의 희망의 싹을 잘라버림으로써 이치의 통치를 안정시키기 위해서였다.

그러자 당태종은 다시 다섯째 아들 이우李祐에게 눈을 돌렸다. 이 아들은 착한 성품의 소유자가 아니었다. 그는 이우를 황제의 재목으로 키우기 위해 그를 곁에서 가르치던 장사長史를, 얼굴색 하나 변하지 않고 직간을 서슴지 않는 권만기權萬紀로 교체했다. 그러나 정관 17년에 이우는 자객을 보내 권만기를 살해하고 반란을 일으켰다가 결국 실패하여 피살되었다.

여섯째 아들 이음李愔은 향락주의자였다. 그래서 그가 다스리고 있던 주현州縣의 백성들은 그를 죽이지 못해 안달이 나 있었다. 이런 자에게 천하를 맡기기란 불가능했다. 일곱째 아들 이운李惲은 무고를 당해 하는 수 없이 모반을 일으켰다가 두려운 마음에 자살했다. 여덟째 아들 월왕越王 이정李貞은 얘기만 들어보면 정말 좋은 사람 같지만 행동을 보면 영락없이 소인배였다.

이에 당태종은 나머지 세 아들에게 다시 눈을 돌렸다. 열째 아들 기왕紀王 이신李慎은 총명하고 학문을 좋아했으나 아쉽게도 유약하고 무능한 겁쟁이였다. 열세째 아들 조왕趙王 이복李福 역시 평범하고 무능했다. 열네째 아들 조왕曹王 이명李明은 어떤 특출 난 재능도 보여주지 못하다가 태종 말년에 서인과 결탁하여 모반을 꾀하다가 검주로 유배를 당했다. 그러자 결국 남은 이는 아홉째 아들 이치뿐이었다.

당태종의 어쩔 수 없는 선택은 자신의 아들 가운데 쓸 만한 후계자가 한 명도 없었다는 것이 가장 중요한 이유였고, 그다음으로 조정 중신인 장손무기의 영향력 때문이었다.

그 아버지에 그 아들이라는 말이 있다. 그런데 당태종의 아들들은 왜 이처럼 변변치 않았을까? 당태종이 애초에 아들 교육을 소홀히 한 것은 아니었다. 그는 항상 궁중에서 말을 타고 활을 쏘며 아들들을 가르쳤고, 이씨 집안의 전통을 절대 잊어서는 안 된다고 훈계했다. 또한 직접 태자를 위해 학식이 풍부한 우지녕于志寧, 공영달孔穎達 같은 스승을 골라주기도 했다. 그러나 이 모든 조치들은 전혀 도움이 되지 못했다.

봉건 왕조의 종법宗法은 반드시 적자로 제위를 이어야 한다고 규정하고 있지만 이것이 제위의 평화로운 승계를 보장하지는 않는다. 그럼에도 다른 왕조의 경우에는 이런 평화로운 승계의 가능성이 어느 정도는 있었다. 그러나 당나라는 이세민이 '장자가 아니면서 황위를 차지한' 선례를 남겼기 때문에 후계자 쟁탈전이 더욱 가열되었던 것이다.

황제의 아들들이 호시탐탐 황위를 노리고 아옹다옹 암투를 벌이며 서로를 죽이는 것은 매우 정상적인 일이었다. 그리고 '교만'과 '사치'는 그들을 더욱 타락시킨 요인이 되었다. 이승건은 여덟 살 때 태자로 세워져 동궁의 주인이 되었다. 그러자 문신들은 그의 말에 귀를 기울이고 무신들은 기꺼이 그의 견마가 되고자 했다. 그는 사람들에게 이렇게 말했다고 한다.

"내가 천자가 되면 하고 싶은 대로 멋대로 할 것이다. 간언을 올리는 자는 바로 죽이고 500명을 죽이더라도 절대 멈추지 않겠다!"

이런 여러 단점으로 인해 당태종의 아들들은 그릇이 되지 못했다. 그래서 그는 부득불 이치를 후계자로 선택했다. 이세민이 이런 잘못을 저지른 것은 당나라의 운명이었는지도 모른다.

유언에 담긴 태종의 깊은 뜻

위대한 업적을 세운 사람은 반드시 남보다 뛰어난 점이 있기 마련이다. 이세민이 '정관의 치세'라는 전무후무한 업적을 이룩한 것은 남들은 절대 따라올 수 없는 최강의 지혜와 주도면밀한 계획 때문이었다. 이는 물론 그의 정치적 유언에서도 입증되었다. 그가 임종 전에 세 사람에게 남긴 말은 모두 입에서 나오는 대로 뱉은 것이 아니라 심사숙고를 거친 말이었다. 그래서 그 안에는 이세민의 깊은 뜻이 담겨 있었다. 먼저 그는 장손무기에게 이렇게 말했다.

"짐이 지금 모든 일을 그대들에게 부탁한다. 태자가 어질고 효성스러운 것은 공들이 잘 알고 있으니, 그를 잘 보필하라."

여기에는 다음과 같은 의미가 내포되어 있다. 즉 장손무기가 이치를 태자로 세우라고 적극적으로 주장해서 그를 태자로 세웠고, 또 지금 그를 황제로 세우려는 것 역시 장손무기가 제기한 일이니, 반드시 책임을 지라는 말이었다.

장손무기는 현무문의 변에 가담하여 이세민을 황제로 만드는 데 큰 공을 세웠다. 또한 정관 시대에는 조정 중신의 자격으로 '정관의 치세'에 불멸의 공헌을 남겼다. 하지만 그에게는 감히 직언을 못한다는 치명적인 결점이 있었다. 솔직히 그는 의심받을 일은 하지 않는 데 능수능란했다. 일단 큰일이 닥치면 그는 먼저 자신이 빠져나갈 구멍을 만들어놓았다. 이런 장손무기에게 이치를 부탁한 것은 사실 당시 권력을 쥐고 있던 관롱집단 때문이었다.

그다음 그는 저수량에게 이렇게 말했다.

"내가 천하를 차지한 것은 무기의 공이다. 자네는 그의 곁에서 정사를 돕고, 아첨꾼들이 그를 해치지 못하게 하라."

이 말의 의미는 보좌 대신으로서 저수량의 가장 중요한 임무는 소인들이 장손무기와 황제 사이를 중상모략하여 갈라놓지 못하게 하는 것이라는 뜻이다. 사실 이는 장손무기와 이치에게 들으라고 한 말이기도 하다. 장손무기는 외척이었다. 그리고 외척은 내정 간섭의 대명사였다. 물론 이세민은 장손무기가 그럴 사람이 아니라는 것을 알았지만 다른 외척들은 그럴 가능성이 농후했다. 그래서 이치에게 '외삼촌은 이씨 천하에 절대 위해를 가할 사람이 아니니, 마음을 놓아도 된다. 하지만 다른 외척들의 말은 절대 듣지 말라'고 경고한 것이다.

저수량은 충성스러운 사람이었다. 그는 최고 정책 결정권자에 임명된 후 장손무기와 함께 전심전력을 다해 천하의 안위를 자신의 사명으로 삼아 훗날 '영휘永徽의 치세'를 이룩했다. 이세민이 그를 탁고 대신으로 선택한 가장 중요한 이유는 그가 태자를 폐립하고 후계자를 결정하는 데 깊이 관여했기 때문이다. 그가 추천한 이치가 제국의 주인이 되었으니, 일을 맡아 책임지고 수행할 것으로 여겼다.

마지막으로 이세민은 이치에게 이렇게 말했다.

"무기와 수량이 있으니, 너는 천하의 일을 걱정하지 마라."

이 말은 조금 과장된 듯이 보이기는 하지만 당시 이세민은 두 탁고 대신이 보좌한다면 이씨 천하가 영원히 지속될 수 있다고 믿었는지도 모른다. 그들은 이세민의 바람을 결코 저버린 적이 없었다. 이치가 측천무후를 황후로 삼으려 할 때 그들은 측천무후가 보통내기가 아님을 간파하고 결사적으로 반대하고 나섰다. 그러나 뜻을 이루지 못하고 훗날 측천무후에게 직간접적으로 해를 입었다.

종법의 각도로 보면 이세민의 정치적 유언은 실패로 돌아갔다. 그의 유언이 이씨 천하를 보존하지 못했기 때문이다. 그러나 역사 발전이라는 각도로 보면 이 유언은 성공적이었다. 이치가 아버지의 가르침을 가슴에 새겨 '정관의 치세'를 이어갔기 때문이다.

이는 구천에 잠들어 있는 이세민에게 그나마 위안거리가 되지 않았을까.

'영휘의 치세', 그 찬란한 서막

이치는 등극 후 연호를 '정관'에서 '영휘'로 바꾸었다. 동시에 "요동 전쟁은 물론 모든 토목공사를 중단한다"고 선포했다. 이치는 장손무기와 저수량 등의 도움을 받아 정관 말기에 잠시 끊긴 휴양 정책과 '정관의 치세' 때 체현된 '인정'의 원칙을 계속해서 추진해나갔다.

영휘 초년에 조정 대신들은 마음속으로 이 젊은 황제에게 불복했지만 제국의 기반을 회복하는 데 있어서는 놀라울 정도로 일치단결하는 모습을 보였다. 이러한 신하들의 노력과 이치의 결단력으로 당나라 정국은 안정을 되찾았고, 사회와 경제는 다시 번영을 맞이했다. 경제 기반이 안정된 후 당나라는 시부詩賦로 선비를 뽑는 정책을 실시하여 진사과進士科가 크게 확대됐다.

또한 이 시기에 《당률소의唐律疏議》를 반포하여 정관의 법제를 완비했다. 서돌궐의 반란을 진압하여 당나라의 통일을 공고히 하기도 했다. 이 모든 조치는 이치가 '정관의 치세' 때 이룬 성과를 계승함과 동시에 이 성과들을 한 단계 더 발전시켰음을 의미한다.

이로써 정치, 경제, 문화 방면은 물론이고 사회, 법률, 군사 방면에 이르기까지 정관 후기에 비해 상당한 성과를 이루게 되었다. 후세에 사가들이 '영휘의 치세'라 부르는 데 조금도 손색이 없는 업적이라고 할 만하다.

이치는 30여 년의 통치 기간 동안 《제범》을 통치 이념으로 삼았다. 측천무후가 제국의 실질적인 통치자가 된 후에도 《제범》 안에 담긴 사상은 여전히 정치, 경제 등에서 찬란한 빛을 발했다. 우리는 측천무후 재위 시절에 당나라는 전혀 쇠락하지 않았고 다만 나라 이름만 '대주大周'로 바뀌었음을 알고 있다. 앞에서 말한 것처럼 이세민의 정치적 유언은 한 그루의 큰 나무와 같다. 나라의 이름이 바뀌었지만 결국에는 원래 위치로 되돌아오게 되어 있다. 그러므로 이세민의 유언이 실패인지 아닌지는 이미 중요한 문제가 아니다.

"황제의 칭호를 없애고 측천순성황후라고 칭하라. 그리고 고종 황제의 건릉에 함께 묻어 달라. 능묘 앞에 비석 하나를 세우는데, 비석에는 아무 글자도 새기지 말고 공과는 후대 사람들이 평가하도록 하라." -《구당서》〈측천무후본기則天武后本紀〉

"왕·소 두 가족 및 저수량, 한원, 유석의 친족들을 모두 사면해주어라." -《자치통감資治通鑑》권 208

그녀는 정치적 유언을 남겼으나 남기지 않은 것과 같다. 또 그녀는 어떠한 정치적 유언도 남기지 않았으나 후세 사람들의 심금을 울린 다음과 같은 말을 남겼다. "황제의 칭호를 없애고 측천순성황후則天順聖皇后라고 칭하라."
사람은 죽기 전에 모든 것을 내려놓아야 진정으로 내려놓았다고 할 수 있다. 그녀는 자신의 유언이 사람들에게 아무런 영향도 미치지 못할 것을 잘 알고 있었다. 그녀는 이미 자신의 나라를 빼앗겼고, 남권 사회에서는 그저 미약한 존재일 뿐이었다. 게다가 그녀에게 나중이란 없었다.
제왕이 후손을 위해 무언가를 준비할 때 종종 인생에 대한 태도를 드러내기도 한다. 측천무후가 바로 이런 제왕이었으며, 그녀의 정치적 유언은 깊은 철학이 담긴 말로 보기에 충분하다.

7장

중국 최초의 여황제가
황제의 시호를 버린 까닭은?

— 주나라 측천무후 —

강제 퇴위 사건

705년 1월 20일 중병으로 침상에 20여 일간 누워 있던 대주 황제 측천무후는 시끄러운 고함 소리에 깨어났다. 이때 그녀의 나이는 이미 여든한 살이었지만 정신은 매우 또렷했다. 그녀는 몸을 일으켜 곁에서 자신을 돌보던 장역지張易之, 장창종張昌宗 형제를 불렀다. 하지만 두 사람은 아무 대답이 없었다. 두 충실한 수하를 대신한 것은 한 무리의 군사였고, 수장은 바로 재상 장간지張柬之였다. 측천무후는 사태가 어떻게 돌아가고 있는지 이미 낌새를 챘지만 짐짓 이렇게 물었다.

"누가 반란을 일으켰느냐?"

장간지가 앞으로 나와 대답했다.

"장역지, 장창종 형제가 모반을 일으켜서 신들이 태자의 명을 받들어 이미 그들을 주살했습니다. 사전에 일이 누설될까 염려되어 폐하께는 아뢰지 못했습니다."

그는 이렇게 말하고 침상에 누워 있는 측천무후를 힐끔 쳐다보았다. 이 여황제는 확실히 늙었으며 얼굴도 보기 흉했다. 눈을 감은 모습이 꼭 평범한 이야기를 듣고 있는 것 같았다. 장간지가 계속 말을 이었다.

"신들이 궁중에서 군사를 동원했으니, 1만 번 죽어도 마땅합니다."

이는 정말 가식적인 말이었다. 그가 데려온 것은 500명의 우림군羽林軍 외에 태자 이현李顯도 있었다. 측천무후가 의지하던 장씨 형제가 이미 죽임을 당한 마당에 무슨 힘이 있어서 그를 벌하겠는가?

측천무후는 속으로 냉소를 지으며 천천히 눈을 떴다. 바로 태자 이현이 보였다. 그를 본 측천무후는 깜짝 놀랐다. 이씨 황족 가운데 성격이 가장 유약하고 겁쟁이인 그가 여기 나타날 줄이야. 그녀는 반은 놀라고 반은 조롱하듯 웃으며 말했다.

"네 이놈!"

이현은 온몸을 벌벌 떨었다. 사실 그에 대해서는 그 자신보다 어머니가 더 속속들이 알고 있었다. 그는 감히 이곳에 나타날 인물이 못 되었다. 애초에 장간지가 그를 맞기 위해 동궁에 사람을 보내자 그는 놀라서 몸을 부들부들 떨었다. 그러자 그의 사위가 이렇게 말했다.

"선제께서 아버님에게 황제의 자리를 물려주셨는데, 아버님은 도리어 유폐를 당하셨습니다. 그래서 하늘과 사람이 함께 분노한 지 23년이란 세월이 흘렀습니다. 지금 북문의 우림군과 남쪽의 재상들이 힘을 합쳐 장씨 형제를 주살하고 당나라 사직을 회복했습니다. 그러니 아버님께서는 즉시 현무문으로 나아가 모든 이들의 바람을 저버리지 마십시오."

그래도 이현은 두려운 나머지 말을 더듬었다.

"장씨 형제를 없앴다고 하나 황상의 몸이 안 좋으시니, 놀라게 해서는 안 된다. 모두에게 잠시 행동을 멈추고 나중에 다시 거사를 하자고 일러라."

그를 데리러 간 이담李湛은 이 말이 귀에 너무 거슬렸다. 어떻게 이런 겁쟁이를 황제로 추대한단 말인가. 그는 조금 화난 목소리로 말했다.

"모든 장수들이 나라를 보위하기 위해 명을 내린 것인데, 전하께서는 오히려 이들이 헛되이 목숨을 버린다고 생각하시는군요. 그리고 황상의 병이 과연 좋아지겠습니까? 전하께서 절대 못하시겠다면 직접 장수들에게 말씀하십시오."

이현은 화살이 이미 시위를 떠난 것을 알고 발걸음을 옮겼다. 그리고 사위에 의해 말에 태워져 쏜살같이 현무문으로 내달렸다. 측천무후는 모반을 일으킨 무리 가운데 이 겁쟁이 아들이 서 있는 것이 너무도 신기했다.

이현이 아직도 어머니 앞에서 벌벌 떨고 있을 때 측천무후는 담담하게 말했다.

"이미 장씨 형제가 죽었으니, 너는 동궁으로 돌아가거라."

이현이 몸을 돌려 돌아가려는데, 사형소경司刑少卿 환언범桓彦範이 그를 막고 측천무후에게 말했다.

"어찌 태자를 동궁으로 돌아가라 하십니까! 선제께서 사랑하는 아들을 폐하에게 맡기셨고, 그의 나이 올해 쉰을 바라보는데도 아직 태자의 자리에 있습니다. 설마 모르시진 않겠지요? 지금 천의와 민심이 모두 당나라를 그리워하고 있습니다. 신하들은 태종 황제와 선제의 덕을 잊지 못하고 태자의 명을 받들어 난신을 제거했습니다. 바라건대 폐하께서는 제위를 태자에게 물려주시어 위로는 하늘의 뜻을 따르고 아래로는 백성들의 바람에 부응하십시오."

측천무후는 죽고 싶은 마음이 굴뚝같았다. 오랫동안 이씨의 반격을 차단하기 위해 군신들을 구슬리려고 갖은 노력을 다했건만 결국에는 살아 있을 때 가장 보기 싫었던 광경을 보고야 말았다.

그녀는 자신이 가장 신임했던 새싱 이의부李義府의 아들인 이담마저 반란에 가담한 것을 보고 심장을 칼로 도려내는 것 같았다. 그녀는 이담을 보고 말했다.

"너마저 짐을 배반할 줄은 몰랐구나! 내 너희 부자를 그리도 박하게 대했단 말이냐!"

그녀의 말에 이담은 부끄러워 고개를 떨어뜨렸다. 측천무후는 그를 내버려두고 이번에는 눈길을 재상 최현위崔玄暐에게 돌렸다. 그녀는 웃으며 말했다.

"다른 사람들은 모두 추천을 받아서 발탁했는데, 너는 짐이 직접 뽑은 자가 아니더냐. 뜻밖에도 네가 이 거사에 낄 줄은 몰랐구나!"

최현위의 입담은 이담보다 더 대단했다.

"신들이 이렇게 온 것은 폐하의 큰 은덕에 보답하기 위해서입니다!"

그는 일부러 측천무후를 분에 못 이겨 죽게 만들 심산이었다. 하지만 측천무후는 아무런 반응도 보이지 않고 천천히 눈을 감았다. 이로써 그녀의 시대는 종말을 맞았다. 그녀는 여태껏 느껴본 적이 없는 피로를 느꼈다. 이제는 좀 편안히 쉬고 싶어졌다.

705년 새해가 시작되는 시점에 측천무후의 시대는 이렇게 막을 내렸다.

황제가 아닌 황후로 남아야 했던 사연

강제 퇴위 사건이 발생한 다음 날 측천무후는 조서를 내려 천하에 대사면령을 내리라고 명했다. 사흘째 되는 날에는 가장 전

도유망한 딸 태평공주太平公主를 불러 한참 동안 밀담을 나누었다. 안타깝게도 사서에는 이 밀담에 대한 기록이 전혀 남아 있지 않다. 이 밀담의 내용이 무엇이든 태평공주는 측천무후의 뜻에 따라 태자에게 나라를 맡긴다는 마지막 조서를 작성했다. 조서의 내용은 사람의 마음을 너무나 슬프게 하는 것이었다.

"기왕에 일이 이렇게 되었으니, 누구도 탓하고 싶은 마음이 없다. 애초에 난 연약한 여자의 몸으로 선제의 고명을 받들어 친히 천하의 일을 도맡은 지 벌써 23년이 흘렀다. 다행히도 하늘이 보우하여 이 기간 동안 사해가 태평스러웠다. 재위 시절 나는 밤낮으로 애쓰며 얇은 얼음을 밟듯, 깊은 못을 건너듯 한 가지 일이라도 소홀히 할까 걱정했다. 오랫동안 친히 정사를 다스리고 신경을 너무 쓴 나머지 최근에 들어서 결국 병을 얻었다. 내가 장씨 형제를 총애한 이유는 그들이 내 건강을 회복시켜주는 단약을 제조해주었기 때문이지, 다른 의도는 전혀 없었다. 그런데 뜻밖에도 그들이 시랑豺狼의 마음을 품어 태자가 때를 놓치지 않고 즉시 그 둘을 주살했으니, 이보다 더한 경사는 없다. 지금 나는 병든 몸으로 국사를 처리할 수 없으니, 중임을 태자에게 맡기노라. 나는 궁중에서 높은 베개를 베고 휴양하며 사신이 오기만을 기다릴 것이다."

그리고 나흘째 되는 날 태자 이현이 황제로 즉위했다. 이로써 23년간 사라졌던 당나라가 부활했다. 이날 측천무후는 장생전長生殿에서 상양궁上陽宮으로 거처를 옮겼다. 아니, 강제로 이궁을 당한 것이다. 이는 수십 년 만에 처음으로 그녀가 자신의 운명을 스스로 결정하지 못한 일이었고, 일세를 풍미한 여황제의 정치 생명이 종지부를 찍었음을 의미했다.

이날은 그녀가 죽기 263일 전이었다. 이날 이후 그녀는 내내 병상에 누워 있었다. 이현, 태평공주를 비롯한 이씨 일가와 조정 백관들은 열흘마다 상양궁을 찾아와 그녀의 안부를 물었다. 이는 어쩌면 죽음이 임박한 측천무후에게 가장 큰 위안이 됐을지도 모른다.

세계 최강의 제국을 23년간 손에 쥐고 흔들었던 여황제는 이때 무슨 생각을 하고 있었을까? 그녀는 어쩌면 옛날을 회상하고 있었을지도 모른다. 평범한 여인에서 한 걸음 한 걸음씩 내딛어 천하를 주재하는 황제의 위치에 오른 것과 자신이 이룩한 정치적 업적에 기쁨과 위안을 받지 않았을까. 반대로 그녀는 분을 삭이고 있었을지도 모른다. 특히 자신을 배반한 문무백관에 대해서 말이다. 자신은 그들을 결코 박하게 대한 적이 없는데, 결국에는 자신에게 칼을 겨눌 줄이야. 도대체 내가 무슨 잘못을 했단 말인가?

신룡神龍 원년(705년) 12월 16일 황제 이현과 상왕相王 이단李旦, 태평공주가 칼바람을 무릅쓰고 상양궁으로 달려갔을 때 여든두 살의 측천무후는 곧 숨이 넘어가려 했다.

그녀는 마지막 남은 힘을 다해 유언을 남겼다. 유언은 매우 간단했고 또 매우 심오했다. 그녀는 이렇게 말했다.

"황제의 칭호를 없애고 측천순성황후라고 칭하라. 그리고 고종 황제의 건릉乾陵에 함께 묻어달라. 능묘 앞에 비석 하나를 세우는데, 비석에는 아무 글자도 새기지 말고 공과는 후대 사람들이 평가하도록 하라."

또한 그녀는 원수지간이었던 왕황후와 소숙비蕭淑妃 일가 및 저수량, 한원韓瑗, 유석柳奭 등으로 인해 죄에 연루됐던 모든 사람의 성씨와 관직을 회복시켜주라고 명했다. 이후 그녀는 눈을 감고 다시는 일어나지 못했다.

세상에 이처럼 지혜로운 유언이 과연 존재할까. 측천무후의 의도는 아주 명확했다. 이현이 황제로 등극하여 당나라가 부활한 순간, 무씨의 종묘사직은 사실상 폐기됐으며 그녀가 세운 대주 왕조는 이미 종말을 고했다. 이런 상황에서 계속 황제의 칭호를 유지하는 것은 백해무익할 따름이다. 황제의 칭호를 없애고 황후라고 칭한 것은 이씨와의 관계를 회복하기 위해서였다. 만약 계속 황제라고 칭했다면 이씨 후손들은 대주 시대의 지옥 같은 기억이 떠올라 무씨를 더욱 미워했을 것이다. 그녀는 사후에 자신의 무덤이 파헤쳐지거나 자신의 후손들이 고통을 겪기를 원하지 않았다.

그리고 자신을 남편인 이치의 무덤에 함께 묻어달라고 한 유언은 더욱 고차원적인 것이었다. 그녀는 이씨와 무씨 사이의 갈등이 아무리 노력해도 해소되지 않고, 또 무씨 자손 중에 제대로 된 인물이 없어서 나중에 분명 이씨에게 모두 죽임을 당하리라는 사실을 잘 알고 있었다. 그래서 자신이 건릉에 묻히면 이씨들이 무씨들을 한 가족으로 여겨 그나마 관용적인 태도를 보이지 않을까 생각했다. 이렇게 되면 무씨 자손들을 보호할 수 있을 뿐 아니라 자신이 애써 이룩한 강산에서 중대한 변고도 일어나지 않을 것이다. 그리고 덤으로 남편 이치에게도 할 말이 생기는 것이다. 서로 으르렁거리던 원수에게 선의를 보임으로써 사후에 격화될 갈등을 완화하고자 했다.

역사적으로 볼 때 측천무후는 위대한 인물이었다. 그러나 후손을 위해 자신을 버린 그녀는 참으로 비극적인 인물이라 할 수 있다. 그녀는 두 눈을 뜨고 자신의 강산을 다른 사람에게 빼앗기는 아픔도 겪었다.

그렇다면 왜 이런 결과를 초래했을까? 측천무후가 상상한 미래는 과연 어떤 모습이었을까?

아들과 조카, 누구를 후계자로 세울 것인가?

측천무후가 등극하고 얼마 지나지 않아 골치 아픈 문제가 생겼다. 바로 황위 계승 문제였다. 이는 다른 황제들이라면 전혀 문제될 것이 없었다. 장자를 태자로 삼고 아버지가 죽으면 아들이 제위를 계승하는 전통 방식으로 후계자를 고르면 되기 때문이다. 그러나 측천무후는 여자였으므로 그럴 수가 없었다.

전통 방식을 따르자니, 힘들게 노력해서 얻은 강산을 다시 이씨에게 돌려주는 꼴이고, 천하를 같은 무씨인 조카에게 넘겨주자니, 친아들만 같지 않았다. 여기서 알 수 있듯이 군주제 시대에 여성은 어떤 일도 하기 쉽지 않았고 특히 황제는 더했다.

그나마 다행이었던 것은 당시 그녀가 아주 건강해서 이 문제를 신경 쓸 필요가 없었다는 점이다. 그녀는 먼저 조카들을 모두 왕으로 봉한 후에 이어서 넷째 아들 이단을 태자로 삼아 동궁에 거처하게 했다. 실상을 모르는 사람들은 당연히 이단을 후계자로 삼았다고 생각했다.

하지만 이 문제는 여전히 미해결 과제로 남아 있었다. 그녀의 이런 임시 처방은 정국을 안정시키고 힘을 모아 정권을 공고히 하는 데는 유용했으나 시간이 지남에 따라 점차 절름발이로 변해갔다.

먼저 사단을 일으킨 것은 이씨가 아니라 그녀의 조카인 무승사武承嗣였다. 무승사는 스스로 대주를 건립하는 과정에서 적지 않은 공을 세웠다고 여긴데다가 측천무후가 자신에게 높은 관직을 더해주자 야심이 점점 커지기 시작했다.

천수天授 2년(691년) 그는 측천무후에게 태자인 이단을 폐하고 자신을 태자로 임명해달라고 건의했다. 그러나 측천무후는 조카의 능력에 의심을 품어 단호히 이를 거절했다.

이 소식이 밖으로 전해지자 조정 대신들은 깜짝 놀랐다. 측천무후는 대신들이 무슨 생각을 가지고 있는지 감이 잡히지 않았다. 그래서 연회를 베풀어 그들의 마음을 떠보기로 했다.

조정 대신들 대다수가 측천무후를 지지하긴 했지만 그들이 진정으로 지지한 것은 그녀가 계승 발전시킨 이세민의 대업이었다. 측천무후가 민감한 문제를 꺼내자 대신들은 흥분하기 시작했다. 그들은 모든 무씨 왕들에게 천하의 민심이 쏠려 있지 않으니, 무씨가 제위를 이어받는 것은 절대 불가하다고 입을 모았다. 또한 측천무후에게 이씨를 태자로 삼아야 한다고 강력하게 요구했다.

이로써 측천무후는 자신의 조카를 태자로 세우는 것이 하늘을 오르는 것보다 더 어렵다는 사실을 알았다. 그녀는 훗날 조카를 태자로 세우지 않겠다고 생각을 바꾸게 됐는데, 이는 재상 이소덕李昭德의 말 때문이었다.

"선제는 폐하의 부군이시고, 태자는 폐하의 아들입니다. 폐하께서 지금 천하를 소유하셨으니, 자손에게 물려주심은 만대의 대업을 위한 것입니다. 그런데 어떻게 강산을 조카에게 물려줄 수 있겠습니까! 조카가 고모를 위해 사당을 세웠다는 말은 들어본 적이 없습니다."

그러나 이씨를 태자로 세우는 것은 스스로 더욱 납득이 되지 않았다. 그 결과는 안 봐도 뻔했기 때문이다. 이씨가 권력을 쥐면 자신이 온갖 역경을 딛고 어렵게 건립한 대주가 연기처럼 사라질 것이 아닌가.

그녀 앞에 놓인 이 문제는 뜨거운 감자가 되었다. 아들을 세울 것이냐, 조카를 세울 것이냐. 그녀는 이 문제로 인해 머리가 빠질 지경이었다. 하지만 최선의 방법을 찾기가 쉽지 않았다.

그런다고 해서 일이 감춰지는 것은 아니었다. 성력聖曆 원년(698년) 봄에 무승사와 무삼사武三思가 그녀를 찾아와 이렇게 말했다.

"지금까지 성이 다른 사람이 제위를 계승한 일은 단 한 번도 없었습니다."

당신은 무씨이니, 당연히 무씨 성을 가진 사람이 후계자가 되어야 한다는 말이었다. 그녀가 아무 대답도 못하고 있을 때 재상 적인걸狄仁傑이 반대하고 나섰다. 이씨 왕조의 충성스런 신하인 그가 말했다.

"태종께서는 날아오는 활과 돌을 무릅쓰고 천하를 평정하시고, 고종께서는 두 아들(이단, 이현)을 폐하께 부탁하셨습니다. 그런데 지금 천하를 다른 성씨에게 넘겨주신다면 하늘이 보고만 있겠는지요?"

그는 측천무후의 대답을 기다리지 않고 이해관계를 들어 다시 설명했다.

"조카와 아들 중 누가 더 가깝고 누가 더 소원한지는 잘 아실 겁니다. 아들을 태자로 세우면 천년만년 후에도 폐하를 위해 향을 사를 것입니다. 조카를 태자로 삼으면 과연 그것이 가능할까요?"

측천무후는 이 말에 조금은 노기를 띤 목소리로 말했다.

"이는 짐의 집안일이다. 외부인이 함부로 참견할 일이 아니다."

그러자 적인걸이 곧바로 대답했다.

"제왕은 사해를 집으로 삼으니, 사해 안의 사람들이 모두 친척입니다. 천하 일 중에 어떤 것도 폐하의 집안일이 아닌 것이 없습니다. 신은 폐하의 백성 된 자이자 재상 자리에 있는데, 어찌 그 일을 나 몰라라 하겠습니까!"

측천무후는 입 밖으로 튀어나오려던 말을 참고 잠시 생각에 잠기더니, 적인걸을 물러나게 했다. 며칠 후 그녀는 적인걸을 다시 불러 말했다.

"짐이 어젯밤 꿈속에서 양 날개가 꺾인 앵무새 한 마리를 보았는데, 이게 무슨 징조요?"

이에 적인걸이 조금도 지체하지 않고 해몽을 해주었다.

"앵무새는 폐하이고(측천무후의 성씨인 '무武'와 앵무새의 '무鸚'가 발음이 같음을 비유-옮긴이), 양 날개는 두 아들을 가리킵니다. 폐하께서 두 아들을 다시 기용하신다면 하늘을 훨훨 날아다닐 수 있습니다."

그리고 얼마 안 있어서 그녀가 가장 신임하는 대신 이소덕, 왕방경王方慶, 왕급선王及善은 물론 그녀가 총애하는 장씨 형제까지 이씨를 후계자로 삼으라는 상소를 올렸다. 이들은 모두 봉건시대의 종법과

윤리 관념에 따라 조카가 아니라 아들을 태자로 세워야 한다고 주장했다.

측천무후는 무씨 왕들이 정말 인심을 얻지 못했다고 생각했다. 또한 지금 신하들과 이 일로 괜한 분란을 일으키고 싶지 않았다. 그래서 그녀는 결국 조카를 태자로 삼겠다는 생각을 버리고 아들을 태자로 세우기로 마음먹었다.

성력 원년 3월 측천무후는 여릉왕廬陵王 이현이 병이 깊다는 이유로 사람을 시켜 궁으로 돌아오게 했다. 그해 7월에 이현은 궁으로 돌아왔다. 이 소식을 접한 적인걸은 곧장 궁으로 달려가 이현을 뵙기를 청했다. 그러자 측천무후가 웃으며 말했다.

"자네가 무엇을 걱정하는지 알고 있네. 들어와서 보게나."

그녀는 사람을 시켜 이현을 데려왔다. 적인걸은 이현을 보자마자 무릎을 꿇고 머리를 조아리며 흐느꼈다. 측천무후도 길게 탄식하며 말했다.

"우리 모자가 이렇게 모이게 된 것은 모두 자네 덕분일세."

적인걸은 측천무후의 생각에 쐐기를 박기 위해 이렇게 말했다.

"폐하 모자가 다시 만나게 됐으니, 천하의 큰 경사입니다. 신도 오늘에야 이 사실을 알았으니, 궁 밖에서는 이것이 사실인지 아닌지 의견이 분분할 것입니다. 그러니 이를 만천하에 알리셔야 합니다."

측천무후는 적인걸의 뜻을 알아채고 이현을 성문 밖으로 나가게 한 다음 다시 융숭한 환영식을 거행했다. 조정 안팎에서는 이현이 돌아온 것을 보고 황제가 아들에게 제위를 물려줄 것으로 믿게 되었다.

이현은 당고종唐高宗 이치의 일곱째 아들로 이치가 죽은 뒤 황제에 올랐다. 그러나 사성嗣聖 원년(684년) 2월에 측천무후에게 폐위되어 여릉왕으로 강등된 뒤 외지로 추방당했다.

그 후 14년이 지났는데 측천무후는 왜 그를 다시 궁으로 불러들였을까? 또 당시에 이미 이단이란 태자가 있었으니, 그녀의 심산은 과연 무엇이었을까?

먼저 이현이 이단보다 나이가 많았다. 장자를 후계자로 삼는다는 원칙에 따라 이현을 다시 부른 것은 이치에 합당했다. 다음으로 이현은 폐위된 후 태자의 지위를 잃고 말았다. 이는 다시 말해 정변을 일으키지 않으면 절대 제위에 다시 오를 수 없음을 가리킨다. 본인도 황제에 다시 오른다는 것은 상상도 하지 못했다. 이런 상황에서 그를 불러 참새를 봉황으로 만들어준다면 그는 분명 은덕에 감사하여 옛 원한을 잊고 효성을 다할 것이라고 생각했다. 마지막으로 기왕에 이씨를 태자로 삼기로 했다면 이씨 세력을 가능한 한 크게 확장할 필요가 있었다. 여기에는 이단보다 이현이 훨씬 적합하다는 것이 측천무후의 생각이었다. 그해 9월에 이단이 태자 자리를 형인 이현에게 양보함에 따라 제위 계승 문제는 순조롭게 해결되었다.

그러나 이씨와 무씨 사이의 갈등은 해가 갈수록 첨예화되어 이미 풀기 어려운 숙제로 남게 되었다. 이씨가 순조롭게 제위를 계승하게 하고 무씨가 멸문지화를 당하지 않게 막기 위해 일흔넷의 측천무후는 노구를 이끌고 밤낮으로 고심해서 일련의 조치들을 내놓았다. 그리하여 두 가문의 갈등이 완전히 해소되길 바랐다.

이씨와 무씨의 맹세문

699년 재상 길욱吉頊과 친왕(親王, 황제의 아들이나 형제-옮긴이) 무의종武懿宗은 함께 군대를 이끌고 돌궐의 묵철가한默啜可汗을 격파했다. 두 사람은 도성으로 돌아온 후 조정에서 얼굴을 붉히며 공을 다투었다. 그러더니 기어이 상대방을 칠 기세로 서로 멱살을 잡았다.

이때 측천무후는 용좌에 앉아서 이 모습을 가만히 지켜보고 있었다. 괜히 말다툼에 끼어들었다가 무씨 편이라도 들게 되면 신하들과의 관계가 껄끄러워질까 봐 그냥 손을 놓고 있었던 것이다. 게다가 길욱은 그녀에게 꼭 필요한 사람이 아니던가.

그러나 말싸움 도중에 길욱이 공로를 따지는 데서 그치지 않고 인신공격으로 넘어가는 것이 아닌가. 그러면서 그는 무씨 집안에 대해 욕지거리를 해댔다. 더 이상 듣다 못한 측천무후가 큰소리를 질렀다.

"길 재상, 자네가 짐 앞에서도 감히 우리 무씨 집안을 깔보는데, 평소에는 어떻겠는가? 앞으로 더한 일도 일어날까 두렵구나!"

순간 길욱은 혼비백산이 되었고, 조정 대신들도 감히 숨을 제대로 쉬지 못했다. 다행히 측천무후는 더 이상 이 일을 깊이 따지지 않았다. 그러나 조정 대신들에게는 이 노인네도 결국은 무씨 집안 사람이라 까딱 잘못하여 욕을 했다가는 쓴맛을 보게 될 것이라는 인상을 남겼다.

얼마 지나지 않아 길욱은 결국 무씨 일가에게 무고를 당했다. 그의 동생이 고관을 사칭한 죄로 그 역시 안고현위安固縣尉로 좌천된 것이다. 측천무후가 배웅하러 나오자 그는 눈물을 흘렸다. 그는 백발이 된 측천무후의 머리를 보고 말했다.

"신이 오늘 떠나면 다시는 폐하를 뵙지 못할까 걱정입니다. 지금 꼭 드릴 말씀이 있습니다."

측천무후는 그에게 앉으라고 권한 후 고개를 끄떡이며 말해보라고 했다. 그는 자리에 앉자마자 물었다.

"물과 흙을 섞어 진흙을 만들면 분쟁이 생길까요?"

측천무후는 고개를 저었다.

"그럼 진흙으로 반은 부처를 만들고, 반은 천존(天尊, 도교에서 신선에 대한 존칭-옮긴이)을 만들면 분쟁이 생길까요?"

측천무후는 잠시 생각하더니, 고개를 끄덕였다. 그러자 길욱이 자리에서 일어나며 엄숙하게 말했다.

"종실과 외척의 위치가 명확히 구분되어 있으면 천하는 평화로울 것입니다. 지금 태자를 이미 세웠는데 외척들은 여전히 왕의 자리에 있으니, 이는 폐하께서 그들을 훗날의 전쟁으로 몰고 가는 꼴입니다."

측천무후가 천천히 탄식하며 입을 열었다.

"내 어찌 이를 모르겠느냐? 다만 이 형세가 이미 고착되어 어떻게 처리해야 좋을지 모르겠구나."

측천무후는 무씨 일족의 왕작王爵을 절대 취소할 수 없었다. 이는 바로 자신의 황제 자리를 증명하는 것이기 때문이다. 그렇다고 그녀가 이씨와 무씨 일가가 화목하게 살길 바라지 않은 것은 아니었다. 그녀는 이를 위해 일단의 조치를 취했다.

성력 2년(699년) 4월 측천무후는 태자 이현과 상왕 이단, 태평공주 및 무삼사 등을 통천궁通天宮으로 데리고 갔다. 그녀는 거기서 그들에게 지금부터 다시는 서로 싸우지 않겠다는 맹세를 하게 했다. 그리고 맹세문을 철권(鐵券, 공신에게 나누어주던, 훈공을 적은 서책-옮긴이)에 주조하여 사관史館에 보관하고 훗날 증거로 삼게 했다.

이는 자식들에게는 너그러운 마음을 기대하고 조카들에게는 자족할 줄 아는 지혜를 기대한 일종의 도박이었다. 그러나 이것만으로는 부족하다고 느낀 측천무후는 다음과 같은 몇 가지 조치를 더 취했다.

첫째, 두 집안을 인척 관계로 묶어놓았다. 그녀는 무승업武承業의 아들과 이현의 딸 신도군주新都郡主를 혼인시키고, 이현의 또 다른 딸 영태군주永泰郡主를 무승사의 아들에게 시집보냈다. 안락군주安樂郡主는 무삼사의 아들에게 시집보냈다.

지금의 관점에서 보면 이는 분명 근친결혼이라 법적으로 허용되지 않는다. 그러나 봉건시대에는 정치적으로 필요하면 근친이든 원친이든 가리지 않았다. 측천무후는 이런 혼인 관계를 통해 양가의 갈등을 완화하고자 했다.

둘째, 두 집안 사이에서 발생한 마찰에 대해서 단호하게 대처했다. 701년 가을 어느 날, 이현의 장남 이중윤李重潤이 동생인 영태군주의 집을 방문했다. 마침 매부인 무연기武延基가 집에 있어서 세 사람은 이런저런 얘기를 나누었다. 그러다가 측천무후가 당시 총애하던 장씨 형제로 화제를 돌렸는데, 둘 사이에 그만 논쟁이 벌어졌.

혈기왕성했던 무연기는 평소에 아내와 사이가 안 좋았던 점까지 들춰내며 소동을 벌였고, 이중윤 역시 이를 맞받아치며 티격태격했다.

그들은 상대방의 조상들까지 들먹이며 이웃을 시끄럽게 만들었다.

나중에 측천무후가 이 사실을 알고 노발대발했다. 그녀는 그들이 통천궁의 맹세를 어기고 양가의 화목한 분위기를 깼다며 이현에게 이중윤을 처벌하게 했다. 이현은 자신의 자리를 보전하기 위해 아들을 죽이고, 딸과 사위에게는 자결을 명했다. 일은 이렇게 끝을 맺었다.

이 사건은 양가에 상당한 효과를 미쳤다. 측천무후가 통천궁의 맹세를 반드시 지키겠다는 결심을 분명히 보여줌으로써 두 집안 사이의 마찰은 현저히 줄어들었다.

셋째, 이씨에게 좀 더 친밀하게 다가갔다. 측천무후는 이씨를 태자로 삼기로 결심한 후 그들과 감정적으로 친밀해지고자 했다. 이현이 태자가 된 후에 그의 모든 아들을 왕으로 봉하고 딸들은 군주로 봉했다. 이단을 상왕에 임명하여 연금을 풀어주고, 태자우위솔太子右衛率의 관직을 제수하며, 다시 사도司徒, 우림군 대장군의 직책을 내렸다. 여행을 가거나 연회를 베풀 때면 항상 태자와 상왕 등을 불러 함께 시와 부를 짓고 이야기꽃을 피웠다.

더욱 놀라웠던 것은 대족大足 원년(701년)에 그녀가 친히 태자, 상왕 및 그들의 여러 아들들을 데리고 20년 동안 한 번도 가보지 않은 장안을 찾았다는 것이다. 장안은 당나라를 상징하는 도시였다. 이곳에는 이씨의 종묘와 이치의 무덤도 있었다.

그녀가 장안을 가게 된 가장 중요한 동기는 멀어진 이씨와의 감정상의 거리를 좁히고자 하는 것이었다. 그녀는 모든 방법을 동원해 그 거리를 좁혀나갔다.

그녀의 이 방법이 정말 통했는지도 모른다. 전해지는 말에 따르면 장안으로 가는 도중에 갑자기 큰 눈을 만나 세상이 온통 하얗게 뒤덮였다고 한다. 연로한 측천무후는 다리에 먼저 추위를 느꼈다. 그러자 이현이 제 손으로 노모의 다리를 따뜻하게 주물러주었다. 동주同州에 갔을 때는 지방관이 '성주환경무聖主還京舞'를 공연했는데, 측천무후와 이현이 나란히 관람하며 매우 즐거워했다.

장안에서 측천무후는 꼬박 2년을 보냈다. 장안 3년(703년) 8월에 닥친 우박과 폭우만 아니었다면 계속 그곳에 머물렀을지도 모를 일이다. 그해 10월 측천무후는 장안을 떠나 낙양으로 돌아왔다. 이듬해에 그녀는 다시 장안에 가고 싶어 했지만 대신들이 연로한 몸을 이끌고 나갔다가 변고라도 만날까 두렵다며 결사반대했다. 그리하여 그녀는 하는 수 없이 장안행을 포기했다.

사람이란 늙으면 뿌리를 찾는 법이다. 하지만 이는 보통 사람들의 생각이다. 측천무후에게도 이런 마음이 있었을지도 모르지만 그녀가 장안에 간 진짜 이유는 이씨와 무씨 사이의 벌어진 틈을 제거하고, 양가의 갈등을 완화하는 데 있었다.

한 차례 정변, 물거품이 된 계획

장간지는 적인걸과 요숭姚崇이 추천한 인물이다. 장안 연간에 측천무후는 적인걸에게 재상을 한 명 추천해달라고 했다. 이때 적인걸은 당시 형주장사를 맡고 있던, 예순다섯 고령의 장간지가 떠올랐다. 측천무후 시대에 그 나이가 되도록 형주에서 장사 노릇이나 하고 있다면 능력이 출중한 편은 아니었다. 하지만 이 사람은 원대한 뜻을 품고 있었다. 처음에 그가 형주로 부임했을 때 전임 장사와 함께 배를 띄워놓고 담소를 나누며 자신은 이생에 꼭 이씨 천하를 회복시켜놓겠다고 말했다.

측천무후는 적인걸의 추천이 있었음에도 그를 재상에 임명하지 않았다. 그를 그냥 도성으로 불러 낙주사마洛州司馬에 임명하고, 나중에는 추관시랑秋官侍郎을 제수했다. 그를 재상에 임명하지 않은 것은 그의 능력이 미덥지 못했기 때문이다. 훗날 측천무후는 요숭을 영무군靈武軍 대사로 파견하면서 재상을 한 명 추천해달라고 부탁했다.

요숭 역시 장간지를 기용하라고 말했다. 측천무후는 자신에게 사람 보는 눈이 없었음을 자책하고 당장 장간지를 재상에 임명한 다음 봉각시랑鳳閣侍郎을 더해주었다.

장간지는 재상에 임명되자마자 모반을 계획했다. 우선 자신의 측근인 환언범과 이담을 각각 좌우 우림군 대장으로 기용하여 암암리에 금군을 장악해버렸다. 금군은 당나라 때 모든 정변에서 가장 핵심적인 역할을 했다.

이어진 계획들은 모두 순조롭게 진행되었다. 장간지가 찾은 구실은 중국에서 케케묵은 '청군측(清君側, 군주 측근의 간신들을 몰아내는 것-옮긴이)'이란 논리였다.

20여 년을 청상과부로 살았던 측천무후는 말년이 되자 외로움이 극에 달했다. 그래서 미소년 두 명을 키웠는데, 그들이 바로 장역지와 장창종이었다. 역사 기록에 따르면 측천무후가 두 사람을 애지중

지하며 많은 관직을 내렸지만 절대 내정에는 손을 대지 못하게 했다고 한다. 이것이 측천무후의 훌륭한 점으로, 여든에 가까워서도 그녀는 이 원칙을 고수했다.

그러나 사람은 권력이 커지면 커질수록 자제력을 잃고 잘못을 범하게 되어 있다. 권력에 욕심이 난 측천무후는 장씨 형제를 통해 자신의 황권을 목숨이 끝나는 날까지 유지하고 싶었다. 그래서 그들에게 더 많은 권력을 주었고, 두 사람은 수중의 권력으로 온갖 나쁜 짓을 저질렀다.

이는 확실히 다른 사람들에게 구실을 만들어주었다. 많은 대신들이 이 문제로 측천무후와 여러 차례 이야기를 나누었다. 그러나 그녀는 애써 이를 모르는 체했다. 그녀는 자신의 사생활이 남들에게 공격당할 구실이 아니라고 생각했다. 전에도 이런 일이 있었지만 원만히 해결한 경험이 있었기 때문이다.

그녀는 이번에도 그렇게 넘어가길 기대했다. 하지만 이번에는 상황이 크게 달랐다. 이제 그녀는 백발이 성성한 할머니로 변해 있었다.

그녀는 조만간 이씨에게 나라를 돌려주어야 한다는 것을 알았다. 하지만 자신이 살아 있는 동안만은 그런 일이 벌어지지 않기를 바랐다. 그러나 끝내 그녀가 바라지 않던 일이 벌어지고야 말았다.

그녀는 결국 믿었던 장간지의 손에 축출당하는 수모를 겪었다. 정변이 성공한 후 장간지는 끊임없이 태자에게 나라를 맡기고, 대권을 넘겨주고, 제위를 양위하라고 측천무후를 핍박했다. 그는 마지막으로 그녀를 이궁시키고 나서야 핍박을 멈추었다.

측천무후가 자신의 권력이 안정되었다고 생각한 순간, 한 차례 정변으로 모든 것이 물거품이 될 줄 누가 알았으랴. 그녀는 사후의 일을 주도면밀하게 준비했지만 의외의 사건으로 모든 것이 무너져버렸다.

공과는 후대 사람들이 평가하도록 하라

측천무후가 죽고 2개월이 지난 후 호부에서 전국의 인구를 조사하여 조정에 올렸다. 이때 당나라 인구는 총 3,714만여 명이었고 총 가구 수는 615만 호였다. 영휘 초년에 비해 두 배가 늘어난 수치였다. 이는 측천무후 치세에 당나라가 크게 발전했음을 의미한다.

그러나 아쉽게도 그녀는 이제 이 세상에 없었다. 그리고 그녀가 남긴 정치적 유언 역시 쓸모없는 휴지조각이 되어버렸다. 황제의 칭호는 당연히 취소되는 것이었고 그녀의 원수들은 복권될 것이 분명했으니 말이다. 또한 이씨와 무씨가 함께 어울려 살길 바랐던 희망 역시 끝내 실현되지 못했다.

황제 이현은 주관이 없는 사람이었다. 그는 권세를 잃으면 겁쟁이가 되고, 뜻을 이루면 득의양양했다. 그는 먼저 어머니가 집정 말기에 그를 위해 키워둔 새로운 인재들을 전부 쫓아낸 다음 자신을 따라 동분서주한 부인 위황후韋皇后가 시키는 대로 행동했다. 위황후는 정말 악한 인물이었다. 그녀는 시어머니와 같은 큰 뜻을 품고 있지 않았지만 시어머니도 따라올 수 없는 수완과 지혜를 지녔다.

한편 이현이 어머니의 요구 중 따른 것이 하나 있는데, 바로 간신

무삼사와 사이좋게 잘 지낸 것이었다. 그는 정말 당나라 역사상 가장 멍청한 황제가 아닐까 싶다. 이로써 당나라 조정은 한바탕 요동을 치게 된다. 수많은 대신들이 무소불위의 권력을 쥔 위황후와 무삼사의 위세에 눌려 조정에 감히 나가지도 못했다.

이현은 갈수록 무삼사를 중용하여 마침내 그를 재상으로 임명했다. 그러자 무삼사는 도리어 측천무후의 복수에 나섰다. 그는 정변에 가담했던 장간지, 경휘敬暉, 환언범, 원서기袁恕己, 최현위를 모독한 후 차례로 죽여버렸다. 신룡 3년(707년)에는 궁중에서 또다시 정변이 일어났다. 무삼사의 행동이 마음에 들지 않았던 태자 이중준李重俊이 우림군 3,000명을 거느리고 현무문으로 출동하여 무삼사를 죽여버린 것이다. 아쉽게도 그는 이현 정권을 전복하지 못하고 난리통에 그만 죽임을 당하고 말았다.

비극은 계속되었다. 3년 후인 경룡景龍 4년(710년) 위황후가 안락공주와 모의하여 이현을 독살하고 이중무李重茂를 황제로 세운 뒤 섭정에 나섰다. 이중무가 바로 당소제唐少帝이다. 그녀는 위씨 일가에게 군통수권을 위임하고, 측천무후의 선례를 본받아 스스로 황제 자리에 오르려고 했다.

이 위태로운 순간에 영웅이 출현했으니, 그가 바로 임치왕臨淄王 이융기李隆基였다. 훗날 그는 당현종唐玄宗이 된다. 이융기는 태평공주와 함께 금군을 이끌고 궁 안으로 쳐들어와 위황후와 안락공주를 죽여버렸다. 이로써 당나라는 점차 광명의 빛을 찾기 시작했다.

측천무후는 자신이 죽고 5년 만에 생전에 바랐던 일이 전부 물거품이 되어버릴 줄은 꿈에도 생각하지 못했을 것이다. 무씨 자손들은 태자 이중준의 정변으로 거의 다 살해되었고, 이현 역시 이씨 천하를 보전하지 못했다. 만약 이융기가 제때 나타나지 않았다면 당나라 역사에는 제2의 측천무후가 출현했을지도 모를 일이다.

그녀는 죽기 전 묘 앞에 글자를 하나도 새기지 않은 비석을 세우라고 했는데, 이에 대한 후세 사람들의 의견은 분분하다. 어떤 사람은 측천무후 스스로 자신의 공로가 너무 위대하여 문자로 감히 기술할 수 없다고 생각한 것이라 말한다. 또 어떤 사람은 그녀가 이씨 천하를 빼앗으면서 너무 많은 이씨들을 죽여 자신의 공적을 적을 용기가 나지 않았을 것이라고 말한다. 또한 자신의 남편과 당나라에 위대한 업적을 남긴 이세민을 볼 낯이 없었을 것이라고 말하는 사람도 있다. 그리고 어떤 사람은 비범한 인물은 반드시 비범한 일을 남기는데, 우리 같은 범인들은 절대 그 의미를 알 수 없다고 말한다.

그녀가 자신을 드러내기 위해 특별한 일을 벌인 것이든, 아니면 말 못할 고충이 있었던 것이든, 그녀는 이미 과거의 인물이 되어버렸다. 이후 200년의 당나라 역사에서 그녀는 더 이상 황제가 아니었다.

그녀는 정치적 유언을 남겼으나 남기지 않은 것과 같다. 또 그녀는 어떠한 정치적 유언도 남기지 않았으나 후세 사람들의 심금을 울린 다음과 같은 말을 남겼다.

"황제의 칭호를 없애고 측천순성황후라고 칭하라."

사람은 죽기 전에 모든 것을 내려놓아야 진정으로 내려놓았다고 할 수 있다. 그녀는 자신의 유언이 사람들에게 아무런 영향도 미치지 못할 것을 잘 알고 있었다. 그녀는 이미 자신의 나라를 빼앗겼고, 남권 사회에서 그녀는 그저 미약한 존재일 뿐이었다. 게다가 그녀에게 나중이란 없었다.

    제왕이 후손을 위해 무언가를 준비할 때 종종 인생에 대한 태도를 드러내기도 한다. 측천무후가 바로 이런 제왕이었으며, 그녀의 정치적 유언은 깊은 철학이 담긴 말로 보기에 충분하다.

    측천무후가 죽고 얼마 지나지 않아 당나라는 전성기를 맞았다. 역사에서는 이를 '개원開元의 성세'라고 부른다. 이로써 당나라는 제2의 전성기를 향해 달려갔다. 측천무후의 역사적 지위는 절대 소홀히 볼 수 없다. 그녀는 당나라에 출현한 두 차례의 전성기를 이어주는 역할을 했기 때문이다.

"짐의 아우 진왕은 운구 앞에서 황제의 자리에 오르라."
-《송회요집고宋會要輯稿》

"사대부와 상소를 올려 말하는 자를 함부로 죽이지 마라. **자손 가운데 이 맹세를 어기는 자는 반드시 하늘이 벌할 것이다.**"
-《송사宋史》

송태조宋太祖는 너무 급작스럽게 죽음을 맞았기 때문에 제위를 아우 조광의趙光義에게 물려주라는, 한마디 말밖에 남기지 못했다. 그가 제위를 아들이 아닌 동생에게 물려준 이유는 당시 송나라의 형세 및 그가 죽기 전의 정황과 밀접한 관련이 있다. 그는 동생이 자신의 이상을 실현해주길 바랐다. 혹은 송나라가 직면한 일련의 난제들을 아우에게 떠넘겼다고 말할 수도 있다. 그리고 그는 가법家法을 세워 후계자가 자신의 뜻에 따라 송나라를 공고히 하는지를 감시했다.

8장

송나라를 지탱한 가법을 세우다

─ 송나라 태조 ─

갑작스런 죽음

개보開寶 9년(976년)은 송나라 개국 황제 조광윤趙匡胤의 집정 마지막 해였다. 연초에 군신들이 상소를 올려 조광윤에게 '일통태평一統太平'이라는 존호尊號를 더해주려고 했다. 하지만 조광윤이 거절했다. 요遼나라와 북한北漢이 아직 평정되지 않았는데, 일통태평이라고 말하는 것은 자신은 물론 남까지 속이는 일이었기 때문이다.

군신들이 조광윤에게 아첨을 떨 때 북쪽으로는 요나라가 건재했고 서남쪽에는 대리大理, 토번吐蕃이, 서북쪽에는 고창高昌, 서하西夏 정권이 송나라 판도 밖에 진을 치고 있었다. 북한도 3년이 지나서야 겨우 멸망시킬 수 있었다. 요나라는 마침 전성기를 누리고 있었으니, 통일 대업은 솔직히 너무 요원해 보였다.

조광윤은 존호를 거부하고 얼마 지나지 않아 또 다른 일을 벌였다. 바로 도읍을 개봉開封에서 낙양으로 옮기려고 한 것이다. 그가 이 생각을 비치자마자 조정은 반대의 목소리로 들끓었다. 가장 단호하게 반대한 사람은 조광윤의 동생인 개봉부윤(지금의 서울시장과 같음-옮긴이) 조광의였다.

반대의 목소리가 높았으나 조광윤은 자기도 생각이 있다며 누구의 의견도 듣지 않고 낙양으로 순행하겠다는 뜻을 밝혔다. 신하들은 그를 적극 만류하고 나섰다. 기거랑起居郎 이부李符는 천도를 해서는 안 되는 여덟 가지 이유를 들어 조목조목 따졌다. 하지만 조광윤은 이를 거들떠보지도 않고 계획대로 장도에 올랐다. 그는 먼저 정주鄭州에 도착해 어머니 무덤 앞에서 제사를 올린 후 서쪽으로 길을 재촉해 낙양에 당도했다.

낙양에 이르자 조광윤은 산수와 풍광이 너무 멋지다고 감탄해 마지않았다. 그를 수행하는 신하들은 황제의 의도를 알아채고는 입을 다문 채 아무 말도 꺼내지 않았다. 이에 골이 난 조광윤은 내가 여기 머물고 돌아가지 않으면 너희들이 어쩌겠냐며 속으로 비웃었다.

대신들도 방법을 강구했다. 두 달 후 그들은 철기좌우상도지휘사鐵騎左右廂都指揮使 이회충李懷忠에게 간언해줄 것을 부탁했다. 이회충이 조광윤 앞에 나아가 말했다.

"동경(東京, 개봉)은 변하汴河가 있어 배로 물건을 실어 나르는 데 유리하고, 대군이 주둔할 수 있는 요충지입니다. 또한 몇 개 왕조가 이곳에 물자를 축적해놓아 근거지로도 손색이 없습니다. 그러니 함부로 천도를 해서는 안 됩니다."

그러나 조광윤은 귓등으로 듣는 둥 마는 둥 요지부동이었다. 사람이 한 가지 일에 집착하는 데는 반드시 이유가 있기 마련이다. 조광윤에게 그것은 바로 도성의 안전 문제였다.

조광윤이 천하를 경영한 지 16년째가 되는 976년에 이르러, 북송北宋이 중원과 강남 지역을 통치한다고는 했지만 도성인 개봉은 여전히 요나라의 직접적인 군사적 위협 아래 놓여 있었다. 그래서 북송은 항상 요나라에게 수동적인 입장을 취해야 했다. 북방의 연운燕雲 16주가 본래 중원 왕조의 천연 방패 역할을 했지만 석경당石敬瑭이 그만 이 땅을 요나라에 떼어주고 말았다.

이 문제를 해결할 방법은 두 가지였다. 첫째, 연운 16주를 수복하여 송과 요의 국경선을 만리장성 이북으로 확장하는 것이다. 그러면 만리장성이 자연스럽게 중원의 보호막 역할을 하게 된다. 둘째, 수도를 낙양이나 장안으로 천도하는 것이다. 가장 근본적인 방법은 첫 번째지만 어쩔 수 없을 경우에는 두 번째 방법을 택할 수밖에 없다.

조광윤이 두 번째 방법을 선택한 이유는 송나라에 첫 번째 방법을 시행할 실력이 없었기 때문이다. 그가 이런 이유를 조광의에게 들려주자 조광의는 개봉에 쌓아놓은 자신의 세력을 유지하기 위해 다음과 같이 말했다.

"나라를 지키는 것은 군왕의 덕이지, 험한 지형이 아닙니다."

그러고는 작별을 고하고 몸을 돌려 의젓이 걸어 나왔다. 이 말에 조광윤은 한참 동안 멍청히 앉아 있다가 결국 동생의 말에 일리가 있다고 고개를 끄덕였다. 그는 얼마 안 있어 어가를 이끌고 다시 개봉으로 돌아와 천도 얘기는 언급도 하지 않았다.

그해 북송은 북한을 공격해 싸우는 족족 승리를 거두었다. 조광윤은 기쁜 나머지 가만히 앉아 있을 수만은 없어서 연병장으로 달려나가 발석기發石機의 성능을 실험해보기도 했다.

모든 일이 순조롭게 돌아가는가 싶더니, 그해 10월 17일에 창의절도사彰義節度使 장탁張鐸이 중대한 경제 범죄를 저질렀다. 하지만 조광윤은 오랜 친분을 이유로 그를 처벌하지 않고 오히려 좌둔위상장군左屯衛上將軍에 임명했다.

그리고 신하들이 이 조치에 대해 해명을 요구하기도 전인 10월 18일 그는 갑자기 병으로 쓰러졌다. 당시 조광윤은 태감 왕계은王繼恩을 건륭관建隆觀에 보내 신령에게 빌고 점을 치라는 명을 내렸다고 한다. 이날이 10월 19일이었는데, 밤에 조광의가 황제의 친필 조서를 받기 위해 궁으로 들어갔다.

조광의가 조광윤의 처소로 들어간 이후 모든 사건은 미궁에 빠지고 말았다. 지금까지 그 누구도 이 수수께끼를 풀 수 있는 확실한 증거를 내놓지 못하고 있다.

태조의 죽음을 둘러싼 의혹들

술을 목숨처럼 좋아한 조광윤은 중국의 총 600여 명의 황제 가운데 유일하게 술을 품평한 황제이다. 그는 술을 매번 곯아떨어질 정도로 마셨지만 술 때문에 절대 국가 대사를 그르친 적은 없었다. 사실 그는 술이 깰 때마다 자신의 이런 음주 습관을 부끄러워하며 다시는 술을 마시지 않겠다고 맹세하곤 했다. 그러나 술이 눈앞에 보이면 다시 마음이 동해 맹세 따위는 저만치 날려버렸다.

976년 10월 19일 밤도 여느 때와 다름없었다. 조광의가 찾아오자 형제는 처소에서 술을 진탕 마셨다. 조광윤의 몸이 많이 안 좋아 동생이 술을 조금만 마시라고 권했으나 형은 아랑곳하지 않고 평소처럼 과음을 했다. 술이 꽤 여러 순배 돌자 이를 이기지 못한 조광의가 먼저 쓰러졌다.

역시나 코가 삐뚤어질 정도로 마신 조광윤이 동생을 보니, 술상에 엎드려 꿈쩍도 하지 않았다. 이때 바깥에는 눈이 내리고 있었다. 그는 도끼를 들고 문 밖으로 나가 눈이 얼마나 쌓였는지 쟀다. 눈은 꽤 많이 쌓여 있었다. 눈이 너무 많이 내려서 아무래도 동생이 집으로 돌아가기 어려울 것 같았다. 그는 동생이 자는 모습을 보고 비틀거리며 방 안으로 들어와 옷을 벗고 침대에 쓰러져 잠이 들었다.

이때 궁에서 황제의 시중을 들던 태감과 궁녀들은 천둥이 치는 듯한, 황제의 코 고는 소리를 들었다. 그러나 새벽이 되자 황제의 침소는 쥐 죽은 듯이 고요해졌다. 그리고 한 시간 후 누군가 송황후宋皇后의 처소로 다급히 달려가서 황제가 붕어했다고 알렸다.

송황후는 이 말을 듣고 깜짝 놀라며 바닥에 엎드려 통곡하기 시작했다. 하지만 그것도 잠시 그녀는 후계자 문제를 퍼뜩 떠올렸다.

그때 조광윤에게는 아들이 두 명 있었다. 첫째는 조덕소趙德昭이고, 둘째는 조덕방趙德芳이었다. 조광윤과 송황후는 미리 태자를 세우지 않았는데, 이유는 그들이 조덕방을 염두에 두었기 때문이다.

조광윤은 조덕소를 아둔하게 여기고 그를 매우 싫어했다. 그러나 이때는 이미 장자를 후계자로 삼는 종법 제도가 고착화되어 있어서 함부로 이를 어기기 어려운 상황이었다. 게다가 자신이 아직 건재했기 때문에 이 문제를 마음에 두지 않고 있었다. 이처럼 태자가 없는 상태에서 돌발 상황이 벌어지자 송황후는 조덕방을 먼저 떠올렸다.

정사에 따르면 송황후는 왕계은을 불러 궁 밖에서 조덕방을 찾아오게 했다. 그는 가는 길에 곰곰이 따져보기 시작했다. 그는 비록 내시이긴 했지만 여러 해 동안 황제를 따라다녔기 때문에 형세를 판단하는 감각만큼은 탁월했다.

그가 보기에 조덕방은 황제의 아들이긴 했지만 아직 태자로 옹립된 것은 아니었다. 이는 지금 송나라의 권력이 공백 상태임을 의미했다. 누구든 실력만 있으면 황제 자리를 차지할 수 있다는 의미였다. 5대五代 때도 신하가 권력을 쥔 사례가 많지 않았던가.

그는 도중에 정말 많은 생각을 했다. 그리고 결국 말머리를 돌려 개봉부로 향했다. 그는 조덕방이 황제가 되면 나라가 크게 어지러워질 것이라고 판단했다. 하지만 조광의라면 얘기가 달랐다. 그는 능력이나 도성에서의 영향력 모두 조덕방보다 몇 배는 뛰어났다.

나라를 위해서도 조광의가 확실히 대임을 감당할 인물이었으며, 개인적으로도 먼저 조광의에게 다가가면 좋은 결과를 얻을 수 있었다.

그렇다면 이때 조광의는 어디에 있었을까? 개봉부일까, 아니면 조광윤의 침소일까? 정사에 따르면 왕계은이 개봉부에 도착했을 때 거기서 바로 조광의를 만났다고 한다. 그는 조광의에게 황제의 붕어 소식을 알리고 급히 궁으로 들어가 황제의 자리에 오르라고 권유했다. 하지만 조광의는 주저하며 결정을 내리지 못했다.

"내가 지금 궁으로 간다면 권력을 빼앗으려 한다고 여론의 질타를 받을 것이 아닌가!"

다급해진 왕계은이 그를 일깨웠다.

"시간이 지체되면 제위는 다른 사람 차지가 됩니다."

조광의는 이 말에 정신이 퍼뜩 들어 왕계은을 따라 큰 눈을 무릅쓰고 궁을 향해 쏜살같이 달려갔다. 왕계은이 돌아온 것을 보고 송황후가 다급히 물었다.

"조덕방을 데려왔느냐?"

왕계은이 고개를 돌려 뒤를 가리켰다.

"진왕晉王이십니다."

송황후는 대세가 이미 결정되어 돌이킬 수 없음을 깨달았다. 그녀는 조금도 당황하지 않고 걸어 들어오는 조광의에게 예를 갖추며 말했다.

"우리 모자의 목숨은 모두 관가(官家, 황제의 별칭-옮긴이)에게 달렸습니다!"

조광의도 얼른 답례하며 연신 고개를 끄덕였다. 그 모습이 꼭 세상 모든 것을 손에 넣은 거만함으로 비쳐졌다.

여기까지가 바로 정사에 실린, 조광의가 황제가 되는 과정이다. 그러나 조광의가 언제 개봉부로 돌아갔는지에 대한 기록이 전혀 없고, 또 그날 그가 정말 개봉부로 돌아갔는지에 대한 기록도 없다.

우선 황궁은 경비가 삼엄하여 조광의가 그날 밤 개봉부로 돌아갔다면 태감이 반드시 기록을 남겼을 것이다. 그러나 기록은 어디에도 없다. 다음으로 조광의의 주량은 형만 못해 먼저 곯아떨어졌다. 조광윤도 만취한 상태에서 눈이 많이 내리는 것을 보고 동생을 깨우지 않고 함께 잠이 들었다. 이는 조광의가 그날 밤 황궁을 전혀 떠나지 않았음을 의미한다.

여러 정황을 근거로 종합해보면 그날 밤 이런 일이 벌어지지 않았을까 한다.

조광윤은 술을 너무 좋아한 나머지 이미 병을 얻은 상태에서 그날 밤 다시 과음을 했고, 새벽에 갑자기 눈을 떴다. 사람은 죽기 전에 징조가 나타난다고 하는데, 조광윤도 이를 느꼈다. 몸에 이상을 감지한 그는 자신의 목숨이 얼마 남지 않았음을 깨달았다. 그래서 그는 자고 있던 동생을 깨워 유언을 남겼다.

"짐의 아우 진왕은 운구 앞에서 황제의 자리에 오르라."

물론 이 역시 하나의 추측에 불과하다. 《송회요집고》에 실린 이 유언은 의심의 여지없이 조광윤의 입에서 나왔지만 언제 쓴 것인지, 또 언제 조광의에게 전해진 것인지는 전혀 알 수가 없다.

조광윤의 평소 성격으로 봤을 때 그가 몸이 건강한 상황에서 이 유언을 남겼을 가능성은 거의 없다. 그렇다면 10월 20일 새벽이 가장 유력하다는 결론이 나온다.

조광윤은 960년에 황제의 보좌에 올라 976년 10월 20일 새벽에 유명을 달리했다. 총 16년 동안 황제의 자리에 있었으며, 향년 50세였다. 그는 제업이 흥성하고 전도가 유망한 시기에 갑자기 세상을 떠나 후세에 그의 죽음을 둘러싼 미스터리를 남겼다. 그가 죽은 다음 날 조광의가 그의 유언에 따라 황제로 즉위했다.

그렇다면 조광윤은 왜 자식이 아닌 동생에게 황제 자리를 물려주었을까?

동생에게 황제 직위를 물려준 이유

이를 설명하기 위해서는 북송 건국 초기로 거슬러 올라가야 한다. 이때 북송의 형세는 매우 비관적이었다. 조광윤은 후주後周 황족인 두 절도사가 일으킨 반란을 신속히 진압했지만 지위가 결코 안정되지 못했다. 두 절도사보다 강력한 세력들이 송나라 주위에 할거하고 있었으니, 여우를 피하자 호랑이를 만난 꼴이었다.

어느 날 조광윤은 높은 산에 올라 좌우를 둘러보았다. 그의 왕조와 대치하고 있는 세력들을 보니, 남평南平, 남한南漢, 후촉後蜀, 남당南唐, 오월吳越, 북한, 무평武平 절도사의 일곱 개 한족 정권과 거란, 당항黨項 두 개 소수민족 정권이 있었다. 조광윤은 이때까지 5대10국五代十國의 소용돌이에서 허우적거리고 있었다.

이처럼 불안한 정권이 미래를 개척하려면 안으로 체계를 갖춘 통치 기구를 정비하여 제위를 찬탈하려는 세력들을 방비하는 것 외에, 대외적으로 군사력을 보강하여 다른 나라가 자신을 넘보지 못하게 해야 한다. 그러고 나서야 다음 행보를 내딛을 수 있다. 이때 북송은 후주에서 이름만 바뀐 왕조일 뿐이었다. 후주는 세종世宗 시영柴榮의 업적으로 주위에 맹위를 떨쳤지만 인력, 물자, 재력에는 한계가 있었다. 이런 상황에서 어떤 전략과 조치를 선택해 공격 목표를 확정 짓느냐는 북송에게 나라의 운명이 걸린 중요한 문제였다.

조광윤은 황제에 오른 그해 겨울 눈발이 휘날리는 야밤에 동생 조광의와 함께 모사 조보趙普를 찾아갔다. 조보는 그들을 맞아 이런저런 얘기를 나누다가 황제가 천하를 취할 계책을 의논하러 왔음을 알아챘다.

조광윤이 먼저 입을 열었다.

"먼저 북한을 치려고 하는데, 공의 생각은 어떻소?"

조보가 황급히 고개를 가로저으며 대답했다.

"북한의 도성인 태원은 천연 방패로 둘러싸인 요새입니다. 게다가 서북쪽으로 거란과 당항이란 강적들이 호시탐탐 노리고 있습니다. 설사 북한을 공격해 취한다 해도 서북쪽의 적들을 당해내기에는 우리 실력이 부족합니다. 먼저 다른 세력들을 손에 넣는다면 약소국인

북한은 공격하지 않아도 저절로 항복할 것입니다."

이 말에 조광윤과 조광의는 미소를 지으며 말했다.

"우리 뜻이 바로 자네와 같네."

조보는 황제가 자신을 떠본 것을 알고 같이 웃음으로 화답했다. 조씨 형제가 조보의 의중을 떠본 데는 중요한 의도가 있었다. 한편으로는 조보의 상황 판단력을 시험해보고, 다른 한편으로는 자신들의 생각이 정확한지를 검증받고 싶었던 것이다.

이로써 조광윤과 조보는 의견 일치를 보았다. 애초에 세종 밑에서 서기관을 지낸 왕박王樸이 '남쪽 국경을 공략하라'는 계책을 내놓았는데, 이를 자세히 뜯어보지도 않고 실행에 옮기게 되었다.

그들은 먼저 남당을 공격했다. 남당은 사실 부유하지만 문약한 왕조였다. 부유하기 때문에 그들을 멸망시키면 넉넉한 식량과 물자를 얻을 수 있었다. 또 문약하기 때문에 적은 병력과 짧은 시간을 들여 최대한의 성과를 올릴 수 있었다.

전에 후주 세종이 3년 동안 여러 차례 남당을 공격하자 남당 황제는 항복 문서를 보내고 황제의 칭호를 없앤 다음 매년 10만 냥의 금은을 바쳤다. 또한 남당을 흐르는 장강 이북의 14개 주, 60개 현이 모두 후주의 손에 들어왔다. 이런 부유한 땅은 조광윤이 훗날 통일 전쟁을 벌이는 데 기반을 다져주었다.

그러나 '남쪽 국경을 공략하라'는 계책에는 명백한 결점이 존재했다. 남쪽을 공격하라는 얘기만 있고, 북방 정권에 대해서는 어떤 책략을 구사해야 하는지 전혀 언급이 없었던 것이다. 왕박은 어쩌면 부유한 남당을 점령하면 북방의 적들은 쉽게 물리칠 수 있다고 생각했는지도 모른다. 하지만 현실은 그렇게 만만하지 않았다.

954년 후주 세종이 직접 북한 공격에 나섰다. 북한이 거란(요)의 힘을 빌려 후주의 선봉 부대를 격퇴하자 세종은 하는 수 없이 군사를 돌렸다. 5년 후 세종은 다시 병력을 이끌고 요나라를 공격했다. 처음에는 순조롭게 적들을 물리쳤으나 요나라 주력부대가 지키는 유주幽州에 당도하자 수년 동안 거란과 교전했던 후주 군사들이 갑자기 겁을 집어먹었다. 세종을 따라 전국을 누비며 수많은 전투를 치렀던 그들이지만 용감무쌍하고 신출귀몰한 거란의 철기군 앞에서는 싸울 엄두를 내지 못했다. 그래서 그들은 세종에게 철군을 강력히 주장했다. 세종은 모든 조건이 자신에게 불리한데다가 중병까지 얻어 어쩔 수 없이 퇴각을 명령했다.

이런 상황을 곁에서 지켜봤던 조광윤은 세종보다 지혜로운 전략을 구사했다. 바로 '남방을 정벌하고 북방을 방어하는' 통일 전략이었다.

이는 먼저 남방 여러 나라에는 공세를 취하고 북방의 북한과 요나라에는 수비를 강화하여 남방 할거 세력들을 평정한 후 힘을 비축해 북방에 총공세를 벌이는 것이었다. 남방에 대한 공격은 당시 송나라의 군사력으로 봤을 때 별 문제가 되지 않았다. 관건은 북방 수비였는데, 어떻게 그리고 얼마나 버티느냐가 대단히 중요했다.

조광윤은 북방 수비 문제를 논의하기 위해 화주단련사華州團練使 장휘張暉를 불렀다. 그는 조보에게 했던 대로 장휘에게도 태원을 공격하고 싶다고 말했다. 그러자 장휘가 극력 반대하고 나섰다. 그는 이렇게 말했다.

"북한은 여러 차례 전란을 겪어 백성들의 생활이 이루 말할 수 없이 피폐해졌습니다. 이런 나라를 공격하여 취하는 것은 거북이 등껍질을 지고 가는 것과 같습니다. 그보다 더 중요한 건 북한 뒤에 요나라가 버티고 있다는 점입니다. 우리 실력으로 요나라를 이길 수 있는지 헤아려보십시오."

장휘의 말에 조광윤은 '남방을 정벌하고 북방을 방어하는' 전략을 취하기로 마음을 굳혔다. 그는 북방 방어를 위해 먼저 유능한 장수를 골라 국경을 지키게 했다. 다음으로는 각종 수단을 통해 북한의 국력을 소모시켰다. 마지막으로 요나라와는 동맹을 맺어 국경 침략의 위협을 완화시켰다.

이 전략은 생각만큼 큰 효과를 보았다. 북방의 위기가 사라지자 조광윤은 중앙집권을 강화하고 통치 기반을 공고히 하는 작업을 수월하게 진행했을 뿐 아니라 남방의 할거 세력도 대부분 궤멸하는 성과를 거두었다.

조광윤은 남방 정벌 사업을 완수한 후 친히 북한 정벌에 나섰다. 사전에 북한의 전력을 약화시킨 덕분에 그는 손쉽게 북한을 멸할 수 있었다. 이로써 조광윤은 중원을 통일하는 대업을 이룩했다.

하지만 조광윤의 이런 전략은 후대에 무거운 짐을 지운 꼴이 되었다. 왜냐하면 강력한 요나라가 호시탐탐 중원을 노리고 있었기 때문이다. 좋게 말하면 조광윤은 쉬운 것을 먼저 해결하고 어려운 것을 나중에 해결하는 '선이후난先易後難' 전략을 취했다고 할 수 있으나 나쁘게 말하면 자신은 쉬운 것만 해결하고 어려운 일은 후손에게 떠넘겼다고 할 수 있다.

옹희雍熙 3년(986년)에 송태종은 요나라 정벌에 나섰다. 당시 요나라의 영토는 북송의 두 배가 넘었고 군사력은 상대가 없을 정도로 막강했다. 이 전쟁에서 송나라가 패한 것은 너무도 당연한 결과였다.

조광윤 역시 이런 상황을 분명히 인식하고 있었다. 그래서 그는 대대로 내려오는 종법 제도를 따를 수 없었던 것이다. 멍청한 아들에게 제위를 물려주었다가는 자신이 이룩한 대업이 한순간에 물거품이 될 것이 뻔했다. 그가 선택할 수 있는 최선의 방법은 자신의 능력에 버금가는 동생에게 제위를 물려주는 것이었다.

그런데 공교롭게도 그의 임종 직전 조광의만이 현장에 있어서 후대 사람들의 무수한 억측을 불러일으키게 되었다.

촛불 그림자와 도끼 소리 사건

많은 사람들이 '촉영부성燭影斧聲'이라는 미스터리한 사건을 알고 있다. 이 사건은 천고의 미해결 과제로 남아 지금까지도 많은 사람의 궁금증을 자아내고 있다. 그럼 먼저 이 사건이 발생하게 된 경위를 따라가보자.

개보 9년(976년) 조광윤은 한 도사에게 자신의 수명을 물어본 적이 있었다. 이 도사는 손가락으로 셈을 해보더니, 이렇게 말했다.

"금년 10월 20일 밤에 날이 맑으면 12년을 더 사실 수 있지만, 만약 날이 흐리면 당장 후사를 준비하셔야 할 겁니다."

조광윤은 이 말을 듣고 매사에 신중을 기했다. 그리고 드디어 10월 19일 밤이 찾아왔다. 이날은 하늘에서 큰 눈이 내려 그칠 기미를 보이지 않았다. 그가 날씨를 예측하는 도사에게 물으니, 이 눈은 이틀 뒤까지 이어질 것이라는 대답이 돌아왔다. 깜짝 놀란 조광윤은 내시를 개봉부로 보내 동생 조광의를 불러오게 했다.

조광의가 도착한 후 바로 앞에서 얘기한 그 사건이 발생한 것이다. 이 사건을 촉영부성이라고 부르게 된 이유는 그날 밤 궁궐 사람들이 도끼가 땅에 떨어지는 소리를 듣고 창문으로 두 사람이 싸우는 그림자를 보았기 때문이다. 그리고 다음 날 아침 조광윤이 붕어했다. 그래서 사람들은 조광윤이 죽은 것은 조광의 탓이라고 믿게 되었다.

그러나 이는 조광의의 머리를 너무 과소평가한 것이다. 그는 형의 홈그라운드인 궁에서 형을 도끼로 죽일 만큼 어리석지 않았다. 또한 사람들이 이런 광경을 보고 들었다면 왜 아무도 말리지 않았겠는가?

어떤 사람은 조광의가 형을 도끼로 살해한 것이 아니라 다른 방법을 썼다고 추측한다. 예를 들면, 독살이나 베개로 숨을 막아버리는 방법 등으로 말이다.

그러나 이는 모두 추측에 불과하다. 다시 한 번 말하지만 조광의는 그렇게 바보가 아니었다. 게다가 조만간 황제 자리는 자기 차지가 될 텐데, 그렇게 조바심을 낼 이유가 있었을까?

또한 조광의가 유언에 따라 제위를 계승한 과정에서 중요한 단서를 발견할 수 있다. 황제가 후계자를 정할 때 반드시 따르는 규정이 있다. 그것은 바로 "아버지가 죽으면 아들이 뒤를 잇는다"는 것이다. 그런데 이 규정을 위반하고 조광의가 황제가 되었는데도 반대나 의문의 목소리가 전혀 들리지 않았다. 조광의의 황제 즉위를 모두 자연스럽게 받아들인 것이 너무 이상하지 않은가?

조광의는 젊었을 때 조보 등과 모의하여 진교역陳橋驛에서 조광윤에게 만취하도록 술을 먹이고는 정신을 잃은 그에게 황포黃袍를 입혀 강제로 황제로 추대했다. 조광윤은 조보, 조광의 등의 추대에 못 이기는 척하며 개봉에 입성해서 일곱 살 난 시종훈柴宗訓에게서 황제 자리를 선양받아 송나라를 건국했다. 이를 '진교병변陳橋兵變'이라 부른다.

조광의는 개국공신으로 인정받아 동평장사同平章事, 개봉부윤의 자리에 올랐고, 태조가 친정을 나갈 때는 수도를 지키는 중책을 맡아 지위가 높고 권력이 막강했다. 당시 개봉부에는 신하와 빈객들이 구름처럼 몰려들어 재상을 맡고 있던 조보가 흡사 제2의 조정 같다고 말할 정도였다. 그들은 훗날 태종 집권 시기에 큰 활약을 하게 된다.

그밖에 당나라 말기에서 송나라 초기까지 100년 가까이나 태자 제도는 거의 폐기된 상태였다. 후계자는 대부분 친왕이나 경윤(京尹, 서울시장) 자리를 차지하고 있었다. 조광의는 본래 친왕인데다 개봉부윤을 맡고 있었으니, 사람들은 무의식중에 그를 후계자로 인정했다. 조광윤도 자신의 아들들이 성인이 됐는데도 모두 왕으로 봉하지 않았다. 이는 조광의의 위치를 묵인한다는 의미였다.

조광의가 바로 태조 시대에 실질적인 후계자 자리에 있었기 때문에 태조가 죽은 후 순조롭게 유조를 받들 수 있었던 것이다.

 형의 기대와는 어긋난 행동

조광윤은 임종 전에 분명 동생에게 자신의 가족을 잘 보살펴달라고 부탁했을 것이다. 그러나 조광의는 이를 따르지 않았다. 그는 다섯 가지나 형을 배반하는 일을 저질렀다.

첫째, 그는 즉위하자마자 새해를 기다리지 않고 연호를 고쳐버렸다. 원래는 황제가 죽은 이듬해에 연호를 바꾸는 것이 관례였는데, 이를 어긴 것이다.

그가 이처럼 성급하게 형에게 불충하는 모습을 보인 이유가 무엇인지는 정확하지 않다. 어떤 사람은 조광윤의, '북방을 방어하는' 전략을 포기했기 때문이라고 지적한다. 그리고 그 증거로 수년 후 그가 요나라 정벌에 나선 일을 들고 있다.

둘째, 조광의는 즉위 5년 후에 갑자기 '금궤金櫃의 맹세'를 끄집어 냈다. 이 역시 역사적으로 의혹이 가득한 사건이다. 대강의 내용은 다음과 같다.

조광윤 형제의 어머니인 두태후杜太后가 임종을 앞두고 조광윤을 불러 의미심장한 말을 건넸다.

"네가 천하를 차지할 수 있었던 것은 후주 황제의 나이가 너무 어려 인심을 얻지 못했기 때문이다. 만약 후주에 장성한 황제가 등극했다면 지금의 네가 있을 수 있었겠느냐! 너와 광의는 내 친아들이다. 훗날 너는 제위를 동생에게 물려주어라. 장성한 군주가 보위에 올라야 사직을 보존할 수 있을 것이다!"

조광윤은 즉각 어머니의 말에 동의하고 재상 조보에게 맹세하는 말을 쓰게 한 다음 금궤에 넣어 믿을 만한 궁녀에게 보존하게 했다. 이 금궤에 담긴 맹세의 말이 '형이 죽으면 동생이 제위를 잇는' 합법적인 근거가 되었다. 후세 사람들은 이 '금궤의 맹세'의 진위에 대해

강한 의심을 품었다.

하지만 이는 억측에 불과하다. 북송은 5대의 전란 중에 탄생했다. 당시 북방의 요나라가 연운 16주를 점령하고 틈만 나면 중원을 위협했으며, 중앙집권도 틀을 갖추지 못해 사방에서 군벌들이 들고일어났다. 이처럼 정권이 매우 불안정한 상황에는 정치 이력과 명망이 뛰어난 군주가 아니면 천하 통일의 대임을 완수하기가 어려웠다. 심지어 5대의 전철을 다시 밟을 가능성도 높았다. 그러므로 두태후는 이전 역사를 거울삼아 미래를 내다본 발언을 한 것이다. 여기서 그녀의 뛰어난 선견지명을 알 수 있다.

두태후가 죽을 때 조광윤의 나이는 서른넷이었고 그의 아들 덕소는 열네 살이었다. 물론 제위를 이을 때쯤에는 덕소도 성년이 되어 있겠지만 두태후는 편안할 때 오히려 위태로움을 생각한 것이다.

셋째, 조덕소를 죽음으로 내몰았다. 태평흥국太平興國 4년(979년) 조광의가 태원을 정벌하러 갔는데, 어느 날 밤 군사들이 조광의를 아무리 찾아도 보이지 않아 군영이 발칵 뒤집힌 일이 있었다. 이때 어디선가 조덕소를 황제로 옹립하자는 얘기가 흘러나왔다. 조광의는 이를 알고 마음속으로 불만이 가득했다.

한편 송나라에는 전쟁에서 승리하면 바로 상을 내리는 규정이 있었다. 그러나 조광의가 이를 계속해서 미루자 조덕소가 빨리 논공행상을 해달라고 재촉했다. 이때 조광의는 의심과 시기가 가득한 말투로 이렇게 말했다.

"네가 황제가 되어서 상을 내려도 늦지 않을 것 아닌가!"

조덕소는 이 말을 듣고 울분을 참지 못해 자살해버렸다.

넷째, 조광의는 형이 죽은 후 자기 입으로 송황후에게 아무 걱정도 말라고 얘기했다. 그러나 그녀가 죽자 장례를 황후의 예로 치르지 않았다. 한 대신이 이에 항의하자 당장 그를 변방으로 귀양 보냈다.

다섯째, 조광윤의 정책에 반하는 조치를 취했다. 북송이 개국했을 때 조광윤은 성을 완전히 쓸어버리지 않고 주로 투항을 권유했다. 이는 전면전으로 인한 군사적 손실을 막고 상대방의 전투 의지를 꺾는 데 큰 도움이 되었다. 그리고 그는 투항한 적국의 군왕들을 모두 개봉에서 편안하게 살게 했다.

이때 누군가 시간이 지나면 이들이 변심할 수도 있으니, 모두 죽여 후환을 없애자고 했다. 그러자 조광윤이 웃으며 대답했다.

"고국과 멀리 떨어져 홀로 이곳에 와 있는 이들이 무슨 수로 변고를 일으키겠느냐!"

그러나 조광의는 황제에 즉위하자마자 항복한 왕들을 잇달아 죽여버렸다. 남당의 후주, 오월왕 등이 모두 자신의 생일날 독살되었다.

조광윤만큼 부드러운 황제도 찾아보기 힘들다. 그가 술자리에서 병권을 손에 넣은 사건이 이를 증명한다. 그가 조광의와 사이가 나빴다는 증거는 당시는 물론 후세에도 찾아볼 수가 없다. 그들은 사이가 너무 좋아 서로 으르렁댄 일이 없었다. 그래서 혹자는 권력이 사람의 성격을 변화시켰다고 말한다.

조광의가 훗날 요나라를 공격한 것도 방어적인 태도를 취한 조광윤의 정책과는 정반대되는 행동이었다. 물론 빼앗긴 연운 16주를 탈환하고 요나라에 송나라의 힘을 보여주기 위해 전쟁은 꼭 필요했다. 그러나 옹희 연간에 추진한 북벌은 최대 규모의 군사력을 동원한 총

력전이었음에도 실패로 돌아가고 말았다.

실패의 원인이야 많았지만 가장 치명적이었던 것은 조광의가 일선 장수들과 의견이 일치하지 않았다는 것이다. 북벌 실패는 너무나도 커다란 악영향을 미쳤다. 북송은 더 이상 요나라를 공격할 군사력을 회복하지 못했을 뿐 아니라 조정이나 백성 모두 연운 지역을 수복할 자신감을 상실하고 말았다.

그 이후 송나라는 공격에서 수비로 전환하여 100여 년 동안 줄곧 소극적인 방어로 일관했다. 그러다가 북송 말년에 이르러 요나라에서 투항한 장수들의 부추김으로 휘종徽宗은 금金나라와 연합하여 북벌을 단행하기도 했다. 그러나 결과는 요나라에 대패하고 말았다.

어떤 영향은 천년이 지나도 사라지지 않는데, 조광의가 옹희 연간에 단행한 북벌 실패가 그러했다.

조광윤은 목숨이 다하는 마지막 순간에 잘못된 결정을 내렸다. 하지만 이는 당시 최선의 방법이었다. 송나라가 직면한 대임을 감당할 사람은 아무도 없었으니 말이다. 그리고 당연히 그는 동생이 전국을 통일하고 자신의 정책을 이어받고 자기 가족을 잘 대해주리라는 희망을 품고 있었다.

금궤의 맹세

중국 역사상 가장 미스터리한 사건 가운데 두 가지가 조광윤과 조광의에게 발생했다. 하나는 '촉영부성'이고, 다른 하나는

'금궤의 맹세'이다.

앞서 설명했지만 실질적인 후계자로 내정되어 있던 조광의가 무모하게 '촉영부성' 사건을 일으킬 이유는 없다고 본다. 하지만 '금궤의 맹세'는 사실일 가능성이 높다. 그럼 그 이유를 한 번 살펴보도록 하자.

후대 사람들은 조광의가 등극한 지 5년이 지나서야 금궤를 꺼낸 이유를 이렇게 말하고 있다. 당시 그에게 불복하는 사람이 생겨난 데다 조덕소 사건까지 터져서 스스로 황제의 명분을 다시 세우기 위해 이 카드를 들고 나왔다는 것이다.

여기서 잠시 이 문제를 제쳐두고 976년 10월 20일 아침으로 되돌아가보자. 조광의는 그날 황제로 등극했다. 정사의 기록에 따르면 그는 먼저 궁으로 들어가 송황후를 만난 다음 황제에 올랐다.

그때 그가 송태조의 유조 없이 혈혈단신으로 송황후를 만나 제위를 요구했다면 송황후는 쉽게 받아들이지 않았을 것이다. 게다가 조덕방이 황제에 오르면 그녀는 황태후가 될 수 있었다. 즉 조광의에게 아무 카드도 없었다면 송황후는 그에게 아무 죄명이나 씌워 죽여버린 뒤 아들을 황제로 삼았을 것이다.

따라서 조광의는 틀림없이 송태조의 유조를 가지고 있었을 것이다. 그래서 대세에 밝고 남편의 뜻을 잘 알았던 황후는 흔쾌히 조광의의 황제 등극을 인정했다.

어떤 사람은 조광의가 제위를 찬탈하기 바빴기 때문에 송태조의 유조는 애초에 없었을 것이라고 말한다. 그러면 금궤를 그 자리에 내놓지, 바보처럼 5년씩이나 기다릴 필요가 있었겠는가? 제위를 찬탈하려면 상식적으로 가장 짧은 시간 안에 명분을 세워서 사람들의 입을 막는 것이 최선이 아닐까? 이는 그에게 이미 송태조의 유조가 있었다는 증거가 된다.

그러므로 5년 후에 금궤를 공개했다는 것은 조정에 분명 그가 황제가 되는 과정에 의심을 품은 사람이 있었거나 군중 사이에 조덕방을 옹립하려는 세력이 싹텄음을 의미한다. 그래서 그는 만천하에 자신이 정상적인 과정을 통해 황위를 얻었음을 밝힌 것이다.

그런데 문제가 발생했다. 《송사》를 아무리 읽어봐도 송태조의 유조가 나오지 않고, 《송회요집고》에서도 그 사실을 확인할 수 없다. 게다가 《송사》에는 조광의가 유조를 공개했다는 내용이 어디에도 없다.

조광의가 이렇게 한 데는 두 가지 가능성이 있다. 첫째는 유조 안에 남들이 봐서는 안 되는 내용이 담겨 있는 경우이고, 둘째는 이 유조가 굳이 필요 없어서이다. 당시 그는 거의 후계자로 결정되어 있었기 때문에 유조는 사족이나 다름없었다.

역사를 자세히 파고 들어가면 믿을 수 없는 일들이 매우 많다. 하지만 이는 잠시 접어두기로 하자. 여기서 우리가 알아야 하는 것은 조광윤이 선택한 후계자가 전국을 통일하지 못했을 뿐 아니라 북송 왕조에 '공요증恐遼症'이라는 치명적인 약점을 안겨주었다는 사실이다.

조금 완곡하게 표현하면 당시 북송의 실력으로는 누가 황제가 되었어도 요나라라는 난제를 해결하기가 쉽지 않았을 것이라는 뜻이다. 북송의 운명은 어쩌면 조광윤이 나라를 건립할 때 이미 결정된 것인지도 모른다.

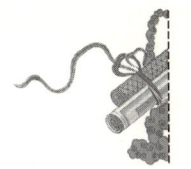
"사대부와 상소를 올려
말하는 자를 함부로 죽이지 마라"

송나라의 운명은 완전히 조광윤의 손에 의해 완성되었다. 조광윤은 본래 후주의 장군이었는데, 그가 등극하기 전에 얻었던 경험들이 훗날 송나라의 역사를 결정지었다.

건국 초기에 그는 5대라는 난세의 원인에 대해 심각하게 고민했다. 그리고 천하가 어지러워진 이유가 군인이 황제를 협박하여 군대를 장악했기 때문이라는 결론을 내렸다. 이에 그는 술자리에서 금군과 번진藩鎭의 장수들이 가진 병권을 모두 내놓게 했다. 그는 지난 역사를 거울삼고 현 상황을 충분히 고려하여 이제 막 창건한 송나라의 정치 제도를 개혁했다. 또한 새로 가법을 세워 후계자들이 자신의 뜻에 따라 송나라를 공고히 하는지 감시했다. 그가 남긴 모든 것이 송나라의 가법이 되었다.

조광윤은 황제에 오른 지 3년째 되던 해에 비밀리에 내려오는 '서비誓碑'를 만들었다. 그리고 여기에 "사대부와 상소를 올려 말하는 자를 함부로 죽이지 마라. 자손 가운데 이 맹세를 어기는 자는 반드시 하늘이 벌할 것이다"라는 경구를 새겨 넣었다. 그리고 새로 황제에 오르면 태묘太廟를 참배한 후 경건한 마음으로 이 비문을 읽어야 한다고 규정했다.

이는 조씨 황족의 가훈이라고 부를 수 있다. 그 이후의 모든 황제들은 이 가훈을 엄격히 준수했다.

한편 "사대부와 상소를 올려 말하는 자를 함부로 죽이지 마라"는 경구는 조광윤이 역사를 통해 결론 내린 교훈을 적은 글이다. 봉건시대에 황제 앞에서 의견을 제기하는 것은 역린逆鱗과 같아서 매우 위험천만한 일이었다. 그래서 자기 몸과 가족의 목숨을 담보로 황제에게 죽음을 각오하고 간언하는 충신은 소수에 불과했다. 이에 조광윤은 대신들에게 직언을 해도 목이 달아날 걱정을 없게 함으로써 언론에 대한 속박을 없애주었다.

하지만 이런 정치적 환경은 백관의 우두머리인 재상과 황제 사이에 직접적인 갈등을 초래하기도 했다.

철종哲宗 때 수렴청정을 하던 선인태후宣仁太后가 직간을 한 가역賈易의 책임을 추궁하자 재상인 여공저呂公著가 이에 맞섰다. 태후의 태도가 완강했으나 여공저도 쉽게 물러나지 않고 이렇게 호소했다.

"먼저 저를 쫓아내지 않는다면 절대 가역에 대한 책임을 물을 수 없습니다."

결국 태후는 마지못해 가역에 대한 처벌을 거두어들였다.

또 남송南宋 때 광종光宗이 어떤 이를 중용하려고 했는데, 재상인 유정留正이 반대하고 나섰다. 광종이 무슨 일이 있어도 이를 관철시키려고 하자 유정은 뜻밖에도 5개월 동안 조정에 나오지 않고 파업을 벌였다. 이에 광종은 하는 수 없이 이를 철회했다.

송나라에서는 재상이 황제에게 감히 맞서는 것은 물론, 간언 열풍이 뜨겁게 불어 점점 감찰과 간의諫議 제도가 완비되어갔다. 가장 유명한 사건은 인종仁宗이 황후의 삼촌인 장요좌張堯佐에게 벼슬을 내리려던 것을 포증包拯이 막은 일이다.

당시 인종이 장요좌를 선휘사宣徽使에 임명하려고 하자 조정에서 반대 여론이 들끓어 잠시 이를 보류했다. 그런데 황후가 자꾸 졸라대는 바람에 인종은 어쩔 수 없이 이를 공표하기로 했다. 그날 인종이 조정에 나가려는데 황후가 문 앞까지 배웅하며 그의 등을 어루만지더니, 선휘사 일을 잊지 말라고 신신당부했다. 인종은 알았다고 고개를 끄덕였다.

인종은 조정에서 재차 장요좌를 선휘사에 임명한다고 발표했다. 이때 감정이 격앙된 포증이 인종과 아주 가까운 거리까지 다가가더니, 침까지 튀겨가며 반대의 목소리를 드높였다. 인종은 하는 수 없이 발표를 취소했다. 황후에게 돌아온 인종은 소매로 얼굴을 닦으며 이렇게 말했다.

"방금 포증이 내 앞에서 말하는데, 침이 얼굴로 막 튀었소. 당신이 계속 선휘사, 선휘사 하는데, 설마 포증이 어사란 사실을 잊은 것은 아니지요?"

신하들이 감히 대역부도한 행동을 서슴없이 할 수 있었던 것은 모두 조광윤의 가법 때문이었다. 사대부에 대한 조씨 왕조의 인내는 상상을 뛰어넘는 수준이었다. 태종 때는 병부상서兵部尚書 노다손盧多遜이 모반을 일으키려다가 발각되고도 애주崖州로 유배되는 형벌밖에 받지 않았다. 인종 때는 사도 정위丁謂가 황제의 능묘에 손을 대는 대죄를 범했지만 애주의 사호참군司戶參軍으로 좌천되었을 뿐이다.

조광윤이 세운 가법은 지식인들에게 마치 부적과도 같았다. 지식인들이 쾌재를 불렀던 또 다른 이유는 그들이 군대를 포함한 송나라의 모든 것을 마음대로 주무를 수 있었다는 점이다. 무장을 의심하고 경시했던 조광윤은 결국 허약하고 무기력한 송나라를 만들고 말았다. 하지만 '문관을 중시하고 무관을 경시한' 정책으로 송나라가 320

년 동안 지속되는 아이러니도 발생했다.

송나라는 황제들의 자질도 평범한데다 안팎으로 매우 곤란한 처지에 놓여 있었다. 안으로는 농민들이 끊임없이 반란을 일으켜 그 횟수만도 400차례가 넘었다. 이는 시종 송나라를 좌불안석으로 만들었다. 밖으로는 서하, 요, 금 같은 유목 민족들이 말을 타고 활을 쏘며 송나라에 심각한 피해를 입혔다. 금이 북송을 멸망시키고 남송이 건립됐지만 위정자들은 달리 방법이 없어 여전히 나라가 위태로웠다. 그러나 신기하게도 금나라는 자신이 멸망할 때까지 송나라를 멸하지 못했다. 그렇다면 송나라는 무엇에 의지해 나라를 지탱했던 것일까?

정답은 역시 조광윤의 가법이었다. '사대부를 죽이지 말라'는 것은 그들을 중시하라는 의미이다. 중국의 지식인들은 대대로 자신을 알아주는 것을 영광으로 여겼다. 일단 통치자가 그들을 중시하면 그들은 목숨을 바쳐서 일했다. 이처럼 지식인을 중시하는 것은 완벽한 문화 건설 사업의 일환이기도 했다.

조광윤은 5대 시기에 대해 이렇게 반성했다. 5대가 극도로 혼란에 빠진 가장 중요한 이유는 유가 사상의 핵심인 충의, 절개, 윤리 정신을 완전히 상실했기 때문이다. 그래서 신하를 신하로 여기지 않고, 임금을 임금으로 여기지 않는 사태가 발생했다. 이런 어수선한 국면을 수습하려면 정치적으로 '문을 중시하고 무를 경시하는' 국책을 세우는 것 외에 사상 측면에서 다시 유가 사상의 지위를 확립하고 유가가 표방하는 충의, 절개, 효도, 인륜 같은 덕목을 교화의 근본으로 삼아야만 했다. 조광윤은 이를 위해 학교를 설립하고 각지에 서원을 세우게 했다.

이런 모든 문화 건설 사업은 송나라의 문신이나 무장은 물론 백성들에게까지 충군애국 사상을 심어주었다. 그들은 국가의 존망이 달린 위급한 때 목숨을 아끼지 않고 국가를 위해 침략자들과 맞서 싸웠다. 서하, 요, 금 등이 쳐들어올 때마다 송나라 전체가 충군애국 사상으로 무장하고 그들을 밖으로 몰아냈다.

물론 이 모든 것은 조광윤과 그의 계승자들이 노력해서 일군 것이다. 송나라 황제들은 누구랄 것 없이 책읽기를 좋아하고 유가 사상을 치국의 도로 여겼다. 자신이 좋아했기 때문에 이를 가법으로 계승하고 천하의 백성들이 충군애국 사상을 따르도록 적극적으로 격려한 것이다.

송나라가 멸망할 때까지 어떤 황제도 이 가법을 어기지 않았다. 그들 자신이 문인이었고, 그들을 둘러싼 이들 역시 모두 문인이었다. 송나라의 국운은 바로 이런 문인들과 그들이 굳게 지킨 애국 사상으로 면면히 이어졌다.

조광윤은 자신의 그림자를 송나라 역사에 영원히 남긴 위대한 황제였다. 그는 칼에 피를 묻히지 않고 왕조를 건설했고 지식인들에게 천국과 같은 세상을 열어주었으며 문화 건설 사업을 통해 중국 역사상 애국자가 가장 많은 왕조를 만들어냈다. 바로 이런 무형의 철옹성이 송나라를 멸망시키려는 세력들의 발걸음을 가로막았다.

조광윤이 남긴 후계자에 대한 유언은 이미 중요하지 않다. 가장 중요한 것은 바로 조씨 왕조의 가법이다. 그것이 비록 송나라가 천하를 통일하는 데는 도움이 되지 못했지만 송나라 왕조와 왕조의 정신이 면면히 이어지는 데는 큰 역할을 했다.

"아마도 내 목숨이 곧 다할 것 같다. 다행히 하늘의 도움에 힘입어 너희들을 위해 광대한 제국을 건설했으니, 나라 안에서 사방의 변방까지 말을 타고 가도 일 년은 너끈히 걸린다. **너희들이 이 제국을 무너뜨리지 않고 잘 보존하려면 반드시 한마음이 되어 적을 물리치고, 오로지 너희들의 친구를 위해 부귀를 쌓아야 할 것이다.** 그리고 너희들 중 한 사람이 제위를 이어야만 한다. **내가 죽으면 오고타이가 칸에 오르도록 하라. 절대 내 유명을 어기지 마라.** 차가타이가 지금 이 자리에 없는데, 그에게 딴마음을 먹지 말라고 하라." —《몽골비사蒙古秘史》

"금나라 정예군은 동관에 있다. (동관은) 남쪽으로 험준한 산악 지대가 분포하고 북쪽으로 황하가 가로막고 있어서 단번에 격파하기 어렵다. 만일 송나라에 길을 빌리면 송나라는 대대로 금나라와 원수지간이라 반드시 이를 허락할 것이다. 그러면 즉시 당주와 등주의 군대를 이끌고 곧바로 대량을 공격하라. 다급해진 금나라는 분명 동관의 군대를 징발할 것이다. 그러나 수만의 무리가 천리 길을 달려 지원을 오게 되면 사람과 말이 모두 피로해져 싸울 수 없는 지경에 이를 것이니, 격파하는 데 문제없을 것이다." —《원사元史》〈태조본기太祖本紀〉

칭기즈칸은 후대에 금나라를 멸망시킬 책략을 남기고, 정벌과 싸움에 능한 지도자를 골라주었다. 하지만 그가 진정으로 남긴 것은 충실한 신앙과 단결이 바로 힘이라는 진리였다. 그가 남긴 유언이 후대의 앞길을 밝혀주는 밝은 등불이라고 한다면 유언의 행간에 드러난 '장생천長生天' 신앙과 단결이 힘이라는 진리는 바로 해가 지지 않는 제국의 태양이라고 할 수 있다. 이 태양이 그의 후대를 비추어 아무 거리낌 없이 사방을 정복할 수 있었다.

9장

신앙과 단결,
해가 지지 않는 제국의 힘!

― 몽골 제국 칭기즈칸 ―

형제들이 결정한 후계자

1226년 어느 봄날 칭기즈칸은 전날 꾼 악몽으로 인해 몸에 이상이 왔음을 느꼈다. 이는 분명 상서롭지 못한 꿈이었다. 그는 아침에 일어나자마자 셋째 아들 오고타이와 막내아들 툴루이를 주둔지로 불렀다. 그들은 닷새 동안 밤낮으로 쉬지 않고 말을 달려 아버지 앞에 당도했다. 칭기즈칸은 두 아들에게 만찬을 베푼 다음 주위 사람들을 모두 천막 밖으로 물리치고 비밀리에 말했다.

"아마도 내 목숨이 곧 다할 것 같다. 다행히 하늘의 도움에 힘입어 너희들을 위해 광대한 제국을 건설했으니, 나라 안에서 사방의 변방까지 말을 타고 가도 일 년은 너끈히 걸린다. 너희들이 이 제국을 무너뜨리지 않고 잘 보존하려면 반드시 한마음이 되어 적을 물리치고, 오로지 너희들의 친구를 위해 부귀를 쌓아야 할 것이다. 그리고 너희들 중 한 사람이 제위를 이어야만 한다. 내가 죽으면 오고타이가 칸에 오르도록 하라. 절대 내 유명을 어기지 마라. 차가타이가 지금 이 자리에 없는데, 그에게 딴마음을 먹지 말라고 하라."

이때는 칭기즈칸이 세상을 떠나기 일 년 반 전이었다. 그의 이 유언은 사실 몽골족 대대로 내려오는 관습과 상당히 어긋났다.

먼저 '가장'의 입장에서 그가 오고타이에게 칸의 자리를 물려주는 것은 '말자 상속' 전통에 위배되었다. 몽골 가정에서는 보통 아들들이 장성해서 새로운 부족을 일구고, 막내아들이 남아서 아버지의 재산과 지위를 물려받았다.

다음으로 '군주'의 입장에서 오고타이를 왕으로 세우려는 것은 몽골의 '후리러타이' 제도와 배치되었다. 대칸에 선출되려면 각 부락과 부락 연맹의 의사회인 후리러타이의 추천을 받아야만 했다. 후리러타이는 간단히 말해 몽골 귀족이 한데 모여 수장을 추천하는 회의이다.

그러므로 (가장 중요한 군대를 포함해서) 칭기즈칸의 재산은 반드시 툴루이가 물려받아야 하고, 그가 선택한 오고타이가 대칸에 오르려면 반드시 후리러타이의 인가를 받아야만 했다.

하지만 칭기즈칸이 이런 결정을 내린 데는 이유가 있었다. 그는 처음으로 서방 정벌을 떠났던 1218년에 이미 후계자 문제를 신중하게 고려했다. 가장 먼저 이 문제를 제기한 사람은 야수황후였다. 칭기즈칸이 서쪽으로 호라즘 제국을 정벌하러 나설 때 황후가 말했다.

"당신이 지금 여러 나라를 평정하러 원정길에 오르려고 합니다. 그러나 사람의 일이란 한 치 앞도 내다볼 수 없으니, 만에 하나 당신에게 변고라도 생긴다면 힘들게 창건한 대업을 누구에게 맡기셔야 하지 않을까요?"

칭기즈칸은 한참 동안 고민하더니, 고개를 끄덕였다. 그리고 큰아들 주치와 둘째 아들 차가타이를 불러 황후의 말을 들려준 다음 주치의 생각을 물었다. 주치가 아무 대답이 없자 차가타이가 참지 못하고 앞으로 나와 소리쳤다.

"아버지께서 형에게 물으신 것은 형을 태자로 삼으시려는 생각 아닌가요? 형의 어머니는 메르키트 부족 사람입니다. 우리가 어떻게 그들의 지배를 받을 수 있단 말입니까?"

주치는 남들이 자신의 출신을 언급하는 것을 매우 혐오했다. 그는 크게 화가 나서 차가타이를 향해 돌진했다. 두 사람이 막 몸싸움을 벌이려는 순간 칭기즈칸 곁에 있던 신하들이 급히 싸움을 말리고 차가타이를 한바탕 혼냈다. 차가타이가 비로소 냉정을 되찾고 미소를 지으며 말했다.

"형의 힘이야 누구나 다 인정하고 있고 아버지 아들 중에는 형과 제가 가장 연장자이니, 원컨대 저희가 힘을 합쳐 아버지의 명을 받들고자 합니다. 셋째인 오고타이는 사람됨이 후덕하여 대업을 이을 만합니다."

칭기즈칸은 그제야 천천히 고개를 끄덕였다. 그리고 주치, 차가타이, 툴루이에게 차례로 물어보자 셋은 모두 오고타이를 후계자로 삼는 데 흔쾌히 동의했다. 이처럼 칭기즈칸은 1218년에 이미 오고타이를 후계자로 결정했던 것이다.

칭기즈칸은 자식들이 다른 마음을 먹지 못하도록 항상 네 아들을 모아놓고 머리가 여러 개 달린 뱀 이야기를 들려주었다. 추운 밤에 머리가 여러 개 달린 뱀이 굴에 들어가 추위를 피하려 했다. 그런데 머리마다 자기가 먼저 들어가겠다고 싸우다가 그만 굴 밖에서 얼어 죽고 말았다. 칭기즈칸은 이야기를 마치고 아들들에게 훈계했다.

"너희들이 만약 서로 대칸이 되려는 마음을 먹는다면 이 이야기 속의, 머리 여러 개 달린 뱀과 무엇이 다르겠느냐?"

몽골 제국은 세 차례 서방 원정을 통해 세계 역사상 유례없는 방대한 영토를 개척했다. 그들은 서방의 강대국 호라즘 제국을 멸망시켰고 서쪽으로 카스피해와 흑해 사이에 있는 캅카스 산맥을 넘었으며 러시아까지 깊숙이 들어가 1223년 킵차크와 러시아의 연합군을 대파했다. 또한 끝까지 저항한 호라즘 제국의 잘랄웃딘 왕자를 인더스 강변에서 죽여버렸다.

서방 원정에서 개선한 칭기즈칸은 새로 정복한 서방 영토를 세 아들에게 나누어주었다(몽골 본토는 막내아들 툴루이가 관장했다). 이 나라들은 각각 킵차크한국, 차가타이한국, 오고타이한국이라고 불렸다.

세 가지 유언

1226년 봄에 칭기즈칸이 꾼 악몽은 그저 꿈일 뿐이었다. 그의 몸은 호전되기 시작했고 영토를 개척하려는 그의 꿈에 다시 불이 붙었다. 그는 말고삐를 서하로 향했다.

칭기즈칸은 서방 원정을 떠나기 전에 서하에 군사를 이끌고 함께 출정할 것을 요구했지만 서하가 이를 거절했다. 이를 마음에 새기고 있었던 그는 서방 원정을 끝낸 후 여독이 채 풀리지 않은 상태에서 서하 정벌에 돌입했다.

그런데 1226년 겨울에 문제가 발생했다. 그해 겨울 그는 서방 원정에서 화살에 맞아 부상한 몸을 이끌고 사냥을 나갔다. 그가 가장 신임하는 도사 구처기丘處機가 만류했지만 그는 듣지 않았다. 기어코 사냥을 나갔다가 그가 탄 말이 야생마와 충돌하는 바람에 그만 말에서 떨어져 중상을 입고 말았다.

그의 아들은 아버지의 병세가 심각한 것을 보고 돌아가 요양을 하자고 권유했다. 그런데 서하가 이 기회를 노리고 총공세를 펼쳤다.

이에 화가 머리끝까지 치민 칭기즈칸은 아픈 몸을 이끌고 군사들을 독려하며 전쟁을 지휘했다. 하지만 1227년 6월 그는 그만 병으로 쓰러지고 말았다. 게다가 날씨까지 무더워서 더 이상 말 위에서 작전을 지휘할 수 없었다.

칭기즈칸에게 이는 육체적인 고통에 불과했지만 곧이어 심리적으로 큰 타격을 주는 사건들이 연이어 발생했다. 그가 병으로 쓰러진 지 얼마 지나지 않아 큰아들 주치가 그만 병사하고 말았다. 그리고 한 달 후에는 그에게 희망과도 같았던 구처기마저 세상을 등졌다.

구처기는 금나라 출생으로 세상에는 장춘진인長春眞人으로 알려져 있었다. 그의 명성은 전국 어디에서나 자자했다. 1219년 칭기즈칸이 서방 원정을 떠나면서 자신이 멸망시킨 나이만 부락을 지날 때였다. 한 한족이 약을 바치면서 구처기가 장생불사약을 지어주어 자신의 나이가 이미 300살이 넘었다고 말했다. 세상에 장생불사약을 바라지 않는 사람이 어디 있겠는가. 그는 구처기가 있는 곳을 수소문한 끝에 선물과 편지를 보내 그를 불러오게 했다.

이때 구처기는 산동 지방에서 수련 중이었다. 칭기즈칸의 조서를 받은 그는 1220년 2월에 산동을 출발해서 3월에 연경(燕京, 북경)에 도착했다. 그는 칭기즈칸이 이미 나이만 부락을 떠나 서방 원정에 나섰다는 소식을 듣고 〈진정표陳情表〉를 올려 문치무공文治武功을 이룩한 칭기즈칸의 덕을 크게 찬미했다.

칭기즈칸은 편지를 받고 흐뭇해 마지않았다. 그러나 서방 원정 중이었기 때문에 그 자리에서 구처기를 마냥 기다릴 수만은 없었다. 그래서 구처기는 칭기즈칸의 세심한 배려로 그의 뒤를 따르다가 1222년 4월에 드디어 파르완 만에 주둔하고 있던 칭기즈칸과 조우하게 되었다.

칭기즈칸은 구처기를 보자마자 물었다.

"송나라와 금나라도 선생을 초빙했는데, 모두 거절하고 이 먼 곳까지 저를 찾아와주시니, 몸 둘 바를 모르겠습니다."

구처기가 대답했다.

"산 속에 묻혀 있던 야인이 조서를 받들고 이곳까지 온 것은 하늘의 뜻입니다."

"진인께서 먼 길을 오셨는데, 혹시 장생불사약을 가지고 계신지요?"

"세상에는 수명을 연장해주는 약이 있을 뿐, 장생불사약은 어디에도 없습니다."

칭기즈칸은 이 말을 듣고 크게 실망했으나 구처기의 솔직함만은 매우 마음에 들었다. 이후 칭기즈칸은 구처기를 항상 곁에 두고 연단과 양생의 도에 대한 이야기를 나누었다.

천하를 우습게 여기던 이 대칸도 불사약 앞에서는 한없이 작아졌다. 그가 구처기를 곁에 둔 것은 어쩌면 그를 진심으로 감동시켜서 불사약을 내놓게 하려는 의도였는지도 모른다.

1224년 칭기즈칸은 서방 원정길이 너무 험난했기 때문에 구처기를 연경으로 돌려보냈다. 그를 그곳에 살게 하고 늘 그리워하는 마음에 "내 선생을 잊은 적이 없으니, 선생도 나를 잊지 말아주시오"라는 편지까지 보냈다. 하지만 이는 구처기를 그리워하는 정이라기보다 그가 불사약을 가지고 있을 것이라는 희망을 담은 발언이었다. 이런 구처기가 사망하자 칭기즈칸이 품었던 장생불사의 희망은 영원히 사라지고 말았다.

이제 그도 시간이 다 되었음을 깨달았다. 그리고 누구도 이를 막을 수는 없었다. 세계에서 가장 큰 영토를 개척한 제왕도 이 순간에 할 수 있는 것이라곤 자신의 강산이 오랫동안 보존될 수 있도록 밑그림을 그리는 것이 고작이었다.

칭기즈칸은 임종 전에 크게 세 가지 유언을 남겼다.

첫째, 다시 한 번 후계자를 명확히 밝혔다. 그리하여 모든 아들에게 오고타이를 추대하겠다는 서약을 받아냈다.

둘째, 아들과 장수들에게 금나라를 멸망시킬 계책을 마련해주었다. 그는 이렇게 말했다.

"금나라 정예군은 동관潼關에 있다. (동관은) 남쪽으로 험준한 산악지대가 분포하고 북쪽으로 황하黃河가 가로막고 있어서 단번에 격파하기 어렵다. 만일 송나라에 길을 빌리면 송나라는 대대로 금나라와 원수지간이라 반드시 이를 허락할 것이다. 그러면 즉시 당주唐州와 등주鄧州의 군대를 이끌고 곧바로 대량(大梁, 개봉)을 공격하라. 다급해진 금나라는 분명 동관의 군대를 징발할 것이다. 그러나 수만의 무리가 천리 길을 달려 지원을 오게 되면 사람과 말이 모두 피로해져 싸울 수 없는 지경에 이를 것이니, 격파하는 데 문제없을 것이다."

셋째, 자신의 시신 처리를 부탁했다. 그는 "나는 무덤에 묻히고 싶지 않다. 내 시신을 매장한 뒤 흔적을 모두 없애라"라고 말했다.

이것이 바로 칭기즈칸이었다. 일생을 전쟁터에 바친 사람은 죽더라도 전쟁터에서 자신의 파란만장한 삶을 마감하고 싶은 것이다. 그는 이 세 가지 유언을 남기고 영웅의 삶을 마감했다.

 ## "살인과 약탈을 멈추라"

그럼 여기서 칭기즈칸이 죽기 한 달 전으로 되돌아가 보자. 1227년 윤5월 영하寧夏의 폭염에 이 몽골 대칸은 고생이 이만저만이 아니었다. 그는 하는 수 없이 육반산六盤山 자락의 개성開城에서 더위를 피했다. 남쪽으로 육반산을 등진 개성은 진롱秦隴 지역을 제압하는 전략적 요충지로, 예로부터 중원 왕조와 북방 소수민족 사이의 경계선이 되었다.

칭기즈칸은 11년 전 금나라가 점령하고 있던 동관을 공격했다가 실패한 일을 똑똑히 기억하고 있었다. 그때 그는 금나라를 멸망시킬 방법을 전혀 찾지 못했다. 그가 투항한 금나라 장수 곽보옥郭寶玉에게 중원을 차지할 방책을 묻자 곽보옥은 서하를 공격하고 금을 멸한 다음 송을 취하라는 계책을 올렸다.

6월에 그는 병으로 쓰러졌다. 그리고 그때부터 다음 달 12일까지 줄곧 개성에서 나오지 않았다. 한 달이란 이 기간 동안 대칸은 과연 무슨 생각을 하고 있었을까? 그가 무슨 생각을 했는지는 알 수 없지만 그 기간 동안 그가 상당히 많은 일을 처리한 것만은 사실이다.

우선 그는 오고타이에게 야율초재耶律楚材란 인재를 반드시 중용하라고 신신당부했다. 야율초재는 칭기즈칸이 금나라 중도(中都, 연경)를 점령한 후 얻은 뛰어난 인재였다. 그는 지식이 풍부하고 큰 뜻을 품었으며 유가 사상의 깊은 영향을 받았다. 하지만 칭기즈칸은 그를 전혀 중용하지 않았다.

여기에는 이유가 있었다. 첫째, 당시 몽골의 정부 조직은 완전한 틀을 갖추지 못했다. 둘째, 서방 원정은 군사행동이 주를 이루었기 때문에 야율초재 같은 정치가는 포부를 펼칠 기회를 얻지 못했다. 셋째, 야율초재가 공부한 치국평천하의 유학은 말을 타고 활을 쏘며 천하를 호령한 칭기즈칸에게는 너무 심오하고 어려운 학문이었다. 게다가 서방에서 이 학문은 쓸모가 거의 없었다. 그래서 칭기즈칸은 그를 천하를 평정한 후 기용할 예비 인재로 남겨두었다.

또한 그는 신하들에게 이렇게 말했다.

"내가 전에 다시는 살인과 약탈을 하지 않겠다고 말했는데, 천하에 이를 공표하는 것을 잊었구나. 지금 천하에 이를 공표하여 모두에게 알려라."

이는 아마도 서방 원정 시기에 벌인, 도가 넘는 살육에 대한 참회로 보인다. 이는 한무제의 '윤대 죄기조'와 유사한 조치로 볼 수 있다.

칭기즈칸의 삶은 피로 점철되어 있었다. 그의 본명은 테무친으로 몽골 귀족 집안 출신이었다. 하지만 1170년 아버지인 예수게이가 타타르인에게 독살당한 후 불우한 어린 시절을 보냈다. 어머니인 후엘룬은 칭기즈칸과 그의 동생들을 데리고 이곳저곳을 전전하며 아이들을 어렵게 키웠다. 그러나 어린 시절의 고난은 테무친이 강인하고 용감한 성격을 기르는 데 큰 힘이 되었다.

1196년 그는 금나라와 연합하여 타타르를 격파하고 금나라로부터 찰올홀로(察兀忽魯, 부족장)라는 관직을 받았다. 그는 10년 동안 각고의 노력 끝에 1206년 오논 강에서 후리러타이 대회를 소집해서 몽골 대칸의 자리에 오르고 스스로를 칭기즈칸이라고 칭했다.

그는 1207년부터 본격적으로 피비린내 나는 대외 전쟁을 전개했다. 그가 1209년까지 세 차례나 대규모 군대를 이끌고 서하를 침공하자 서하는 여자를 바쳐 화친을 청했다. 1211년에는 대군을 거느리고 남하하여 금나라를 공격한 끝에 1215년 금나라 수도 중도를 점령했다. 또한 요서遼西에서 금나라 수비군을 물리치고 북경(北京, 지금의 내몽골 영성寧城 서쪽)까지 점령했다. 1218년에는 서요西遼를 멸망시켰고, 1219년에는 호라즘 제국을 침공하고 주변의 여러 나라를 정복했다.

칭기즈칸은 항복한 자들은 너그럽게 대했지만 상대가 저항하면 모두 죽인 다음에 도시와 마을까지도 철저하게 파괴해버렸다. 중앙아시아와 유럽에서는 그가 정벌을 마치고 귀국할 때까지 역사상 보기 드문 살육과 파괴가 자행되었다.

그가 임종 전에 "살인과 약탈을 멈추라"는 조서를 내린 행동은 이미 죽은 사람들에게는 아무 의미가 없었지만 살아 있는 사람들과 그의 후손들이 안정적인 왕조를 구축하는 데는 대단히 중요한 의미를 지녔다. 그는 또한 자식들에게 제왕들이 범하기 쉬운 실수에 대해 경고했다.

"장수들이 잘못을 저질렀다고 해서 절대 독단적으로 처벌하지 마라. …… 내가 세상을 떠난 후에는 너희들이 함께 상의한 후에 법을 집행하라. 분노 같은 감정으로 죄를 벌하는 일은 없어야 할 것이다."

죽기 전에 후계자의 자리를 공고히 하기 위해 공신이나 명장들을 제거한, 다른 제왕들과 비교해보면 칭기즈칸의 이 말은 남다른 포용력을 보여준다.

그해 7월 12일 세계를 호령한 칭기즈칸이 마침내 숨을 거두었다. 일설에 따르면 그가 자신의 죽음을 알리지 말라고 당부하는 바람에

관을 호위하여 몽골로 돌아가던 장수들은 길에서 만난 사람들을 모조리 죽였다고 한다. 한편 그의 관을 싣고 가던 수레가 도중에 진흙에 빠졌는데, 아무리 애를 써도 꺼낼 수가 없었다. 이때 어떤 이가 칭기즈칸을 칭송하는 노래를 부르자 수레가 거짓말처럼 끌려나왔다는 일화도 있다.

칭기즈칸의 무덤 위치에 대해서는 지금까지도 의견이 분분하다. 그중 한 가지를 소개하면 하루는 칭기즈칸이 긍특산肯特山을 지나다가 큰 나무 한 그루를 가리키며 "내가 죽은 후에 저곳에 묻어달라"고 말했다고 한다. 몽골의 장례 풍습은 능침이 없고 관을 사용하지 않는 특징이 있었다. 그래서 신하들은 그 나무를 쪼개 안을 파내고 거기에 칭기즈칸의 시체를 넣은 다음 나무를 합쳤다. 그리고 금테를 둘러 땅속 깊은 곳에 매장했다. 이렇게 그는 죽은 후 자연과 하나가 되었다.

권력 싸움보다는 세계 정복이 우선

각종 사료를 보면 칭기즈칸의 네 아들은 모두 용맹하고 싸움에 능한 것으로 알려져 있다. 몽골 제국에서 이런 인물들은 군주의 풍모를 갖춘 것으로 여겨졌다. 1206년 칭기즈칸은 칸에 추대된 후 네 아들의 문제에 대해 심각하게 고민했다. 과연 누구를 자신의 후계자로 삼을 것인가?

칭기즈칸은 후계자 문제가 국가의 존망과도 밀접한 관련이 있음을 잘 알았다. 그는 이 문제를 해결하기 위해 장시간에 걸쳐 조금은 다른 각도와 방향으로 아들들을 지켜보았다. 그리고 최종적으로 오고타이를 후계자로 선정했다.

칭기즈칸은 인생과 꿈에 대해서 늘 아들들과 대화를 나눴다고 한다. 하루는 그가 아들들을 불러 이런 말을 들려주었다.

"지금은 내가 칸의 자리에 앉아 있지만 노력을 게을리 한다면 강산이 다른 사람 손에 넘어가고 국기는 짓밟힐 것이다. 너희들도 주색에 빠지지 말고 국가 대사와 이상에 대해 좀 더 고민하는 것을 인생 최대의 행복으로 삼아야 할 것이다."

그러고는 네 아들에게 각자가 생각하는 인생 최대의 행복에 대해 이야기해보게 했다. 장남 주치가 먼저 말했다.

"정성을 다해 가축들을 방목하여 살이 피둥피둥 찌고 튼튼하게 만들며, 오르두(Ordu, 유목민족의 왕족들이 기거하는 이동식 천막 궁전-옮긴이)를 지어 가족들이 편안하게 살면서 일할 수 있는 환경을 만드는 것이 제 인생에 가장 큰 행복입니다."

이어서 둘째 차가타이가 말했다.

"적들을 토벌하여 평정하고 완강하게 저항하는 적들은 잔인하게 죽이며 적들의 여인들을 통곡하게 만드는 것이야말로 저의 가장 큰 행복입니다."

셋째 오고타이가 말했다.

"아버지가 창건한 대업을 무사히 잇고 백성들이 이 나라에서 편안히 살게 하고 싶습니다. 나라를 질서정연하게 잘 다스려 노인들이 말년을 안락하게 보내고 젊은이들이 건강하게 자랄 수 있게 하는 것이 제 인생의 가장 큰 행복입니다."

막내 툴루이는 짧게 한마디만 던졌다.

"사냥이야말로 가장 행복한 일입니다."

칭기즈칸은 네 아들의 대답을 들은 후 큰 소리로 웃으며 마음속으로 하나하나 평가를 내렸다.

주치는 어려서부터 욕심이 없어서 군주의 재목이 아니다. 게다가 주색을 너무 좋아하여 나라를 다스리기는 어려울 듯하다. 차가타이는 성격이 광폭하여 피 보기를 좋아하니, 나라를 관리하기 어렵다. 오고타이는 지혜롭고 냉정하여 나라를 다스릴 밑그림을 그리고 있다. 준비된 자만이 기회를 잡을 수 있다. 툴루이는 재능은 뛰어나나 어려서부터 향락을 추구하여 대임을 맡기기는 어렵다.

그리고 칭기즈칸은 최종적으로 오고타이에게 이렇게 말했다.

"네 생각이 가장 훌륭해. 내 마음에 쏙 드는구나."

물론 칭기즈칸이 오고타이를 후계자로 삼은 것은 이 때문만은 아니었다. 주치와 차가타이는 원래부터 사이가 나빠서 만나기만 하면 싸우기 일쑤였다. 툴루이는 형제들과 별다른 충돌은 없었지만 혼자서 무난하게 지내는 타입이었다. 오직 오고타이만이 형제들 사이를 잘 도닥여 힘을 모으는 재주가 있었다.

칭기즈칸의 자식 교육을 한마디로 정리하면 바로 '단결'이었다. 그리고 네 아들 중 오고타이가 유일하게 이 가르침을 실현할 수 있었다. 칭기즈칸은 항상 단결이 곧 힘임을 강조하고, 단결하기만 하면 아무리 강대한 적도 너희들을 이길 수 없다고 말했다. 반대로 머리가 여러 개 달린 뱀처럼 각자 고집을 피우게 되면 실패만이 기다린다고 경고했다. 또한 단결에는 구심점이 필요하며, 나머지 사람들은 구심

점의 지시에 반드시 따라야 한다고 말했다. 이는 머리가 하나인데 다리가 여러 개인 지네가 자유자재로 움직이는 것과 같다고 덧붙였다.

이렇게 칭기즈칸이 후계자를 선택한 기준은 다른 제왕들과 확연히 달랐다. 그가 이처럼 단결과 협동을 강조한 진짜 이유는 다음과 같은 경험 때문이었다.

먼저 그와 동생 카사르 사이에는 모종의 위기가 잠재해 있었다. 다음으로 그의 권력은 몽골족이 신봉하는 발액교(勃額教, 몽골의 원시종교. 샤머니즘의 일종-옮긴이) 세력의 도전을 받고 있었다. 마지막으로 주치와 차가타이가 제위 계승 문제를 놓고 심각한 갈등을 빚었다는 점이다. 이런 문제들이 내재해 있었기 때문에 칭기즈칸은 단결을 강화하고 각 방면에서 협조하지 않으면 자신이 힘들게 일군 강산이 연기처럼 사라질까 걱정했다.

칭기즈칸이 오고타이를 후계자로 삼은 것은 현명한 선택이었다. 그가 평소 자식들에게 단결이 힘이라고 귀에 못이 박이게 들려준 가르침은 훗날 큰 역할을 하게 된다.

그가 죽은 후 오고타이, 구유크, 몽케로 이어지는 시대에 칸들은 가족 구성원들의 복종과 존경과 지지를 받았다. 특히 오고타이는 차가타이, 툴루이와 흉금을 터놓고 서로 존중하고 아끼는 마음을 가졌다. 오고타이가 중병에 들었을 때 툴루이는 자신의 목숨을 형의 건강과 바꾸어달라고 하늘에 기도를 올리기도 했다.

이슬람 역사가 주와이니가 쓴 《세계 정복자의 역사 The History of the World-Conqueror》 중에 칭기즈칸을 평가한 내용을 살펴보자.

"칭기즈칸의 자손은 1만 명이 넘었는데, 각자 자신의 직위와 군대와 재물을 소유했다. 그들은 일치단결하는 힘을 보여줬다. 형제끼리 서로를 어떻게 죽일지, 자식이 아버지를 어떻게 모해할지 싸우는 나라는 반드시 패배하고 정복당해 권력이 붕괴될 수밖에 없다. 그러나 칭기즈칸의 자손들은 칸의 자리를 이은 후계자와 서로 협력하고 지지하여 전 세계를 정복하고 적들을 철저하게 멸망시켰다."

한마디로 정곡을 찌르는 글이라고 할 수 있다.

오고타이, 아버지의 유지를 실현하다

칭기즈칸은 금나라와 철천지원수지간이었다. 아주 오래전에 칭기즈칸의 조상인 암바가이 칸이 금나라에서 나무 노새에 못 박혀 처형당한 이후로, 두 나라는 불공대천의 원수가 되었다. 이후에도 금나라 통치자들은 몽골족을 억압하고 착취하여 금나라에 대한 몽골의 원한은 뼈에 사무쳤다.

칭기즈칸은 1206년부터 금나라 공격을 준비하기 시작했다. 1211년 초에 그는 홀로 높은 산에 올라 그동안 금나라의 손에 억울하게 죽은 조상들의 원수를 갚게 해달라고 하늘에 기도를 올렸다. 그런 다음 그는 금나라 공격을 개시했다.

금나라를 공격한 6년 동안 칭기즈칸은 직접 군사를 이끌고 10여 차례의 전투를 지휘하여 수백만 명에 달하는 금나라 주력부대를 섬멸하고 국토의 절반을 공격하여 셀 수 없이 많은 전리품을 획득했다.

1217년 가을 칭기즈칸은 무칼리를 대장으로 임명해 금나라 공격의 진두지휘를 맡겼다. 금나라는 몽골의 공격에 대비해서 수십만 명의 주력부대를 동관 부근에 주둔시켜 힘을 집중했다. 그리고 2,000리가 넘는 황하의 물길을 네 방향으로 나누어 각각 20만 명의 정예병을 파견해 지키도록 했다. 그리하여 몽골과 금나라가 황하를 사이에 두고 대치하는 형국이 형성되었다.

칭기즈칸은 자신의 눈으로 금나라의 멸망을 꼭 지켜보고 싶었지만 죽음이 임박해서도 좋은 소식이 들려오지 않았다. 그래서 그는 임종 전에 금나라를 멸망시킬 유언을 남겼다.

이는 송나라와 연합하여 금나라를 멸하는 고급 전략이었다. 이를 위해서는 먼저 송나라와의 사이를 가로막고 있는 서하를 멸망시켜야 했다. 서하는 길을 막고 있는 장애물이자 금나라를 공격하느라 무방비해진 몽골로 언제 쳐들어올지 모르는 적이기도 했다.

몽골군은 서하의 도읍인 중흥부(中興府, 지금의 영하 회족자치구 은천銀川)를 반년 동안 포위하고 공격했다. 1227년 6월 서하는 몽골의 공세를 더 이상 견디지 못하고 항복하겠다는 의사를 밝혔다. 칭기즈칸은 그들의 요청을 받아들였다. 그런데 서하의 국왕이 당도하기도 전에 그만 칭기즈칸이 죽고 말았다. 그는 죽기 전에 아들과 대신들에게 이렇게 명했다.

"혹시 그들의 마음이 바뀔 수도 있으니, 내가 죽었다는 소식을 절대 먼저 알리지 마라. 서하에서 사람이 오거든 모두 죽여버려라."

그들은 서하의 말제末帝가 항복 문서를 들고 오자 그제야 대칸의 서거를 선포하고 말제를 죽인 다음 중흥부를 모조리 쓸어버렸다.

2년 후인 1229년 오고타이는 정식으로 칸의 지위에 올랐다. 이 후계자는 아버지의 유언에 따라 송나라에 길을 빌려 금나라를 멸하기로 했다.

이해관계가 맞아떨어졌던 쌍방은 금나라를 멸망시킨 후 하남 지방은 송나라가, 하북 지방은 몽골이 나눠 가졌다. 1234년 12월 몽골군이 채주蔡州를 함락하자 금나라 최후의 황제인 애종哀宗은 스스로 목을 매서 죽었다. 이로써 중국 북부 지역을 120년간 통치했던 금나라가 멸망을 고하며, 칭기즈칸의 '유언'이 마침내 실현되었다.

칭기즈칸이 금나라를 멸망시킨 전략을 자세히 분석해보면 그의 뛰어난 지혜를 엿볼 수 있다. 먼저 그는 몽골과 금나라의 전력에 대해 냉정한 판단을 내렸다.

1227년 당시 몽골과 금나라의 전력을 비교해보면 금나라의 주력부대는 수십만이 넘었지만 몽골군은 고작 13만에 불과해 수적으로 현격한 차이가 났다. 또한 금나라는 지리적으로 천험의 요새를 이루고 있었다. 서쪽으로는 1만 명의 사람으로도 깨기 힘든 동관이 있었고, 북쪽으로는 나는 새도 넘어갈 수 없는 황하가 버티고 있었으며, 국경 안은 산악지대가 이어져 있어서 지키기는 쉬워도 공격하기가 어려웠다. 칭기즈칸은 단기간에 금나라를 정면 공격하여 멸망시키는 것은 불가능하다는 결론을 내렸다. 그리하여 오고타이는 4년이 지난 1231년이 되어서야 만반의 준비를 갖추고 금나라 공격에 나섰다.

다음으로 칭기즈칸은 우회 전략을 채택했다. 오고타이는 이 계책에 따라 툴루이에게 주력부대를 이끌고 요충지인 동관을 돌아서 가게 했다. 보계寶鷄에서 한중으로 나가 남송의 관할 지역을 통과한 다음 강을 따라 내려가다가 당주와 등주를 거쳐 북상해 금나라 군대의 후방을 기습하는 작전이었다.

금나라는 적군의 기습에 다급히 황하와 동관을 지키는 주력부대 10만 명을 차출해 적을 막게 했다. 양군이 등주에서 맞닥뜨렸을 때 툴루이는 고작 군사 3만 명을 거느리고 있었다. 정면전으로는 승산이 없다고 판단한 툴루이는 먼 길을 달려와 피곤에 지친 금나라 진영에 기습공격을 감행했다. 이때 몽골의 선봉 부대는 후방 지원에 나서느라 전력이 약화된 동관을 점령하고 황하를 건너 곧장 변량汴梁으로 쳐들어갔다. 당황한 금나라 군대가 북쪽으로 철수하여 균주(鈞州, 지금의 하남서 우현禹縣) 삼봉산三峰山으로 달아날 때 두 길로 나뉘었다가 다시 모인 몽골군에게 겹겹이 포위되었다. 몽골군은 일부러 한쪽을 터놓고 금나라 잔당이 그쪽으로 도망가게 유도한 다음 그들을 추격해 섬멸해버렸다. 이후 몽골군은 승세를 타고 변경汴京을 포위했다.

우회 전략이 성공하기 위해서는 반드시 송나라의 도움이 필요했는데, 칭기즈칸은 송나라가 길을 빌려줄 것이라고 확신했다. 송나라는 금나라에 대한 원한이 매우 깊었기 때문이다.

일찍이 1126년 금나라는 북송을 멸망시키고 두 황제를 포로로 잡아갔다. 송나라는 큰 영토를 잃고 어쩔 수 없이 남쪽으로 쫓겨났다. 금나라는 이후에도 여러 차례 남하하여 남송을 공격하고 굴욕적인 화친과 조공을 바칠 것을 강요했다. 또한 그들은 북송 황제의 무덤을 아무나 파헤치도록 방관하여 송나라의 원성을 샀다. 1217년 남송이 서요와 연합해 금나라를 치려 하자 이에 분개한 금나라가 남송을 침공해 국토를 쑥대밭으로 만들었다.

남송과 금나라 사이의 원한 관계를 알고 있던 칭기즈칸은 이를 적절히 이용하기로 했다. 그는 남송에 길을 빌려 금나라 후방을 친다면 남송이 쌍수를 들고 환영할 것이라고 생각했다.

훗날 오고타이가 남송에 동맹을 제안하자 남송은 기뻐서 어쩔 줄 몰랐다. 남송은 몽골군에게 길을 빌려주었을 뿐 아니라 군사를 내주고 군량을 차출하여 금나라 후방 공격을 원조했다. 1233년 겨울 몽골군이 8개월이나 채주를 포위하고 공격했지만 성을 함락시키지 못해 곤란을 겪고 있었다. 이때 남송이 군사 2만과 군량미 30만 석을 지원하고 함께 채주 공략에 나섰다. 이듬해 1월 남송은 채주의 남쪽 성문을 뚫고 몽골군에게 길을 터주어 금나라를 멸망시켰다.

몽골과 금나라는 무려 24년간 대치하며 전쟁을 벌였다. 칭기즈칸이 직접 작전을 지휘한 기간은 7년에 불과했지만 전쟁의 승리는 전적으로 그의 전략을 따른 결과라고 말해도 과언이 아니다. 그는 웅대한 전략과 멀리 내다보는 식견으로 전쟁에서 승리의 마침표를 찍었다.

'장생천'의 영광과 몰락

마지막으로 몽골에 대한 의문점 한 가지를 풀어보도록 하자. 그들은 왜 전체 육지의 4분의 3이나 되는 땅을 정복했으며, 정복한 땅을 개미 새끼 한 마리 남기지 않고 쓸어버렸을까? 수많은 사람들이 그들의 발밑에서 고통받고 통곡했으며, 그들이 지나간 자리는 모두 폐허가 되어버렸다. 몽골군은 마치 허리케인처럼 모든 육지를 쓸어버려 전 세계인에게 공포의 대상이 되었다.

이는 사실 칭기즈칸이 신봉한 '장생천長生天' 신앙과 연관이 깊다. 장생천은 몽골족이 숭배한 최고의 대상이자 모든 권력의 근원이었다(몽골어로는 '텡그리Tengri'라고 부르며, '하늘'이란 뜻이다-옮긴이). 당시 몽골인들은 인간 세상에서 가장 신비하고 추상적인, 숭배의 대상인 '하늘'이 내린 존재를 찾아 자신의 충성을 바치고자 했다. 그리고 그 대상이 바로 칭기즈칸이었다.

칭기즈칸은 몽골의 우두머리가 된 후 장생천이 세상만사를 주재하며 자신의 모든 행동은 장생천의 의지를 따른 것이라고 생각했다. 그는 또한 자신을 장생천의 아들이자 장생천이 세상에 보낸 현신顯神으로 여겼다. 그리고 장생천이 자신을 세상에 보낸 이유에 대해서는 "신의 재앙을 실현할 자로 하늘이 너희들을 징벌하기 위해 나를 보냈노라!"라고 말했다. 이것이 곧 칭기즈칸이 사방으로 정벌을 나서게 된 굳건한 신조가 되었다. 장생천을 굳게 믿었던 칭기즈칸은 출정을 떠나기 전에 항상 높은 산에 올라 자신을 지켜달라고 하늘에 기도했다.

그의 후반생은 오로지 장생천을 위한 삶이었다. 그는 장생천의 이름으로 대륙을 종횡무진하고 수많은 인명을 살육했다. 그의 장생천 사상은 정치, 군사 방면에서 중요한 역할을 했고, 특히 후대에 결정적인 영향을 미쳤다. 그의 뒤를 이은 몽골 제왕들은 장생천 사상의 영향을 받아 사방으로 정벌전에 나섰고 나라를 다스리는 데 온힘을 기울여서 장생천이 인간 세상에 세운 정권을 공고히 하고자 노력했다. 이는 몽골 제국이 개인적인 쾌락을 위해 영토를 확장한 것이 아니라 영토 확장을 하늘이 내린 천직이자 소명으로 여겼음을 설명한다.

칭기즈칸은 후대에 금나라를 멸망시킬 책략을 남기고, 정벌과 싸움에 능한 지도자를 골라주었다. 하지만 그가 진정으로 남긴 것은 충실한 신앙과 단결이 바로 힘이라는 진리였다. 그가 남긴 유언이 후대의 앞길을 밝혀주는 밝은 등불이라고 한다면 유언의 행간에 드러난 장생천 신앙과 단결이 힘이라는 진리는 바로 해가 지지 않는 제국의 태양이라고 할 수 있다. 이 태양이 그의 후대를 비추어 아무 거리낌 없이 사방을 정복하게 했다.

그런데 이 방대한 제국은 왜 100년도 지나지 않아 완전히 사라지고 말았을까?

1276년 원元나라는 남송의 수도인 임안(臨安, 지금의 항주杭州)을 함락하고 중국 전역을 통일했다. 이때는 바로 원나라의 전성기를 이끈 세조世祖 쿠빌라이가 집권하던 시기로, 그는 중국을 통일한 후에도 쉼 없이 세력을 대외로 확장해나갔다. 그는 일본, 안남(安南, 지금의 베트남 북부), 미얀마, 고려 등지를 정벌하고 속국으로 삼았다.

쿠빌라이는 장생천 사상을 토대로 원나라를 세계 최강의 제국으로 만들었다. 그러나 그의 뒤를 이은 황제 때부터 원나라는 쇠락의 길을 걷기 시작했다. 그들에게는 더 이상 영토를 확장할 목적이나 이유가 없었던 것이다. 이는 "영웅은 적이 없을 때 가장 적막하고 외로운 법"이란 말에 딱 들어맞았다. 이로 인해 장생천 사상도 본래의 역할을 상실하고 말았다.

쿠빌라이 시기에 원나라는 경제적으로 매우 신속한 발전을 이루어 당시 세계에서 가장 부유한 나라로 성장했다. 하지만 목표의식을 상실한 그들에게 막대한 부는 안일한 생활을 즐기는 수단으로 전락했다.

　게다가 그들은 민족 차별 정책을 실시하는 우를 범했다. 원나라는 백성의 등급을 몽골인, 색목인(色目人, 서하·회흘回紇·서역 등지의 사람), 한인(漢人, 거란·여진·고려인), 남인(南人, 남송의 한족)의 넷으로 나눠 계급에 따라 차별대우를 했다. 이런 제도 하에서 지위가 가장 낮은 남인은, 몽골인과 색목인의 지배를 받았다. 이로 인해 원나라 통치 기간 내내 몽골의 폭정에 반대하는 한족과 남방 소수민족의 반란이 끊이지 않았다.

　원나라 통치자들은 물질이 풍족해지자 점점 사치스러운 생활에 빠져들었다. 이러한 사치와 무사안일로 인해 그들은 칭기즈칸이 중시한 '단결'을 까맣게 잊어버렸다. 결국 통치 세력 내부에서 정권 쟁탈전이 격화되어 1308년에서 1333년까지 25년이란 짧은 기간 동안 무려 여덟 명의 황제가 교체되는 대혼란을 겪었다.

　내·외부적인 불안 요소들이 잇달아 출현하여 원나라는 결국 패권을 잃고 말았다. 이는 어쩌면 칭기즈칸도 예측하지 못한 일이었는지 모른다. 애초에 그는 물질적인 조건이 완전히 갖춰지지 않은 상태에서 단결을 강조하고, 천하에 정복할 땅이 많이 남은 상황에서 진심으로 장생천을 숭배했다. 후대 황제들은 오히려 모든 조건들이 완벽하게 갖춰져 있었음에도 칭기즈칸의 유언을 전혀 실천하지 못했다. 이는 사람의 본성이란 환경의 제약에서 자유로울 수 없다는 논리로 이해하는 것이 가장 타당할 듯하다.

"짐은 천명을 받아 31년간 나라를 다스렸다. 마음속에 늘 걱정과 경계심을 가지고 매일 부지런히 일하며 태만하지 않아 백성들을 이롭게 하기 위해 힘썼다. 내 출신이 빈한하고 미천하여 옛사람의 너른 지식에 못 미치고, 선한 것을 좋아하고 악한 것을 싫어하는 마음 또한 그들만 못하다. 내 죽음은 태어나면 반드시 죽는 만물의 이치를 따르는 것이니, 절대 슬퍼하지 마라. **황태손 주윤문은 어질고 명철하며 효성스럽고 우애가 깊어 천하의 민심이 그에게로 향하니, 마땅히 제위에 오를 만하다.** 조정 안팎의 문무백관들은 한마음으로 정사를 보필하여 백성들을 편안하게 하라. 상례에 사용하는 기물들은 절대 금과 옥으로 만든 것을 쓰지 마라. 내가 묻힐 효릉 산천은 원래 지형 그대로 보존하고 절대 손대지 마라. 전국의 신하와 백성들은 사흘간 곡한 후에 모두 상복을 벗고, 장가들고 시집가는 데 전혀 방해받지 마라. **모든 왕들은 자신의 영지 안에서 통곡하고 절대 도성으로 들어오지 마라.** 봉국에 소속된 문무 관원과 병사들은 일률적으로 조정의 예법을 따르라." -《명사明史》〈태조본기太祖本紀〉

주원장朱元璋은 황제에 오른 지 23년째 되던 해에 비로소 후사를 준비하기 시작했다. 그의 방법은 공신들을 모두 숙청하고 동성왕同姓王에게 봉지를 나눠주는 것이었다. 이 농민 황제의 유언에는 모순되는 점이 상당히 많았다. 그가 선택한 후계자가 어질고 효성스럽다면서도 피의 숙청을 통해 각종 장애물을 제거했고, 또 후계자의 최대 라이벌인 연왕燕王을 내버려두는 실수를 저질렀다. 그는 죽기 전에 이 점이 마음에 걸렸는지, 유언에서 친왕들은 절대 경성으로 들어와 조문하지 말라고 분명히 밝혔다. 하지만 이는 결국 임시변통의 계책에 불과했다.

10장

가장 실패한 정치적 유언

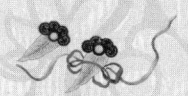

— 명나라 주원장 —

주씨 천하를 향한 꿈

홍무洪武 30년(1397년) 12월 주원장이 갑자기 병으로 쓰러졌다. 그해 그의 나이 이미 일흔이었다. 고대 중국의 속설에 따르면 일흔 살이 인생의 고비로 이 관문만 잘 넘기면 일흔일곱까지 무난하게 살 수 있다고 한다. 그러나 당시 이 고비를 순조롭게 넘긴 노인은 매우 드물었다. 주원장은 병상에 누워 있으면서도 이숙비李淑妃 생각이 머리를 떠나지 않았다.

이숙비는 이미 세상을 떠난 태자 주표朱標의 어머니로, 마황후馬皇后가 죽자 그녀가 육궁(六宮, 황후의 궁전과 부인 이하의 다섯 궁실-옮긴이)의 일을 대신 관장했다. 그녀는 사람됨이 명민하고 결단력이 있어 주원장의 내조자 역할을 충실히 수행했다.

홍무 25년(1392년)에 태자 주표가 병사하자 주원장의 넷째아들 주체朱棣는 제위를 도모하기 위해 이숙비를 자기편으로 끌어들이려 했다. 그러나 이숙비는 그의 제안을 완곡히 거절하며 말했다.

"저는 일개 비빈妃嬪에 불과해 할 줄 아는 것이라고는 황제를 위해 후궁의 일을 처리하는 것뿐입니다. 후계자 문제 같은 대사는 제 본분에 맞는 일이 아닙니다."

이 일로 주체는 체면을 크게 깎였고, 이숙비의 명성은 조정 안팎에 널리 퍼졌다. 주원장은 병상에서 그녀를 생각했다. 그는 이 사건을 생각한 것이 아니라 당고종의 부인 무씨를 떠올렸다.

주원장은 측천무후에게 당나라 천하를 빼앗긴 일을 재연하고 싶지 않았다. 16년 동안 각고의 노력 끝에 명明나라를 창건하고, 또 30

년이란 세월 동안 나라를 정비하여 이제 주씨 천하의 기반을 다져 놓았는데, 이것이 다른 사람의 손에 넘어간다는 것은 상상조차 하기 싫었다.

죽을 날이 멀지 않았음을 직감한 주원장은 이숙비의 두 오빠를 저녁 식사에 초대했다. 그들은 두려움에 벌벌 떨었다. 이때 세간에는 주원장이 중병에 걸려 오늘내일 한다는 소문이 쫙 퍼져 있었다. 이런 시기에 그들 형제를 초대했다는 것은 결코 좋은 일이 아니었다.

그들이 편전에 도착하자 기운이 전혀 없어 보이는 노 황제가 의자에 앉아 있고, 곁에는 자신들의 여동생인 이숙비가 그를 모시고 서 있었다. 주원장은 그들이 온 것을 보고 자리를 내어주며 낮은 목소리로 이숙비에게 속삭였다.

"네가 나를 따른 지 10여 년은 되었겠구나!"

이숙비가 고개를 끄덕였다. 주원장도 천천히 고개를 끄덕이며 말했다.

"그동안 네가 고생이 정말 많았다. 지금 네 오빠들을 만났으니, 골육의 정을 다 풀도록 하라."

이숙비는 황제가 자신에게 죽음을 명하리란 것을 알아차렸다. 그녀는 무릎을 꿇고 울면서 말했다.

"신첩에게 그냥 죽음을 명하시면 될 것을, 어찌 오라비들을 보라 하십니까!"

그러더니 그녀는 자기 방으로 들어가 문을 걸어 잠그고 목을 매서 자살했다.

사람들이 그녀의 시체를 주원장 앞에 대령하자 그는 시체를 껴안고 통곡하며 두 오빠에게 이렇게 해명했다.

"짐은 너희들의 동생이 현명하다는 것을 모르는 바 아니다. 다만 훗날 그녀가 무씨의 화를 재연할까 걱정되어 괴롭지만 이런 결정을 내린 것이다. 너희들은 절대 짐을 배은망덕하다고 여기지 마라."

그들은 간이 콩알만 해져서 이 냉혈 군주에게 감히 아무런 말도 하지 못했다. 도리어 그들은 머리를 조아려 은혜에 감사하고 황제의 영명함을 칭송했다.

인성적인 측면에서 봤을 때 그의 행동은 분명 사람의 도를 넘어섰다. 그러나 명나라의 입장에서 보면 그의 냉혈한 같은 행동은 정당방위라고 부를 수 있었다. 그는 일생 동안 오직 '주씨 천하'라는 네 글자를 위해 분투했다. 그는 이 네 글자만 지킬 수 있다면 어떠한 대가도 아까워하지 않았다. 이숙비를 죽이기 전에도 그는 이미 이 네 글자 때문에 너무 많은 일을 저질렀다.

다음의 일화를 한 번 살펴보자. 주원장은 등극 초기에 포강浦江에 '천하제일가'라는 칭호를 얻은 명문가가 있다는 소문을 들었다. 가족이 화목하고 10대가 함께 모여 살아 현지에서는 그들을 '의문義門'이라고 불렀다. 주원장은 사람을 보내 그 가족과 그 가족의 가장인 정겸鄭謙을 경성으로 초청했다.

주원장이 집안에 식구가 모두 몇이나 되는지 묻자 정겸은 1,000명이 조금 넘는다고 대답했다. 주원장은 그들을 크게 칭찬하며 말했다.

"1,000명이 함께 거주하고 살아가면서 한마음 한뜻으로 뭉치기가 쉽지 않은 법인데, 정말 대단한 집안이구나. 천하제일가란 명성에 전혀 손색이 없도다!"

그리고 그는 그들에게 큰 상을 내렸다.

그런데 마황후가 이 일을 전해 듣고 주원장에게 말했다.

"폐하께서는 혼자의 몸으로도 거사를 감행해 천하를 얻으셨는데, 1,000명이나 되는 정겸의 가족이 거사에 뜻을 둔다면 더 쉽지 않겠습니까?"

이 말에 주원장은 자신이 깜빡한 점을 깨닫고 정겸을 죽일 마음을 먹었다. 이에 그를 다시 불러 물었다.

"네가 집안을 이토록 잘 이끌게 된 비결은 무엇이냐?"

정겸은 재앙이 턱밑까지 닥친 줄도 모르고 미소를 지으며 대답했다.

"특별한 비결은 없습니다. 마누라의 말만 듣지 않으면 됩니다."

주원장은 이 말을 듣고 껄껄 웃으며 그를 집으로 돌려보냈다.

정겸의 솔직한 답변이 그와 그 가족들의 목숨을 살렸지만 주원장은 주씨 천하에 해가 될 만한 것은 아무리 사소한 것이라도 절대 그냥두지 않았음을 알 수 있다. 한편 마황후가 그때까지 살아 있었더라면 이숙비에 대한 주원장의 처사로 볼 때 그녀 역시 이숙비와 똑같은 운명에 처하지 않았을까 상상해본다.

주원장은 황제에 오른 뒤 오직 주씨 천하가 영원히 지속될 수 있도록 만전을 기했다. 특히 그의 후계자가 이런저런 결점이 많았기 때문에 한 치의 오차도 절대 용납하지 않았다.

손자를 후계자로 세운 이유는?

주원장은 엉뚱한 방식으로 후계자를 골랐다. 아들을 제쳐놓고 손자를 선택한 것이다. 물론 그의 정신 상태에 이상이 생겼던 것은 아니고 이 결정은 당시의 주변 환경과 밀접한 관련이 있었다.

주원장은 홍무 25년 4월 자신의 기대를 한 몸에 받았던 태자 주표가 병사하자 매일 밤을 눈물로 지새웠다. 고심 끝에 선택한 후계자가 사라졌으니, 주씨 천하의 미래를 어찌한단 말인가. 예순다섯 고령이었던 그는 몸 상태가 부쩍 나빠진 것을 느끼고 죽을 날이 가까이 다가왔음을 깨달았다.

시간이 별로 없었던 그는 그해 대신들과 후계자 문제를 다시 상의했다. 이때 누군가 넷째 아들인 연왕 주체가 가장 적합한 인물이라고 추천했다. 주원장은 이 아들에 대해 생각해보았으나 오랫동안 북방 변경에 내보낸 터라서 거의 만나보지 못해 기억이 가물가물했다. 다만 자신과 너무 닮아 결단이 빠르고 냉혹하다는 점은 잘 알고 있었다. 확실히 몸에 자신의 피가 흐르는 아들이었다.

하지만 주원장은 주체에 대한 확실한 믿음이 없었다. 또한 그는 신경이 날카롭고 의심이 많은 사람이라서 대신들이 주체를 아무리 좋게 평가해도 그의 마음을 움직일 수는 없었다. 그렇다고 해서 그에게 마음 놓고 이승을 떠날 정도로 믿을 만한 아들이 있었던 것도 아니었다.

그래서 그는 대신들에게 주체를 태자로 삼는 문제를 은근슬쩍 던져보았다. 그러자 한림학사翰林學士 유삼오劉三吾가 절대 불가하다며 반대하고 나섰다. 그는 넷째를 태자로 임명하면 형들의 입장이 어떻게 될지 생각해보라고 건의했다.

당시 주원장은 아들들에게 모두 봉지를 내리고, 둘째, 셋째, 넷째를 각각 진왕秦王, 진왕晉王, 연왕에 봉했다. 이들의 봉지는 모두 국경 요충지에 있었는데, 후계자 문제로 이들이 서로 손을 잡고 다투어 내홍이 일어난다면 심각한 결과를 초래할 것이 뻔했다.

유삼오의 논리정연한 말에 주원장은 고개를 끄덕이고 깊은 생각에 잠겼다. 이때 갑자기 그의 머리에 옛날 일 하나가 떠올랐다.

홍무 9년(1376년) 섭백거葉伯巨라는 관원이 상소를 올려 주원장의 정책 중 세 가지가 크게 문제가 있다고 지적했다. 첫째는 과다한 분봉이고, 둘째는 잔혹한 형벌의 남발이며, 셋째는 천하를 너무 성급하게 다스리려 한다는 것이었다. 주원장은 이에 대로하여 그를 옥에 가두고 굶겨 죽였다.

사실 주표도 주원장의 강압적인 정책에 반대를 표시했다. 그는 걸왕과 주왕 같은 임금 밑에 걸왕과 주왕 같은 백성이 나온다고 말했다. 그때까지도 주원장은 문제의 심각성을 의식하지 못하고 주표를 불러 가시가 가득 박힌 몽둥이를 손에 쥐어보라고 했다. 주표가 주저하며 어쩔 줄을 모르자 주원장이 말했다.

"가시가 많으니, 쥐기 어렵지 않느냐. 내가 너를 위해서 가시를 모두 제거해주겠다. 내가 죽이는 자들은 모두 훗날 네가 황제가 되는 데 위협이 되는 사람들이다."

그러나 주원장은 주표도 죽고 백발이 성성해지자 강압적인 정치로는 왕조를 안정시킬 수 없음을 깨달았다. 이는 나라의 기강을 바로잡는 초창기에나 필요하며, 자신의 뒤를 잇는 황제는 '인의'를 기치로 내걸어야 한다고 생각했다. 자신과 꼭 닮은 주체가 황제가 되면 강산이 피바다로 물들지 않을까 걱정스러웠다.

바로 이런 고민들 때문에 주원장은 아들을 제쳐두고 1392년 9월 주표의 차남인 주윤문朱允炆을 황태손으로 임명했다(주표의 장남은 요절했다).

주윤문은 주씨 집안에서도 별종에 속했다. 그는 아버지처럼 본성이 착하고 효성스러우며 우애도 깊었다. 이후 명나라에는 그처럼 인자한 황제가 나타나지 않았다. 그가 열네 살 때 아버지가 몸에 큰 혹이 나는 중병에 걸려 몹시 괴로워했다. 주윤문은 이런 아버지를 성심성의껏 모시며 밤낮으로 곁을 지켰다. 아버지가 세상을 떠난 후에는 어린 세 동생의 음식과 기거를 꼼꼼히 살피며 보살펴주었다. 훗날 주원장이 병에 걸렸을 때도 곁에서 시중을 들며 잠도 제대로 자지 못했지만 불평 한마디하지 않았다.

주원장은 주윤문의 이런 유약한 성격 때문에 시종 마음을 놓지 못했다. 그는 주표가 태자로 있을 때 호유용胡惟庸에게 모반죄를 씌워 죽였던 것처럼 홍무 26년(1393년)에 '남옥藍玉의 옥獄'을 일으켰다. 나라에 큰 공을 세운 남옥이 권세를 믿고 날로 횡포가 심해지자 금의위錦衣衛 관원이 모반 혐의로 그를 고발했다. 황제가 행차할 때 암살을 모의했다는 것이었다. 이에 주원장은 남옥을 사형에 처하고 그의 삼족을 멸했다. 그와 연루되어 목숨을 잃은 자가 무려 1만 5,000명이나 되었다.

1380년에 일어난 '호유용의 옥'과 이를 합쳐서 '호람胡藍의 옥'이라고 부르기도 한다. 이들의 옥사 사건 후 개국 이래의 공신과 장수들이 거의 제거되어 명나라 황제의 독재권이 더욱 강화되었다. 주원장은 공신들을 죄다 죽이고 아들들도 멀리 변방으로 내보낸 후에야 뒷일에 대해 비로소 한숨을 돌렸다.

실패로 돌아간 유언

주원장은 이숙비를 죽음으로 내몬 후 어의의 도움으로 몸이 한결 좋아졌다. 이듬해 정월 그는 남쪽 교외로 나가 천지에 성대하게 제사를 올렸다. 그리고 정사를 처리하는 데 있어서도 전보다 더욱 부지런해졌다. 1월 말에는 신하를 산동과 하남에 파견해서 경작을 감독하게 했고, 2월에는 왜구가 영해寧海를 침범하자 지휘사指揮使 도탁陶鐸에게 섬멸하게 했다. 하지만 몸에 다시 이상이 생겨 5월 8일에 끝내 병으로 쓰러졌다.

처음에는 억지로 아픈 몸을 이끌고 국사를 처리하며 전처럼 좋아지길 기대했다. 그러나 바람대로 몸이 호전되기는커녕 오히려 악화되고 말았다. 그가 세상을 떠나기까지 한 달도 채 남지 않은 시점이었다. 그럴수록 그의 성격은 점점 더 흉포해져 곁에서 그를 모시는 내시들이 하루가 멀다 하고 목이 달아났다.

6월 24일 일흔한 살의 노황제는 서궁西宮의 침상에서 영원히 숨을 멈추며 피비린내 나는 강압 통치에 종지부를 찍었다. 임종 전 그는 모든 후궁을 함께 순장殉葬하라고 명하고, 장미인張美人만 네 살 난 딸 보경공주寶慶公主를 키우라며 살려두었다. 그리고 그는 다음과 같은 유언을 남겼다.

"짐은 천명을 받아 31년간 나라를 다스렸다. 마음속에 늘 걱정과 경계심을 가지고 매일 부지런히 일하며 태만하지 않아 백성들을 이롭게 하기 위해 힘썼다. 내 출신이 빈한하고 미천하여 옛사람의 너른 지식에 못 미치고, 선한 것을 좋아하고 악한 것을 싫어하는 마음 또한 그들만 못하다. 내 죽음은 태어나면 반드시 죽는 만물의 이치를 따르는 것이니, 절대 슬퍼하지 마라. 황태손 주윤문은 어질고 명철하며 효성스럽고 우애가 깊어 천하의 민심이 그에게로 향하니, 마땅히 제위에 오를 만하다. 조정 안팎의 문무백관들은 한마음으로 정사를 보필하여 백성들을 편안하게 하라. 상례에 사용하는 기물들은 절대 금과 옥으로 만든 것을 쓰지 마라. 내가 묻힐 효릉孝陵 산천은 원래 지형 그대로 보존하고 절대 손대지 마라. 전국의 신하와 백성들은 사흘간 곡한 후에 모두 상복을 벗고, 장가들고 시집가는 데 전혀 방해받지 마라. 모든 왕들은 자신의 영지 안에서 통곡하고 절대 도성으로 들어오지 마라. 봉국에 소속된 문무 관원과 병사들은 일률적으로 조정의 예법을 따르라."

그는 주윤문이 제위를 순조롭게 계승할 수 있도록 유언에서 두 가지 조항을 규정했다. 첫째는 여러 왕들이 말썽을 일으킬까 염려되어 경성으로 조문 오는 것을 불허했고, 둘째는 봉국의 관원들을 모두 조정에서 관할하게 했다.

그러나 이미 때는 늦고 말았다. 그가 죽기 전 가장 걱정했던 일이 몇 달 후에 일어나서 그의 계책은 결국 물거품으로 돌아갔다.

건문建文 원년(1399년) 7월 연왕 주체는 황제 주윤문이 보낸 신하를 참수하고, 주원장이 《황명조훈皇明祖訓》에서 말한 "조정에 바른 신하가 없고 궁에 간악한 무리들이 득실하면 반드시 군사를 일으켜서 그들을 토벌해 군주 곁을 깨끗이 하라"는 명분을 내세워 군대를 이끌고 도성인 남경南京으로 진격했다. 3년 후 주체는 남경을 함락시키고 황제가 되었다.

그렇다면 주원장은 친왕의 세력이 강대해져서 자신의 후계자를 위협할 줄 알면서도 왜 그들을 왕으로 봉한 것일까?

공신의 제거, 친왕의 득세

주원장은 황제에 등극한 지 3년째 되던 해에 공신들에 대한 논공행상을 진행하여 열 명을 공작公爵에 봉하고, 28명을 후작侯爵에 봉했다. 또한 그들에게는 단서철권(丹書鐵券, 공신을 표창하던 문권文券과 쇠로 만든 표지로, 면죄부 역할도 했다-옮긴이)을 하사하여 공적을 치하했다. 이에 사람들은 황하가 작은 강줄기로 변하고 태산이 돌멩이처럼 작아져도 자신이 받은 봉작은 자손대대로 물려줄 수 있을 것이라 생각했다. 그러나 기대도 잠시, 고작 몇 년 만에 주원장은 공신들을 제거하기 시작했다.

《명사》〈공신세표功臣世表〉에 따르면, 주원장이 봉작을 내린 공신은 총 59명이다. 홍무 25년에 봉작을 내렸다가 바로 삭탈한 공신하나를 제외하면 나머지 58명은 모두 홍무 23년(1390년) 전에 하사한 것으로 그 이후에는 누구에게도 봉작을 내리지 않았다. 하지만 그들 대다수는 '호유용의 옥'과 '남옥의 옥'에 직간접적으로 연루되어 처형당해서 실질적으로 살아남은 공신은 몇 명 되지 않았다.

홍무 31년(1398년)에 주원장이 세상을 떠나기까지 공신 중에는 장흥후長興侯 경병문耿炳文과 무정후武定侯 곽영郭英이 생존해 있었지만 거의 죽은 목숨이나 마찬가지였다. 이처럼 공신들 대부분은 주원장의 칼에 목이 달아났다.

처음에 주원장이 신속하게 공신들에게 봉작을 내린 것은 당시 정세와 밀접한 관련이 있었다. 국가 설립 초기에 군주는 여러 가지 난처한 문제에 봉착하기 마련이다. 당시 각지의 농민군 세력이 여전히 건재했고, 북쪽으로 쫓겨난 원나라 잔당들은 호시탐탐 중원을 침범할 기회를 노렸다.

이런 난관들을 타파하고 나라의 기반을 다지기 위해서는 신하들의 도움이 절실히 필요했다. 또한 이들 공신들은 자신을 따라 전국을 누비며 숱한 공을 세웠으므로 인정상으로도 봉작을 내리는 것이 마땅했다.

그러나 이로 인해 공신들은 정치적(권력 남용), 경제적(넓은 토지와 수많은 소작농 소유), 법률적(면책특권) 특권을 마음껏 누리게 되었다. 주원장은 이를 견제하기 위해 다양한 방법을 시도했으나 그다지 신통한 효과를 발휘하지 못했다. 그래서 결국 그는 공신들을 모두 주살하는 카드를 꺼내든 것이다.

주씨 천하를 천년만년 이어가기 위해 주원장은 먼저 중앙집권을 강화하고 군정 대권을 황제 일인에게 집중시켰다. 그리고 황실의 역량을 강화하는 방법으로 아들들에게 땅을 떼어주고 왕으로 봉했다. 그는 신하들에게 이렇게 말했다.

"넓은 영토를 다스리려면 반드시 변방에 병영을 세워 위로는 나라를 보호하고 아래로는 백성들의 생활을 안정시켜야 한다. 지금 짐의 아들들이 장성하여 봉작을 내려야만 하니, 그들에게 땅을 나눠주고 다스리게 할 것이다."

그는 주나라의 봉건제를 부활하여 황실의 힘을 키워야만 명나라가 면면히 이어질 수 있다는 결론을 내렸다. 또한 그는 송나라의 멸망 원인을 번왕을 봉하지 않은 데서 찾았다.

처음에 그는 둘째 아들부터 열째 아들까지 친왕으로 봉했다. 주체는 연왕에 봉해져 원나라 수도였던 북경에 주둔했다. 훗날 그는 총 스물네 명의 아들과 손자 한 명을 친왕으로 봉하고 전국 각지의 요충지에 각각 배치했다. 그들은 자신의 봉지에 왕부王府를 세우고 관아를 설치하여 일정한 군사권과 행정권을 가졌다.

변방에 분봉된 친왕들은 주로 몽골의 침입을 방어하는 중임을 맡았기 때문에 많은 군사들을 거느렸다. 북경의 연왕 주체는 군사 10만을 소유했고, 대녕大寧의 영왕寧王 주권朱權은 8만의 군사를 거느렸다. 그들은 성을 축조하고 둔전屯田을 개간하며, 장병들을 훈련시키고 요해처要害處를 순시하며, 무기를 제조하고 감독하는 임무를 맡았다.

그중 연왕은 여러 차례 국경을 넘나들며 원나라의 잔여 세력을 대파하는 공을 세워 사람들의 명망을 얻었다. 그는 군중의 장수들을 직접 지휘 통솔하고 군중 대사는 조정에 보고했지만 사소한 일은 스스로 결정을 내렸다. 그가 명성을 날리게 되자 인재들이 끊이지 않고 그를 찾아와 세력이 점점 팽창해 중앙 정권을 위협하는 상황에까지 이르렀다.

홍무 9년에 산서山西 평요平遙의 섭백거가 상소를 올려 친왕에게 분봉한 폐단을 지적하고 조만간 세력이 방대해져 쉽게 건드릴 수 없게 될 것이라고 예견했다. 주원장은 섭백거가 황실 사이를 이간질한다고 크게 화를 내며 옥에 가둬 죽여버렸다.

섭백거는 죽었지만 그의 말은 주원장의 귓가에 계속 맴돌았다. 훗날 주원장은 분봉 제도를 일부 개혁하여 번왕의 정치권력을 축소해버렸다. 그러나 변방의 적들을 상대해야 했기 때문에 그들의 군사권에는 손을 대지 못했다.

공신들이 제거된 후 국경 수비와 출정 임무는 모두 변방을 지키는 번왕들에게 돌아갔다. 결국 그들은 막강한 군사력을 기반으로 주원장이 선택한 후계자를 위협하는 국면을 형성했다.

그러자 주윤문이 당시 스승이었던 황자징黃子澄에게 물었다.

"폐하께서 안 계시면 제가 그 자리를 대신해야 하는데, 친왕들이 저보다 연장자이고 막강한 군대까지 거느리고 있으니, 막을 방법이 없겠습니까?"

황자징은 한나라 경제가 번왕들의 권력을 박탈한 이야기를 들려주었다. 하지만 주윤문은 그로 인해 '오초칠국의 난'이 일어났던 것을 상기하며 더 좋은 방도를 찾고자 했다.

하루는 주원장이 그에게 말했다.

"내가 이미 외적을 막는 중임을 네 삼촌들에게 맡겼으니, 너는 걱정할 것이 없다."

그러자 그가 반문했다.

"외적이 분수를 모르고 날뛰면 숙부들이 막으면 되는데, 숙부들이 들고 일어나면 어떻게 합니까?"

주원장은 한참 동안 아무 말도 못하다가 겨우 입을 열었다.

"네 말뜻은……."

"먼저 덕으로 감화시키고 예법으로 타이르는데 이를 따르지 않는다면 숙부들의 봉지를 삭탈하고, 이를 거부하면 번왕의 지위를 박탈할 것이며, 이마저 듣지 않는다면 군대를 보내 토벌할 것입니다."

순간 주원장의 얼굴이 밝아지며 흡족한 듯 칭찬했다.

"그래! 그것이 정말 좋은 방법이구나."

이후 주원장은 주윤문에게《황명조훈》이라는 책을 하사했다.

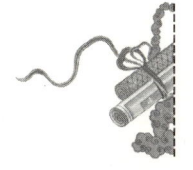 무용지물이 된《황명조훈》

《황명조훈》은 치국의 도를 전하는 황실의 가훈으로, 주원장은 명나라가 영원히 지속되길 바라는 마음에 이 책을 편찬했다. 그렇다면 이 책에는 과연 어떤 내용들이 담겨 있을까?

요약해보면 대충 다음과 같다. 첫째, 중서성中書省과 승상 제도를 폐지하고 황제가 직접 정무를 다스려라. 둘째, 조선, 일본을 포함한 주변 15개 나라를 공격하는 대외 확장 정책을 중지하라. 셋째, 제위는 아버지가 죽으면 아들이 잇고, 자식이 없다면 동생에게 양위하라. 넷째, 황제는 몸가짐을 조심하고 국정을 신중하게 처리하고 제사 지내는 날을 엄격히 지켜라. 다섯째, 출입할 때 주의하고 후궁들을 조심하며 환관의 내정간섭을 금지하라. 여섯째, 황제와 친왕의 관계에 있어서 황제가 먼저 예를 다하여 친왕의 지위를 격상시켜주고, 친왕은 군대를 훈련시켜 명을 기다리다가 천자의 조서를 받으면 즉시 간악한 무리를 처단하라. 신하와 백성들은 친왕을 존중하고, 풍헌관(風憲官, 법도와 기율을 감찰하는 관리-옮긴이)은 사소한 잘못으로 친왕을 고발하지 마라. 친왕이 만약 중죄를 범했다면 황족과 내관을 보내 궁으로 부르고, 죄가 아무리 커도 서인으로 강등하는 형벌 이상을 가하지 마라. 일곱째, 예의와 전장(典章)에 필요한 규정을 만들라.

주원장은 주윤문에게 이 책을 건네며 자신이 이미 규정해놓은 것이 있기 때문에 친왕에게 너무 심하게 굴지 말라고 당부했다. 또한 그는 이 책에 이미 정해진 법도를 한 자도 바꾸지 말라고 경고했다.

하지만 주윤문은 황제에 오른 후 주체의 세력이 자신을 위협할 정도로 막강해지자 결국 할아버지의 훈계를 따르지 않았다. 그는 등극하자마자 봉지 삭감을 시도했다.

그러나 주체도 이를 빌미로 "조정에 간신이 있으면 친왕이 군사를 일으켜 그들을 처단하라"는 주원장의 유조를 내걸고 반란을 일으켜 제위를 찬탈했다.

주체는 황제에 오른 후 자신의 일을 거울삼아 친왕의 세력 확장을 막기 위해 봉지 삭감에 나섰다. 그리하여 선종宣宗 대에 이르러서는 황실 종친에 대한 통제가 더욱 강화되었다. 변방에 주둔하고 있는 친왕들의 입조가 금지되었고, 종실들을 더 이상 친왕으로 임명하지 않아 함부로 성을 나갈 수 없게 했다.

사실 주원장은 주윤문에게 《황명조훈》을 내리면서 그가 이를 거스르지 않을까 하는 걱정을 완전히 덜지는 못했다. 주원장은 친왕의 지위를 높여주었으니, 만족한 그들이 대역무도한 짓은 저지르지 않을 것이라고, 그러니 먼저 손을 쓸 필요는 없다고 말해주고 싶었다.

주원장이 이런 생각을 가지게 된 이유가 있었다. 그가 봉한 여러 친왕 가운데는 막강한 세력을 구축한 이가 세 명 있었다. 서안西安을 지키는 둘째 아들 진왕秦王 주상朱樉과 태원을 지키는 셋째 아들 진왕晉王 주강朱棡, 그리고 북경을 지키는 넷째 아들 연왕 주체가 바로 그들이었다.

표면적으로 보면, 그들은 각자 요지를 지키며 서로 아무 관계도 없어 보인다. 하지만 지도를 펴놓고 이 세 아들이 주둔한 지역을 살펴보면 서로 견제하는 형세임을 알 수 있다. 당시 명나라 도읍은 남경에 있었는데, 셋 중 누구 하나가 남하하면 나머지 둘이 즉시 출격해 남하하는 길을 막을 수 있었다. 주원장이 번왕들에 대해 안심했던 것은 바로 이런 상호 견제가 가능했기 때문이다.

하지만 이 기대가 무너지는 사건이 발생하고 말았다. 홍무 28년(1395년)과 31년에 진왕秦王과 진왕晉王이 잇달아 병사하고 만 것이다. 진왕秦王의 죽음이 주원장에게 슬픔으로 다가왔다면, 진왕晋王의 죽음은 한마디로 공포나 다름없었다. 두 친왕이 죽자 연왕 주체는 견제 세력이 사라져 최고의 실력자로 급부상했다.

주원장은 이에 대한 조치를 취해야 했지만 이미 때는 늦고 말았다. 그래서 죽기 전에 "친왕들은 도성에 들어와서 조문하지 말라"는 임시 조치를 취하는 것이 고작이었다. 그 역시 이 조치가 황태손을 지키기에는 역부족이라고 생각하지 않았을까.

주원장은《황명조훈》이 후대에 큰 영향력을 발휘할 수 있기를 바랐다. 그러나 그의 바람은 최악의 상황으로 흘러갔다. 이 책은 명나라 황실을 안정시키지 못했을 뿐 아니라 도리어 화근이 되고 말았다.

패배가 정해진 싸움

먼저 당시의 형세를 살펴보면 주윤문은 확고히 다져진 중앙집권 국가의 군주였고 주체는 일개 번왕이었을 뿐이다. 군주가 개전 명령을 내리면 전 제국의 시스템이 한꺼번에 발동하지만 주체가 움직일 수 있었던 것은 그가 장악한 30만 군사와 전 국토의 30분의 1을 차지한 북경밖에 없었다. 게다가 주체는 대의명분이 없었으므로 주윤문이 실패할 확률은 거의 없어 보였다. 그러나 결과는 주윤문의 패배로 끝나고 말았다.

그 원인 중 가장 중요한 것은 주윤문이 주원장의《황명조훈》을 따르지 않고 번왕의 봉지를 삭감했기 때문이다. 이는 친왕에게 싸움을 먼저 건 것이나 마찬가지였다. 친왕들은 모두 그가 큰 실수를 저지르고 있다고 생각했다. 한편 조정 대신들도 삼촌과 조카의 싸움에 냉담하게 반응하며 그저 자기 한 몸을 보존하는 데 급급했다. 어느 대신은 상소를 올려 이는 순전히 황제가 독단적으로 결정한 조치라며 비난하기도 했다. 그밖에도 그는 "먼저 약한 번왕의 봉지를 삭감하고 나중에 강한 번왕의 봉지를 삭감하는" 전략적 실수를 범했다.

주윤문의 근본적인 목표는 주체의 세력을 약화시키는 것이었지만 오히려 세력이 약한 다섯 왕의 봉지를 먼저 삭감함으로써 주체에게 모반을 일으킬 시간을 벌어주었다. 건문 원년 7월에 주체는 완벽한 준비를 마치고 군사를 일으켰으나 주윤문은 그제야 허겁지겁 대응에 나섰다.

두 번째 실수는 주윤문의 유약한 성품에서 기인했다. 경병문이 군사를 이끌고 정벌에 나설 때 그는 자신은 숙부를 죽였다는 오명을 뒤집어쓰고 싶지 않다고 말했다. 이는 연왕의 목숨을 해치지 말라는 것과 다를 바 없었다.

주체는 이 점을 잘 활용해서 일단 위급한 상황이 발생하면 주윤문의 명이라고 경고하고 상대가 머뭇거리는 사이에 위기를 벗어났다. 동창東昌 전투에서 주체는 대패를 당해 군사들이 거의 전멸하고 목숨이 경각에 달리는 위기를 맞이했다. 하지만 장수들은 황제의 엄명 때문에 감히 그를 쫓아가 죽이지 못했다. 결국 주체는 관군들이 빤히 지켜보는 가운데 유유히 포위망을 빠져나갔다. 이 전투에서 주윤문의 명령만 없었더라면 주체는 어쩌면 이 세상 사람이 아니었을지도 모른다.

또한 주윤문은 황궁에서만 자라 정치적 경험이 전무했고, 나이도 너무 어렸다. 주원장의 가르침을 받긴 했지만 실전 경험이 너무 적었고 여인네 같은 여린 성격은 사회 경험이 풍부한 주체의 상대가 되지 않았다.

마지막으로 주윤문은 이경륭李景隆을 기용하는 실수를 범했다. 그는 병법을 모르는데다가 쓸데없이 자존심만 강해 유능한 장수를 모두 내쳐버렸다. 싸우는 족족 주체의 군대에 패한 그는 주체가 남경까지 밀고 내려오자 적과 내통하여 성문을 활짝 열고 적군을 맞아들였다. 이로 인해 결국 남경이 함락되고 말았다.

이렇게 주체가 남경으로 곧바로 진격할 수 있었던 것도 모두 주윤문이 그에게 기회를 주었기 때문이다. 주윤문은 《황명조훈》의 가장 중요한 조항을 어겼으면서도 환관에 대한 당부만큼은 철저히 지켜나갔다.

주원장은 태감이 내정에 간섭하지 못하게 하라고 했는데, 주윤문은 태감을 엄격히 관리하여 그들의 발과 입을 완벽히 통제했다. 사실 태감은 주원장 시대에 막강한 권력을 휘둘렀다. 이런 그들이 비참한 대우를 받게 되었으니, 주윤문에게 원한을 가지는 것도 당연했다. 그래서 그들은 주체가 거병한 후 조정의 모든 정보를 낱낱이 그에게 보고했다. 이런 상황에서 남경을 공략하는 것은 손바닥을 뒤집는 것보다 더 쉬운 일이었다.

주윤문의 실패는 물론 그 자신의 잘못이 가장 크지만 여기에 주원장도 한몫을 했다. 주원장은 다음과 같은 점을 전혀 깨닫지 못했다. 집안의 우환거리를 내쫓고 그들을 벤 칼을 친척에게 주고서 정원을 지키게 했다. 그는 이렇게 하면 집안의 안전이 확실히 보장될 것이라고 여겼지만 뜻밖에도 친척 중의 하나가 집안으로 들어와 그의 후계자를 그 칼로 베고 말았다.

"짐은 덕망이 부족하고 나약하여 하늘의 잘못을 샀도다. 역적들이 수도를 점령했건만 신하들은 모두 짐을 기만하였다. 짐이 죽어 조상을 뵐 낯이 없어 스스로 관면을 벗고 머리카락을 풀어헤쳐 얼굴을 가리노라. **역적들은 내 몸을 갈기갈기 찢어도 좋으나 백성들은 한 사람도 해치지 마라.**" –《명사》〈숭정본기崇禎本紀〉

숭정제崇禎帝는 죽기 전에 이자성李自成 혹은 천하의 사람들에게 유언을 남겼다. 이는 마지막 황제의 유언 가운데 가장 유명한 축에 속한다. 그는 농민 기의군起義軍에게 멸망당하면서도 시종일관 이를 받아들이지 않고 대신들이 자기를 그르쳤다고 생각했다.

11장

이 유언을 누구에게 전할꼬!

— 명나라 숭정제 —

역적을 물리칠 비책

1644년 명나라 마지막 황제인 숭정제가 등극한 지 17년째 되던 해에 모든 것은 이미 결정되어 있었다. 청淸나라는 이미 중원을 호령할 능력을 갖추고 있었고, 이자성이 거느린 농민군은 파죽지세로 북경을 향해 진격하고 있었다. 숭정제가 갖가지 방법을 동원해 이자성이 북경으로 들어오지 못하게 막았지만 역부족이었다. 그해 정월 자금성紫禁城 안으로 농민군의 북소리가 희미하게 들려왔다.

숭정제의 마음은 뭐라 헤아릴 수 없을 정도로 착잡했다. 지금까지 갖은 애를 썼는데도 결국 이 지경까지 이르다니. 1월 2일 그는 목욕재계한 후 향을 살라 하늘에 절하고 묵묵히 기도를 올렸다.

"지금 천하가 크게 어지러우니, 신선을 내려주옵소서. 짐의 강산이 위기에 처한 것은 이제 비밀이 아니지 않습니까."

그러고는 눈을 감고 종이 한 장을 꺼내니, 위에는 이렇게 쓰여 있었다.

"황제가 천하의 일을 묻는데 탐관오리들은 돈을 챙기기 바쁘구나. 여덟 곳 가운데 일곱 곳에서 난리가 일어나고 부뚜막 열 개 가운데 아홉 개에서 연기가 나지 않은 지 오래도다. 백성들은 갖은 고생을 하고 천하는 곧 무너지려 한다. 여기저기서 전쟁이 일어나니, 태평한 날은 기대하기 어렵구나."

숭정제는 글을 다 읽고 손을 벌벌 떨다가 종이를 땅에 떨어뜨렸다. 한바탕 울고 싶었지만 눈물이 나오지 않아 우두커니 서 있으려니, 무슨 말을 해야 할지, 또 무엇을 해야 할지 전혀 알 수 없었다. 이미 모든 것이 정해져 있어서 돌이킬 수 없을 것만 같았다.

1월 3일 숭정제는 좌중윤左中允 이명예李明睿를 특별히 궁으로 불렀다. 이명예는 강서江西 남창南昌 사람으로, 천계天啓 연간에 진사進士에 합격하여 한림원翰林院에서 재직하다가 훗날 이방화李邦華 등의 추천으로 태자를 가르치는 좌중윤에 임명되었다. 그가 이명예를 부른 의도는 분명했다. 후계자의 측근을 불렀으니, 명나라의 미래에 대해 의논하려는 것이 아니겠는가.

이명예가 덕정전德政殿으로 들어와 숨도 채 고르기 전에 숭정제가 다급히 물었다.

"경은 역적들을 물리칠 비책이 있는가?"

이명예는 숭정제를 모시는 시종들을 보고 고개를 숙였다. 숭정제는 그의 뜻을 알아채고 좌우를 물리친 다음 그에게 다가가 부드럽게 말했다.

"이제 얘기해도 좋다."

이명예는 그제야 목소리를 가다듬고 아뢰었다.

"신이 폐하의 부름을 받고 동정을 탐문해보니, 역적들이 이미 도성까지 쳐들어왔습니다. 실로 나라의 존망이 달린 위급한 이때 남쪽으로 천도해야만 눈앞의 위기를 모면할 수 있습니다."

숭정제는 곧 깊은 생각에 빠졌다. 그는 전에 내각수보內閣首輔 주연유周延儒와 비밀리에 천도를 논의했던 일이 어렴풋이 떠올랐다. 당시에도 말이 새어나가지 않게 입단속을 철저히 했었다. 체면을 무엇보다 중시하는 이 황제에게는 이 사실이 사람들에게 알려지는 것은 죽기보다 싫은 일이었기 때문이다. 숭정제가 천천히 입을 열었다.

"사안이 중대해서 쉽게 말하기 어렵구나. 옛날 영종英宗 황제께서 오이라트 부족에게 포로로 잡혀가시고 북경이 포위당했을 때 천도를 주장한 사람은 욕을 먹고 침 뱉음을 당했다. 지금 다시 이 일을 거론한다면 나를 궁지로 모는 것이 아닐까?"

이명예는 황제가 분명 천도할 뜻이 있음을 알고 더 이상 아무 말도 하지 않았다. 잠시 후 숭정제가 손가락으로 하늘을 가리키며 말했다.

"하늘의 뜻이 어떤지 모르겠구나."

"폐하의 뜻이 곧 하늘의 뜻이니, 주저하지 마시고 속히 결단을 내리십시오."

숭정제가 좌우를 둘러보니, 아무도 없었다. 그는 나지막한 목소리로 말했다.

"짐이 천도에 뜻을 둔 지 오래되었으나 도와주는 사람이 없어 지금까지 미뤄왔다. 경의 의견에는 동의하지만 바깥의 대신들이 반대하면 어찌할꼬. 이는 중대한 일이니, 비밀로 하고 절대 누설하지 마라. 만약 일이 잘못되면 구족을 멸할 것이다."

숭정제는 이명예의 다짐을 받고 구체적인 천도 방안을 물었다. 이에 이명예가 대답했다.

"우선 군대가 대신들을 호위하여 육로, 해로, 운하를 통해 남하시키는 겁니다. 그리고 폐하께서는 지름길을 따라 가벼운 수레를 타고 내려가시면 20일 만에 회하淮河에 도착할 수 있습니다."

이 제안은 마침내 숭정제의 인가를 받았다. 이로써 명나라에 한 줄기 부활의 희망이 생겼다.

천도는 명나라가 곤경에서 벗어날 수 있는 유일한 방법이었다. 장강 중류에는 좌양옥左良玉의 10만 대군이, 하류에는 강북 4개 진의 군대가 장강이라는 천험의 요새를 지키고 있었으므로 북방의 군대가 남하하여 병력을 합친다면 농민군과 충분히 싸울 수 있었다.

그러나 숭정제에게 이는 매우 심각한 문제였다. 천도는 종묘사직과 황실의 분묘를 모두 버림을 의미했다. 이는 어떤 황제도 입을 열기 곤란한 일이었고, 특히 체면을 중시하는 숭정제는 더욱 그러했다. 또한 천도 계획을 실행에 옮기기 위해서는 내각과 6부六部 중신들의 의견을 물리치고 힘을 하나로 모아야 했다.

사실 내각과 6부에 천도를 찬성할 대신은 하나도 없었다. 그들은 숭정제에게 좋은 감정을 가지고 있지 않았을 뿐 아니라 숭정제를 너무 잘 알았기 때문이다. 일단 천도를 하게 되면 숭정제는 희생양을 찾을 것이 분명했다. 자존심이 매우 강한 이 황제는 천도의 책임을 절대 자신이 질 리가 없었다.

숭정제는 내각의 대신들을 부른 자리에서 천도에 대해서는 일절 언급하지 않았다. 자존심 때문일 수도 있고 망국의 군주라는 낙인이 싫어서일 수도 있다. 그는 오히려 마음에도 없는 엉뚱한 얘기를 꺼냈다.

"짐은 망국의 군주가 아닌데 모든 일마다 망국의 조짐이 나타나는 구려. 조상들께서 어렵게 통일한 천하를 하루아침에 무너뜨린다면 무슨 면목으로 지하에 가서 그분들을 만나 뵙겠소? 짐은 군사를 거느리고 친히 결전을 벌일 것이오. 몸이 전장에서 죽는 것은 여한이 없지만 죽어도 눈을 감지 못할까 두렵소."

그러고는 숭정제가 대성통곡을 했다. 대신들은 숭정제의 연극을 차마 눈뜨고 볼 수 없었다. 하지만 황제가 직접 출정한다고 하자 하는 수 없이 이를 악물고 한마디씩 거들었다. 이때 이자성에게 고향이 쑥대밭이 된 이건태李建泰가 앞으로 나와 말했다.

"주군의 근심이 이와 같은데 신이 어찌 신명을 다하지 않겠습니까? 저는 산서 사람으로 이 역적들과 풀어야 할 구원이 있습니다. 신이 가진 재산이면 1만 명의 군사들을 몇 달은 먹일 수 있으니, 청컨대 신이 적들을 막아내겠습니다."

숭정제가 바란 것은 바로 이런 대답이었다. 그의 얼굴에 곧 화색이 돌았다. 그는 농민군과 싸우는 것이 달걀로 바위를 치는 일이라는 것을 잘 알고 있었다. 그래도 이건태가 결전을 자청했으니, 앉아서 죽음을 기다리는 것보다는 그나마 나은 방법이었다.

의미 없는 출정

그러나 이건태의 출정은 별 의미가 없었다. 당시 조정에서 이자성의 예봉을 꺾을 수 있는 자가 누가 있었겠는가.

1월 26일 숭정제는 부마도위 만위萬煒에게 먼저 태묘로 가서 조상에게 제사를 올리라고 명한 다음 뒤이어 모든 문무백관들을 불러 정양문正陽門 누각에서 고례에 따라 연회를 베풀고 이건태를 전송했다. 오문午門 밖에서 정양문까지 관군의 기치가 가지런히 늘어서 있었고 북소리는 천지를 진동했다. 이런 성대한 의식은 명나라 역사상 처음이자 마지막이었다.

숭정제는 친히 이건태를 위해 잔을 들고 "그대의 이번 출정은 짐의 친정과 다름없다"라고 말한 다음 상방검尙方劍을 하사하여 모든 군권을 위임했다. 이건태는 크게 감동하여 역적을 토벌하지 못하면 조정에 절대 돌아오지 않겠다는 맹세를 했다.

연회를 마치고 이건태는 곧장 말에 올랐고 숭정제는 떠나는 그의 모습을 한참 동안 바라보았다. 숭정제는 또 이건태의 승리를 위해 특별히 서양 신부 아담 샬Adam Schall을 파견하여 화공과 수리를 담당하도록 했다. 그러나 이런 준비는 아무런 효과도 발휘하지 못했다.

이건태는 도성을 빠져나가자마자 정탐병으로부터 산서에 연일 불길이 치솟고 있다는 소식을 들었다. 덜컥 겁이 난 그는 행군 속도를 늦추었다. 게다가 탁주涿州에 이르자 병사들이 도망치기 시작해서 순덕부順德府 광종현廣宗縣에 도착했을 때는 이미 3,000명이나 달아나버렸다. 이런 상황에서 뜻밖에도 광종현 토착 세력들마저 성문을 걸어 잠그고 그의 출입을 막았다. 화가 머리끝까지 난 이건태는 성을 공격해서 점령한 후 토착 세력 우두머리의 목을 베고 현 책임자를 심하게 매질했다.

1월 29일 그는 자신의 고향이 이자성에게 완전히 점령당했다는 사실을 알고 힘이 쭉 빠져버렸다. 당초 고향으로 돌아가 군대를 재정비하려던 계획이 무산되었기 때문이다.

숭정제는 마지막 희망인 이건태를 믿고 그를 독려하는 편지를 보냈다. 하지만 이때 이건태는 어찌해야 좋을지 몰라 마냥 하간河間 땅을 배회하고 있었다. 그에게 중요한 것은 자신의 미래이지, 명나라의 존망이 아니었다.

사실 숭정제는 재위 17년 동안 파탄 난 명나라를 더욱 구렁텅이로 몰아넣는 짓을 서슴지 않았다. 그중 가장 결정적이었던 사건은 산해관山海關을 넘어 북경으로 들어오려던 후금後金을 철통같이 방어한 원숭환袁崇煥에게 모반죄를 씌워 죽인 일이었다. 원숭환의 이름만 들어도 벌벌 떨던 후금은 그가 죽은 후 거칠 것 없이 산해관을 돌파했다. 그가 범한 잘못으로 명나라의 멸망은 이미 정해져 있었다.

이건태가 하간에서 머뭇거리고 있을 때 숭정제는 이자성이 보낸 편지 한 통을 받았다. 편지에는 3월 15일까지 황제 자리에서 물러날 것인지, 아니면 자웅을 한 번 겨뤄볼 것인지 선택하라는 내용이 적혀 있었다. 크게 노한 숭정제가 채 화를 가라앉히기도 전에 그는 이자성이 산서에서 공표한 격문檄文을 보게 되었다. 격문은 이자성의 공덕을 칭찬하는 것으로 시작해서 명나라 조정을 만신창이로 만들겠다는 경고로 끝을 맺었다. 이를 본 숭정제는 착잡한 기분이 들었다.

또한 그를 견딜 수 없게 만든 것은 도성 백성들의 행동이었다. 그들은 앞으로 닥칠 재난과는 전혀 상관없는 사람들처럼 보였다. 그해 정월 대보름날 북경성 안은 유난히 시끌벅적했다. 숭정제는 그들이 도대체 무슨 생각을 하는지 알 길이 없었다. 이에 자극을 받은 숭정제는 대보름이 지난 후 두 가지 조치를 취했다. 하나는 죄기조를 발표해서 민심을 무마한 것이고, 다른 하나는 태감 고기잠高起潛 등 열 명의 신하를 산해관, 덕주德州, 임청臨淸, 선부宣府, 대동大同 등지에 파견해서 방어를 독려한 일이었다.

이때 그는 또 다른 조치를 준비하고 있었다.

절대 천도는 없다

만약 이건태가 공격에 나서려던 숭정제의 희망이었다

면, 이건태의 나약함은 숭정제의 희망을 무참히 꺾어버리고 방어적인 태도를 취하게 만들었다.

2월 28일 이자성의 군대가 영무관寧武關을 공격하자 숭정제는 전국 각지의 군대에 황실을 구원하라는 조서를 내리고 조정 대신들에게는 도성을 지킬 계책을 올리게 했다. 그러나 누구에게 좋은 계책이 있었겠는가? 만약 있었다면 이 지경까지 이르지는 않았을 것이다. 게다가 당시 도성을 구하러 달려올 수 있는 군대는 영원총병寧遠總兵 오삼계吳三桂가 고작이었다.

숭정제는 오삼계를 도성으로 불러들이고 싶었다. 하지만 오삼계는 산해관을 넘으려는 후금을 막고 있어서 그를 불러들이면 요동을 순순히 후금에게 넘겨주는 것이나 다름없었다. 그래서 이 제안이 나왔을 때 조정은 두 파로 의견이 갈렸다.

수보 진연陳演, 위조덕魏藻德 및 공과급사중工科給事中 고상한高翔漢을 필두로 한 대신들은 오삼계가 도성을 구원하러 오는 것을 결사반대했다. 이들이 반대하는 이유를 숭정제도 당연히 알고 있었다. 오삼계가 도성에 들어오면 이자성을 격퇴할 수 있는지의 여부는 차치하고 산해관 밖 영원 지역을 후금에게 빼앗길 것이 뻔했다.

또 다른 의견은 계료총독薊遼總督 왕영길王永吉, 이과급사중吏科給事中 오정린吳征麟의 입에서 나왔다. 그들은 오삼계를 반드시 도성으로 불러들여야 한다고 주장했다. 이자성이 지금 산서 지역을 모두 점령하고 북경으로 진격하는 상황에서 어디가 중요한지를 생각해보라는 것이었다.

고상한은 왕영길의 말에 크게 분개하고 삿대질을 하며 소리쳤다.

"계료총독이라는 자가 죽는 것이 두려워서 이따위 하책下策을 내놓는구나! 만약 영원을 잃는다면 이는 모두 당신들 책임이오!"

진연도 앞으로 나와 고상한을 거들었다.

"아무리 작은 땅덩이도 모두 소중한 것이오! 금주錦州가 위급하니, 영원의 군사들을 절대 부를 수 없소."

오삼계가 도성으로 들어오는 것을 반대한 대신들은 사실 이자성이 절대 북경을 함락할 수 없다고 믿었다. 그들은 전에 후금이 두 차례나 북경을 공격했지만 아무 성과 없이 돌아갔던 일을 상기하며 북경성을 철옹성이라고 여겼다. 그들은 정말 밖에서 무슨 일이 벌어지는지 알지 못했고 또 알려고도 하지 않았다.

오삼계를 부르고 싶었던 숭정제는 대신 회의를 소집해서 계속 이 문제를 의논했다. 그러나 이자성이 절대 북경으로 들어오지 못할 것이라고 확신한 대신들의 목소리가 커지자 숭정제의 희망은 점점 절망으로 바뀌었다.

사태의 심각성을 깨달은 숭정제는 이 안건을 다시 6과六科와 내각에 넘겼다. 그러나 6과에서 이에 서명하지 않았고 내각에서도 인가를 거부했다. 속이 탄 숭정제는 이명예를 다시 불러 장시간 대화를 나누었다. 이명예는 전에 이야기했던 천도에 대해 다시 한 번 심각하게 고민해보라고 권유했다. 하지만 그는 고개를 가로저었다. 그는 자신의 생각에 대해 이렇게 밝혔다.

"선조들께서 힘겹게 싸워 일군 이 땅에 역적이 들고 일어났다고 어찌 백성과 신하들에게 모든 책임을 떠넘길 수 있겠느냐? 게다가 짐 혼자 떠나면 종묘사직은 어찌하고, 선조들의 분묘는 어찌하며, 도성의 백성들은 어쩌란 말인가? 역적이 비록 창궐한다고 하나 짐은 지고무상의 존재이니, 하늘이 지켜줄 것이고, 신하와 백성들이 한마음이 된다면 최악의 지경에는 이르지 않을 것이다. 만약 막다른 길에 몰리게 된다면 사직을 위해 죽는 것이 임금의 도리이다. 내 마음은 이미 굳혔다."

그가 무슨 생각에서 이런 발언을 했는지는 모르겠지만 북경성은 충분히 사수할 수 있고, 조금만 버텨주면 구원병이 사방에서 달려와 역적들을 몰아낼 수 있다고 생각했는지도 모른다. 그래도 불안했는지 그는 천도를 계획하기도 했다. 천진天津에 배까지 띄워놓고 만반의 준비를 했지만 진연 등의 반대로 결국 무산되고 말았다.

3월 초하루 이자성이 영무관을 함락하자 이명예는 태자라도 남쪽으로 보내 후사를 도모하자고 마지막으로 건의했다. 하지만 숭정제의 반대로 뜻을 이루지 못했다. 3월 7일 그는 군신들을 소집하여 좋은 계책이 있는지 물었지만 모두 꿀 먹은 벙어리가 되어버렸다. 그러자 그는 "짐이 망국의 군주가 아니라 그대들이 망국의 신하로다"라는 황당한 논리를 폈다.

같은 날 이자성은 대동을 공격했고 3월 8일 선부를 점령한 뒤 거용관居庸關으로 곧장 진격했다. 3월 14일 거용관이 함락됐으며, 이건태가 보정保定에서 이자성에게 투항하여 북경이 농민군에게 포위되고 말았다. 도성의 운명이 경각에 달리자 성내 인심이 불안해지기 시작했다. 절체절명의 위기 속에서 사람들은 모두 오삼계가 도성에 진입하는 것만이 유일한 방법이라고 생각했다. 숭정제가 즉시 오삼계에게 도성을 구원하라는 편지를 보냈지만 안타깝게도 이미 때는 늦고 말았다.

최후의 몸부림

숭정제는 오삼계의 입성을 기다리는 동시에 도성 방어를 철저히 하고 마지막 결전에 대비했다.

일찍이 3월 2일에 그는 내감內監 및 각 관부에 명령해 북경의 아홉 개 문을 나눠 지키게 했다. 그리고 양성백襄城伯 이국정李國楨에게 도성 방어를 맡기고, 황실 종친들도 모두 전투에 참가하라고 명했다. 경성 안에서는 야간 통행금지를 엄격히 시행하여 관원들이 순라를 돌며 간자의 침입을 차단했다.

그러던 3월 10일 호부에서 조정의 자금이 바닥나서 군사들에게 지급할 급료도 부족하다고 보고했다. 그러자 숭정제는 문무백관과 황족들에게 기부를 부탁했다. 먼저 기부한 쪽은 태감들이었다. 그들은 각자 5만 냥씩 내놓았다. 여기에 관리들도 동참했지만 이 돈으로는 턱없이 부족했다. 숭정제는 고민 끝에 백만장자인 장인 주규周奎에게 돈을 빌리기 위해 사람을 보냈다. 그런데 주규는 돈이 없다면서 한사코 돈을 내놓기를 거부했다. 어르고 달래 겨우 1만 냥을 받아냈지만 나라가 망할 판국에 돈이 무슨 소용이 있단 말인가. 결국 주규는 이자성이 도성에 들어온 후 전 재산인 50만 냥을 모두 빼앗기고 말았다.

이때 일부 태감들은 옛날을 그리워하고 있었다. 위충현魏忠賢이 있었다면 이 지경에 이르지는 않았을 것이라고 말하는 자도 많았다. 심지어 국가 기밀을 기의군에 넘기고 후일을 도모하는 태감도 생겨났다. 이처럼 숭정제는 점점 고립무원의 상태로 빠져들었다.

숭정제는 다시 발등에 떨어진 불을 끄기 위해 문무백관들을 소집해서 대책을 논의했다. 언제나 그렇듯 대신들은 속수무책이었다. 이날은 숭정제가 스스로 목을 매기 이틀 전이었다.

대신들이 침묵으로 일관하는 가운데 밖에서 편지 한 통이 전달되었다. 숭정제는 편지를 뜯어보고 얼굴이 갑자기 굳어 의자에 앉지도 못하고 자리를 맴돌다가 밖으로 휙 나가버렸다. 그 편지에는 기의군이 창평昌平을 함락하고 북경의 부성문阜成門 코앞까지 당도했다는 전갈이 담겨 있었다. 이제는 아홉 개의 성문이 무너질 차례였다.

그날 이자성은 창평에서 투항한 감군태감 두훈杜勛을 성 안으로 보내 편지를 전달했다. 편지에는 이렇게 쓰여 있었다.

"저에게 서북쪽 땅을 떼어주시고 왕으로 봉해주십시오. 군자금 100만 냥도 필요합니다. 그럼 하남으로 군대를 무르겠습니다. 왕에 봉해진 후에는 나라를 위해 만주인들을 토벌할 것입니다. 물론 조정의 지시는 따르지 않겠습니다."

숭정제는 내각수보 위조덕이 건넨 이 편지를 보고 깜짝 놀랐다. 숭정제가 위조덕에게 물었다.

"지금 상황이 너무 다급하니, 조언을 한마디 해주시오."

하지만 위조덕은 아무 말도 하지 않았다. 그는 그저 먼 곳을 응시하며 숭정제의 눈을 피했다. 숭정제는 하는 수 없이 두훈을 불러 "더 이상 이야기하지 않겠다"라고 쓴 회신을 보냈다.

체면을 중시한 이 황제는 역적과의 협상을 거부한 것이다. 게다가 그는 북경성이 지금까지 한 번도 함락되지 않았다는 것과 오삼계의 구원병이 곧 당도할 것이라는 희망을 가지고 있었다. 하지만 희망도 잠시, 부마도위 공영고鞏永固가 들어와서 사태가 심각하니, 빨리 피신하라고 권유했다.

다음 날 오후 이자성은 총공격 명령을 내렸다. 북경성을 방어하는 군사들의 사기는 이미 떨어질 대로 떨어졌다. 대신에서 백성에 이르기까지 자기 살기 바쁘고 몇 개월째 군량과 급료를 지급받지 못했는데, 싸울 마음이 있었겠는가. 장수들이 아무리 다그쳐도 그들은 싸우는 흉내만 낼 뿐이었다.

그리고 마침내 최후의 날이 밝았다. 그날 수릉태감守陵太監 신지수申芝秀가 창평에서 달려와 숭정제에게 항복을 권유했다. 숭정제는 불같이 화를 내며 그에게 욕을 한바탕 퍼붓고는 친정을 명했다. 하지만 그가 직접 나서기도 전에 태감 조화순曹化淳이 창의문彰義門을 열고 기의군을 맞아들였다. 숭정제는 가슴이 답답해 물었다.

"이국정이 거느린 군사는 어디에 있느냐?"

그러자 왕렴王廉이 대답했다.

"군사가 어디 있다고 그러십니까? 속히 피하는 길밖에 없습니다."

숭정제는 이 사실을 받아들이고 싶지 않았지만 형세는 이미 기울어 있었다. 그는 당장 사람을 시켜 태자와 영왕永王, 정왕定王을 외척인 주규와 전홍田弘의 집으로 옮겼다. 기회를 엿봐 성을 빠져나가게 한 다음 제위를 잇게 할 요량이었다. 그런 다음 원비袁妃와 주황후周皇后를 불러 술자리를 차리고서 혼자 수십 잔을 들이켰다.

그는 결심이 선 듯 두 여인을 보고 천천히 말했다.

"일이 이 지경에 이르렀다고 짐을 원망하지 마라."

말이 끝나자마자 그는 칼을 뽑아 원비를 찔러 죽였다. 주황후는 급히 자신의 궁으로 돌아가 스스로 목을 맸다. 그는 또한 옆에서 울고 있던 장평공주長平公主를 보며 "너는 전생에 무슨 죄를 지어 내 딸로 태어났느냐?"라고 슬피 탄식한 후 칼을 휘둘렀다. 공주는 칼을 막다가 오른팔을 잘린 채 기절했다. 이어서 그는 어린 소인공주昭仁公主와 비빈 몇 명을 차례로 죽여버렸다.

반란군에게 욕을 당할까 봐 공주와 비빈들을 죽인 숭정제는 태감 왕승은王承恩을 불러 무장한 수십 명의 태감을 이끌고 성을 빠져나가고자 했다. 그들은 동화문東華門을 통과해 조양문朝陽門에 이르렀으나 성은 이미 농민군에게 막혀 빠져나갈 구멍이 없었다. 안정문安定門으로 가보았지만 상황은 마찬가지였다. 그들은 하는 수 없이 다시 궁으로 돌아왔다.

숭정제는 크나큰 절망에 빠졌다.

3월 19일 새벽 이자성은 북경성 아홉 개 문에 대한 공격을 개시했다. 적과 싸울 마음이 없었던 관군은 맥없이 무너졌다. 이로써 북경성은 사흘이 채 안 되어 이자성의 수중에 들어가고 말았다.

이자성에게 남긴 당부

밤새 괴로워하던 숭정제는 왕승은만을 데리고 매산煤山 수황정壽皇亭에 올라갔다. 이곳은 원래 그가 군사훈련을 검열하던 곳이었는데, 이제는 조상들을 뵈러 가는 장소가 되어버렸다.

산 아래에서는 치열한 전투가 벌어지고 불길이 사방에서 치솟았다. 숭정제는 그 광경을 내려다보며 이제 모든 것을 끝낼 때가 왔음을 깨달았다. 지금까지 위기를 위기로 받아들이고 싶지 않았던 그가 다른 선택이 없는 것을 알았을 때는 이미 모든 것이 늦고 말았다. 왕승은은 주군이 마지막 가는 길 앞에서 하염없이 눈물을 뿌렸다.

숭정제는 아무 말 없이 용포를 벗었다. 그리고 손가락을 깨물어 옷깃에 마지막 말을 남겼다.

"짐은 덕망이 부족하고 나약하여 하늘의 잘못을 샀도다. 역적들이 수도를 점령했지만 신하들은 모두 짐을 기만하였다. 짐이 죽어 조상을 뵐 낯이 없어 스스로 관면을 벗고 머리카락을 풀어헤쳐 얼굴을 가리노라. 역적들은 내 몸을 갈기갈기 찢어도 좋으나 백성들은 한 사람도 해치지 마라."

그는 이렇게 적은 후 신발을 벗고 머리를 풀어헤쳐 얼굴을 가린 다음 왕승은에게 목에 밧줄을 매달라고 명했다. 명나라 마지막 황제는 이렇게 스스로 목숨을 끊었다.

북경성은 숭정제의 죽음으로 인해 결코 비통한 분위기에 빠지지 않았다. 경성 백성들은 등불을 밝히고 향을 살라 대순영창황제大順永昌皇帝를 외치며 이자성을 열렬히 환영했다. 이자성은 전모氈帽를 쓰고 포의布衣를 걸치고는 검은 말에 올라 기병 수백 명의 호위를 받으며 위풍당당하게 경성에 들어오더니, 승천문承天門을 통과해서 황궁으로 들어갔다. 이자성은 이렇게 명나라 역사에 마침표를 찍었다.

다음 날 그들은 매산에서 숭정제의 시체를 발견했다. 그의 옆에는 유서가 놓여 있었다. 백성들이 만약 숭정제가 유언에서 그들의 미래를 걱정한 사실을 알았다면 어떤 심정이었을까.

이자성은 북경에 입성한 후 승리에 도취되어 자신의 본분을 망각했다. 백성들의 지지를 등에 업은 그가 이번에는 도리어 백성들을 약탈하기 시작한 것이다. 그는 황궁의 보물을 모두 차지했고, 농민군은 사람들을 닥치는 대로 죽이고 여자들을 강간하며 북경성을 생지옥으로 만들었다. 숭정제가 마지막으로 남긴 부탁은 울림 없는 메아리가 되어 돌아왔다.

마지막 황제들의 공통점은 국세가 순식간에 기울 정도로 나라를 엉망으로 다스렸다는 것이다. 황제가 되지 말아야 할 자들이 황제에 오른 탓이다. 그러나 숭정제는 이들 제왕과는 조금 달랐다.

숭정제가 황제 자리에 올랐을 때 명나라는 이미 만신창이가 되어 정치, 경제, 군사, 문화 등 모든 방면에서 회복 불가능한 위기를 드러냈다.

정치적으로는 선대인 만력萬曆 중기 이래로 당쟁이 갈수록 치열하게 전개되었다. 조정의 모든 일이 당쟁의 구실이 될 정도였다. 혼란한 정치는 경제에도 막대한 악영향을 미쳤다. 만력 삼대정(三大征, 만력 연간에 일어난 발배哱拜의 난, 양응룡楊應龍의 난, 임진왜란을 가리킴-옮긴이)과 돈을 물 쓰듯이 한 만력제萬曆帝의 낭비벽으로 명나라 국고는 바닥을 드러냈다. 사회·경제의 실질적인 피해자는 두말할 것도 없이 백성들이었다. 군사적으로 장수들은 숫자가 많고 탐욕스럽고 교만한 반면, 병사들은 숫자가 적고 허약하고 나태하여 방어 능력이 거의 제로에 가까웠다. 이는 통치 집단 내부의 심각한 문제였다.

외부적으로는 혹정에 견디다 못한 농민들이 전국 각지에서 반란을 일으켜 세력을 확대했고, 북방에서는 만주족이 세운 후금이 흥기해 끊임없이 남쪽으로 치고 내려왔다. 이들은 명나라 흥망에 직접적인 위협을 가하는 세력들이었다.

내우외환이 겹치면서 형세가 이미 악화일로를 걸었으니, 숭정제가 황제에 오른들 무슨 힘을 쓸 수 있었겠는가?

그도 당연히 이 문제들을 인식하고 있었다. 그러나 그의 일처리 방식은 고개를 갸우뚱하게 만들었다. 일단 그는 너무 성급했다. 그는 무능력한 대신들을 서둘러 처벌했고, 대신들은 조금이라도 신중하지 못하면 머리가 달아나기 일쑤였다. 체면에 얽매여 후금 문제도 '화친'과 '공격'을 제때 구사하지 못했다. 그러다가 결국 적의 계략에 빠져 충신이자 명장인 원숭환을 죽이는 실수를 저질렀다.

물론 명나라의 멸망은 그의 탓이 아니다. 이는 필연이었다. 그의 선대인 만력제의 실정으로 명나라는 멸망이 이미 정해져 있었다. 그러나 그가 멸망의 책임을 회피할 수는 없다.

많은 사람들이 숭정제의 조급하고 의심 많은 성격으로 인해 명나라의 멸망이 앞당겨졌다고 여긴다. 이는 주방장이 도살장에 들어가서 먼저 돼지를 잡기도 전에 어떻게 하면 가장 맛있는 돼지고기 요리를 만들 수 있을지 고민하는 것과 같다. 그는 불을 지피고 물을 끓이고 칼을 갈고 도마를 씻었다. 하지만 그의 앞에 정작 돼지고기는 없었다. 이것이 그의 비극이었다.

명나라는 주원장이 1368년에 개국하여 1644년에 이자성의 난으로 멸망하기까지 모두 16명의 황제를 두었다. 그중 개국 황제인 주원장의 유언과 마지막 황제인 숭정제의 유언을 비교해보면 흥미로운 점을 발견할 수 있다. 주원장의 후계자인 건문제建文帝는 할아버지의 유언을 따르지 않아 결국 삼촌에게 쫓겨나서 종적을 감추었다. 마찬가지로 이자성도 백성을 죽이지 말아달라는 숭정제의 마지막 당부를 어겼다가 오삼계와 후금 연합군에게 패퇴해 행방이 묘연해졌다.

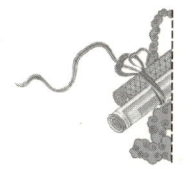 "짐이 망국의 군주가 아니라 대신들이 망국의 신하이다"

객관적으로 볼 때 적을 많이 만들었던 것이 명나라 멸망의 가장 큰 요인이었다. 누르하치는 명나라 장수에게 할아버지와 아버지가 죽임을 당하자 이를 갚기 위해 만력 연간에 명나라를 침공했다. 숭정 초년에는 천재가 빈발하고 조정에서 백성들을 과도하게 징발하여 결국 섬서陝西에서 농민 봉기가 일어났다.

명나라는 결국 두 개의 강력한 적과 싸워야 하는 처지에 놓이고 말았다. 병부상서 양사창楊嗣昌은 일찍이 외적을 물리치기 전에 먼저 내부를 안정시켜야 한다는 전략을 내놓았다. 그러나 실행하기가 만만치 않았다. 내부 안정은 늘 외부의 적에게 견제를 당했기 때문이다.

숭정 9년(1636년)에서 11년(1638년) 사이에 농민군은 명나라 장수 노상승盧象昇과 홍승주洪承疇의 합동 소탕 작전으로 거의 궤멸 직전에 이르렀다. 그런데 이때 요동의 청나라가 남쪽으로 내려와 도성을 위협했다. 다급해진 노상승과 홍승주는 농민군을 내버려두고 도성으로 달려가 청나라를 막다가 결국 노상승은 전사하고 홍승주는 적에게 항복했다. 이 틈을 타서 농민군은 전열을 정비하고 재기할 수 있었다. 숭정 13년(1640년) 겨울 힘을 비축한 이자성은 드디어 근거지인 섬서를 떠나 중원으로 진격했다. 그들은 다섯 차례의 대전에서 모두 명나라 군대를 무찌르고 파죽지세로 북경까지 함락시켰다. 명나라는 인력과 물자의 한계로 인해 안팎으로 협공을 받아 멸망할 수밖에 없었다.

한편 숭정제가 가장 대적하기 어려웠던 적은 외적이나 농민군이 아니었다. 그들은 바로 조정 대신들이었다. 숭정제는 위충현의 엄당閹黨을 일거에 제거했지만 당쟁의 근원을 뿌리 뽑지는 못했다. 나중에는 오히려 이를 조장한 부분도 있다. 관료들은 17년 내내 당파 싸움을 벌이며 서로 죽고 죽이는 비극과 추문을 연출했다. 숭정제가 죽기 전에 "짐이 망국의 군주가 아니라 대신들이 망국의 신하"라고 원망한 것을 보면 그의 원한이 얼마나 뼈에 사무쳤는지 쉽게 알 수 있다.

만약 군신들이 힘을 합쳐 적에 항거했다면 이렇게 비참한 지경에 이르지 않았을지도 모른다. 그러나 일은 바람대로 되지 않았다.

원숭환은 요동 수복의 명을 받고서 청나라와 싸우기도 전에 동족상잔의 비극을 연출했다. 그는 먼저 압록강변의 피도皮島에 주둔하고 있던 모문룡毛文龍을 살해했다. 오랫동안 청나라의 남진을 견제하던 모문룡이 제거됨으로써 청나라의 황태극皇太極이 남하할 수 있는 절호의 기회를 제공했다. 훗날 청나라가 산해관을 넘어올 때 선봉에 선 장수들은 모두 모문룡의 수하였다.

원숭환의 최후는 모문룡보다 더욱 비참했다. 숭정제는 항간에 떠도는 헛소문과 조정 관료들의 모함만 믿고 원숭환을 "임금을 속이고 나라를 팔아먹었다"는 죄로 능지처참에 처했다. 《숭정 17년》에서는 "숭정제가 스스로 수족을 자르고 만리장성을 허물어 이후 더 이상

적을 물리칠 만한 장수와 인재를 얻지 못했고, 요동의 일은 더욱 수습하기 어려웠다"라고 말하고 있다. 《명사》에서는 "원숭환이 죽은 후 요동 변경을 지킬 만한 사람이 없었으니, 명나라의 멸망은 정해진 바나 다름없었다"라고 결론 내렸다.

또한 명나라 말기 관료 사회는 마치 권력과 돈을 거래하는 거대한 시장과 같았다. 뒷거래를 통해 관리가 된 자들에게 관리로서 지녀야 할 인덕과 자질을 기대하기란 무리였다. 그들 입장에서 볼 때 돈으로 산 벼슬로 나라에 충성하는 것은 바보짓이었다. 숭정제 앞에 이처럼 탐욕스럽고 용렬하고 우둔한 무리가 가득했으니, 명나라는 무너지지 않을 재간이 없었다. 그래서 그는 죽음에 이르러서도 가슴 가득 불만이 넘쳤던 것이다.

숭정 17년은 명나라의 비극이자 명나라 군신의 비극인 동시에 시대의 비극이자 민족의 비극이었다. 세계 역사 무대에서 서방 각국은 현대화의 기치를 내걸고 산업 발전을 선도해나갔다. 이때 중국 대륙은 쇄국정책으로 문을 꼭꼭 걸어 잠근 채 우물 안 개구리에서 벗어나지 못하고 있었다. 오히려 피비린내 나는 전쟁으로 왕조가 교체되면서 중국은 시대의 변화에 한 발 뒤처지게 되었다.

"넷째 아들 윤진은 인품이 고귀하고 짐을 많이 닮았으니, 대통을 이을 자격을 갖추었다. 짐을 이어 황제의 자리에 등극할 것이다." -〈강희유조康熙遺詔〉

"넷째 아들 옹친왕 윤진이 가장 현명하니, 내가 죽은 후 황제의 자리를 이어라. 그리고 **윤진의 둘째 아들은 영웅의 기상이 있으니, 반드시 태자로 봉하라.**"
-《조선왕조실록朝鮮王朝實錄》〈경종실록景宗實錄〉

강희제康熙帝는 손자를 후계자로 삼고 싶었다. 하지만 아들을 제쳐놓고 손자에게 제위를 물려줄 수는 없는 법. 그래서 그는 차선책으로 손자의 아비를 선택했다. 이 과도기는 결코 중요한 것이 아니다. 과도기의 대리 후계자는 뛰어나지도 부족하지도 않은, 일정 정도의 자질을 갖추면 그만이었다. 이는 "본심은 다른 곳에 있다"라는 말을 떠올리게 한다.

12장

본심은 다른 곳에 있다

— 청나라 강희제 —

자질이 뛰어난 손자

강희제는 말년에 방포方苞라는 지기를 두었다고 한다. 그는 유일하게 강희제가 흉금을 터놓고 이야기할 수 있는 사람으로, 해결하기 어려운 일에 부딪혔을 때 자주 해답을 제시해주었다. 당시 강희제는 태자를 세우는 문제로 골치를 앓고 있었다. 넷째 아들인 윤진胤禛과 열네째 아들인 윤정胤禎 중에 누구를 골라야 할지 몰랐기 때문이다. 두 형제는 각기 장점과 단점을 가지고 있었다. 이때 방포가 강희제에게 건의했다.

"성손聖孫을 살피십시오."

이 말의 의도는 명확했다. 강희제가 가장 아낀 이는 윤진의 둘째 아들인 손자 홍력弘曆이었으니 말이다. 강희제는 분명하게 의사 표시를 하지 않고 다만 방포에게 신신당부를 했다.

"짐이 조금 더 생각해볼 것이니, 이 일을 절대 외부에 알려서는 안 된다. 이 말이 새어나가면 짐이 그대를 보호해주고 싶어도 그럴 수 없느니라."

이 이야기가 진실인지 아닌지는 역사적 고증을 필요로 한다. 그러나 강희제가 홍력을 좋아한 사실만은 이론의 여지가 없다. 강희 61년(1722년) 3월 넷째 아들 윤진의 정원인 원명원圓明園에서 노니는 것을 즐기던 강희제는 마침 모란대牧丹臺에서 꽃을 감상하고 있었다. 이때 윤진이 잘생긴 아이를 데리고 와서 그를 가리키며 말했다.

"이 애는 제 둘째입니다. 아버님의 손자지요."

당시 홍력의 나이는 열두 살이었다. 강희제는 홍력을 보자마자 크게 기뻐하며, 그를 궁으로 불러 직접 기르며 가르쳤다. 이때는 강희제가 세상을 떠나기 8개월 전이었다. 이 기간 동안 강희제는 사랑하는 손자를 곁에 두고 절대 떨어지지 않았다.

홍력은 애신각라愛新覺羅 집안의 모든 장점을 물려받은 아이였다. 한 번은 강희제가 주돈이周敦頤의 〈애련설愛蓮說〉을 읽고 있는데, 홍력이 이를 다 듣고 단번에 외워버렸다. 외우는 데 그치지 않고 이에 대한 완벽한 해설까지 덧붙였다. 또한 그에게 화기를 다루는 법을 배우도록 했는데, 다른 사람이 시범을 한 번 보이면 그대로 따라하는 재주를 보였다. 천부적으로 뛰어난 머리를 타고나고 문무에 모두 능한데다가 용모까지 준수한 홍력은 강희제의 마음에 정말 쏙 들었다.

강희제는 항상 홍력을 데리고 남원南苑으로 사냥을 나갔다. 홍력은 나이는 어렸지만 사냥감을 백발백중시켜서 수행하는 사람들에게 명사수란 칭호를 들었다. 그해 가을에 그는 홍력을 피서산장避暑山莊으로 데려갔다. 그는 자신이 독서를 하거나 관리들을 접견하는 만학송풍전萬壑松風殿에서 홍력이 기거하고 공부할 수 있게 배려했.

강희제의 손자 가운데 이런 대접을 받은 이는 홍력이 유일했다. 손자에 대한 노황제의 깊은 사랑은 격렬한 투쟁이 끊이지 않는 황궁에서 미담으로 전해질 만하다. 하루는 강희제가 탄 배가 만학송풍전 아래의 청벽정晴碧亭 가에 정박했다. 손자가 너무 보고 싶었던 강희제는 멀리서 홍력을 불렀다. 홍력은 할아버지에게 혹시 변고가 생긴 것이 아닐까 싶어 가까운 길을 가로질러 험한 산비탈을 타고 이리저리 구르며 내려왔다. 강희제는 손자가 사고를 당할까 걱정돼서 서두르지 말고 천천히 내려오라고 타일렀다.

이는 할아버지와 손자 사이의 친밀한 관계를 보여주는 한 가지 사례에 불과했다. 강희제는 손자를 사랑하는 감정을 사람들 앞에서 그대로 드러냈다. 하루는 홍력의 생모인 격격格格이 강희제가 윤진에게 하사한 피서산장의 사자원獅子園에서 피서를 즐기고 있었다. 강희제가 홍력을 데리고 사자원으로 가서 함께 식사를 했다. 그 자리에서 강희제는 홍력을 입에 침이 마르도록 칭찬하고는 격격에게 "자네는 복이 많은 사람이네"라고 말했다.

이 말 뒤에는 고대 봉건사회의 "어미는 자식 때문에 귀해진다"라는 의미가 숨어 있다. 강희제는 홍력을 아직 황태손에 임명하지는 않았지만 그럴 가능성이 매우 높다고 과감히 밝힌 것이다.

그렇다면 강희제는 왜 이제 겨우 열두 살 난 홍력을 이토록 아끼고 사랑한 것일까?

먼저 홍력이 자신을 너무 많이 닮았기 때문이다. 그해 늦가을에 강희제는 또다시 홍력을 데리고 사냥터로 나갔다. 가는 도중에 곰이 한 마리 나타났는데, 강희제가 화살 세 발을 쏴서 곰을 쓰러뜨리고 홍력에게 숨을 끊으라고 명했다. 홍력이 말을 타고 곰 앞으로 다가가자 아직 죽지 않은 곰이 벌떡 일어나 홍력을 향해 달려들었다. 현장에 있던 사람들이 모두 깜짝 놀라 어쩔 줄 몰라 했으나 홍력은 전혀 당황하지 않고 태연자약하게 말머리를 돌려 곰을 피했다. 이때 뒤에 있던 강희제가 다시 곰을 조준하여 화살을 날리자 곰은 비명을 지르며 쓰러졌다. 사냥에서 돌아온 후에도 강희제는 젊었을 적 자신의 모습을 보는 것 같다며 계속 홍력을 칭찬했다.

또 다른 이유는 당시 벌어지고 있던 후계자 다툼과 관련되어 있다.

강희제는 말년에 웃을 일이 별로 없었다. 여러 아들이 당파를 결성하여 제위 쟁탈전을 벌였기 때문에 그는 아들들을 믿지 못하고 시기했다. 이런 다툼이 계속됨에 따라 그는 몇몇 아들과 심지어 부자의 정을 끊기도 했다.

이처럼 십수 년 동안 제위 계승 문제로 심신이 편치 못하고 크게 고통받던 노황제는 손자인 홍력에게서 커다란 위안을 얻었다. 그는 자신의 미래 후계자에게서 희망을 보았고 청나라는 그의 손에서 크게 빛날 것이라고 여겼다.

어쩌면 이때 강희제는 홍력을 후계자로 점찍었을지도 모른다. 그러나 홍력에게 나라를 물려주려면 제위 계승 규칙에 따라 먼저 윤진이 황제가 되어야 했다. 그렇다면 강희제는 이때 윤진을 자신의 후계자로 생각했을까?

먼저 우리는 당시 벌어졌던 후계자 다툼에 대해 알아보아야 한다. 이를 통해 누가 후계자 경쟁에서 살아남았는지 살펴보자.

치열한 후계자 쟁탈전

강희제 이전에 청나라에는 태자 제도가 존재하지 않았다. 그런데 '삼번三藩의 난'(오삼계, 상가희尚可喜, 경중명耿仲明이 청나라에 대항하여 일으킨 반란—옮긴이)이 발발하면서 강희제는 태자를 세우기로 결정했다. 당시 그의 나이 스물두 살이었다. 삼번의 실력이 만만치 않았으므로 그는 사실 자신이 뜻밖의 변고를 당하지 않을까 걱정한 것이다. 그래서 그는 신하들에게 이렇게 말했다.

"태자를 세우는 것은 청나라 통치가 오랫동안 지속될 수 있을지와 관련된 중대한 문제이다."

강희 14년(1675년) 그는 갓 돌을 넘긴 둘째 윤잉胤礽을 태자로 삼았다. 그러나 이 책립이 훗날 정국에 소용돌이를 몰고 오고, 자신의 머리를 아프게 할 줄은 전혀 모르고 있었다.

33년 후 강희제는 마침내 태자를 폐위했다. 이때 태자는 제정신이 아니었다. 그는 조정에서 당파를 결성해서 황제의 권력과 사사건건 마찰을 빚었고, 자객을 보내 아버지를 암살하려 했다. 특히 그의 잔인한 성격은 제위를 잇기에는 부적합했다.

사건의 발단은 부자 사이의 권력 분배를 두고 일어났다. 강희제는 자신이 행사하는 황제의 권력을 조기에 태자에게 물려주고 싶지 않았던 반면 태자는 33년간의 기다림에 지쳐 있었다.

또한 태자가 폐위되는 데 결정적인 역할을 한 것은 형제들의 이간질이었다. 그중 첫째인 윤제胤禔와 여덟째인 윤사胤禩의 공이 가장 컸다. 그들은 온갖 방법을 동원해 강희제가 태자를 폐위하도록 음모를 꾸몄다.

그들의 바람대로 태자가 폐위되자 윤제는 아예 경쟁 상대를 제거하기 위해 강희제에게 이렇게 말했다.

"태자의 행실이 바르지 못해 인심을 잃었으니, 이 기회에 죽여버리는 것이 마땅합니다."

하지만 강희제는 호락호락한 인물이 아니었다. 그는 잔인하고 노골적인 윤제의 말에 크게 분노하여 그를 난신적자亂臣賊子로 규정하고 감옥에 가둬버렸다. 이로써 윤제는 제위 쟁탈전에서 낙오하고 말았다.

다음으로 탈락한 아들은 여덟째 윤사였다. 강희제는 원래 윤사에게 좋은 감정을 가지고 있었다. 그는 총명하고 다재다능하며 사람의 마음을 끄는 재주가 뛰어났다. 조정의 많은 대신들이 강희제 앞에서 그가 재능과 덕망을 겸비했다고 칭찬했다. 아홉째 윤당胤禟, 열네째 윤정, 영시위내대신領侍衛內大臣 아령아阿靈阿, 대학사 마제馬齊, 호부상서 왕홍서王鴻緖 등이 그에게 마음이 기운 대표적 인물들이다.

태자가 폐위된 후 윤사는 태자 자리가 자기 수중에 거의 들어왔다고 여기고는 강희제에게 여러 차례 이 문제를 거론했다. 강희제는 비록 태자를 내세우고 언젠가는 황제의 자리를 물려주려고 생각했지만 대신들의 절대적인 지지를 받는 태자는 원치 않았다. 강희제는 윤사를 지지하는 세력이 현실적으로 황제의 권력을 위협하기에 충분하다고 생각했다.

그래서 강희제는 뜻밖에도 적장자 윤잉을 다시 태자로 임명한다는 조서를 내렸다. 그러자 윤사는 이 결정에 불만을 품고 자신의 세력을 더욱 확장해나갔다. 그러던 어느 날 강희제는 윤사를 불러 소리쳤다.

"아직도 죄를 뉘우치지 않고 음모를 꾸미고 있다니, 너와 부자의 인연을 끊겠다."

강희제는 더 나아가 윤사를 지지했던 관리들을 색출하여 내쫓았다. 이렇게 해서 윤사가 태자가 될 가능성은 강희제의 마음속에 아예 존재하지 않게 되었다.

윤사를 견제하기 위해 다시 태자로 임명된 윤잉은 여전히 자숙하지 못했다. 다시 사당私黨을 결성한 그는 여러 음모를 꾸며 전처럼 강희제와 반목했고, 다른 형제들과도 더욱 심하게 척을 졌다.

사실 강희제는 태자와 형제들 사이의 관계를 개선하기 위해 태자가 복위하던 달에 다음과 같은 조치를 취했다. 셋째 윤지胤祉, 넷째 윤진, 다섯째 윤기胤祺를 친왕에 봉하고, 일곱째 윤우胤祐, 열한째 윤자胤祧를 군왕郡王에 봉했으며, 아홉째 윤당, 열두째 윤도胤祹, 열네째 윤정을 패자貝子에 봉했다. 그는 이 조치로 여러 아들들이 화목하고 단결하길 바랐지만 오히려 이들은 상승된 지위를 기반으로 더욱더 치열하게 태자와 경쟁했다.

강희 51년(1712년) 10월 강희제는 당파를 결성하여 조정을 문란하게 한 죄로 다시 태자를 폐위했다. 동시에 전 조정에 더 이상 태자를 세우지 않겠다는 조서를 내렸다.

'든든하고 믿을 만한 아들'

강희제의 이 발표로 후계자 쟁탈전이 진정 국면에 들어서면서 유력한 후보자는 두 명으로 좁혀졌다. 한 명은 열네째 윤정이었고, 다른 한 명은 훗날 옹정제雍正帝가 되는 넷째 윤진이었다. 강희제는 일찍이 대신들에게 이런 말을 한 적이 있었다.

"내 말년에 반드시 든든하고 믿을 만한 아들을 너희들의 주군으로 삼아 너희들이 기쁜 마음으로 복종하게 하겠다."

그렇다면 그가 말한 '든든하고 믿을 만한 아들'은 대체 누구였을까?

윤정이 여럿 가운데 두각을 나타낸 것은 모두 윤사의 공이었다. 윤사가 축출당할 때 윤정은 강희제의 다리를 붙들고 윤사를 용서해달라고 호소했다. 이에 크게 감명받은 강희제는 윤사의 상삼기(上三旗, 청나라의 군사 제도인 팔기군八旗軍 가운데 황제의 직속 친위 부대인 양황기鑲黃旗, 정황기正黃旗, 정백기正白旗를 가리킨다-옮긴이)를 윤정에게 하사했다. 강희 57년(1718년) 10월에는 그를 무원대장군撫遠大將軍에 임명하여 서북 각로의 군사를 거느리고 날로 강성해지는 몽골족을 물리치게 했다.

윤정이 이처럼 강희제의 두터운 신임을 받게 되자 조정에서는 강희제가 그를 태자로 삼을 것이라고 확신했다.

하지만 윤정은 멀리 서북쪽에 나가 있었기 때문에 태자 경쟁에서 불리한 위치에 놓였다. 한 번은 강희제가 윤정을 궁으로 부른 일이 있었는데, 자신이 연로하고 병이 많아 그를 태자로 삼으려 했던 것인지도 모른다. 하지만 결국 강희제는 다시 그를 변방으로 파견했다.

강희제가 가장 아꼈던 윤정이 황제에 오르지 못한 가장 큰 이유는 역시 강희제가 죽을 때 그의 곁에 없었다는 것이다. 결국 넷째 윤진이 태자가 되어 황제로 등극했다.

태자가 되기 위한 치열한 자리다툼 속에서 윤진은 윤잉이 두 번이나 폐위되고 뭇 형제들이 죄를 얻는 것을 지켜보면서 매사에 조심하는 것을 처세의 원칙으로 삼아 어깨에 날개를 달고 하늘 높이 날아오를 때를 묵묵히 기다렸다. 그는 형제들의 제위 다툼이나 이합집산에 절대 끼지 않았고, 좋은 일이 있든 나쁜 일이 있든 일희일비하지 않았으며, 오직 강희제에게 신하의 도리를 다하고 친하게 지내면서도 아부하지 않았다.

강희 60년(1721년) 전후에 이르러 태자 다툼의 형세는 이미 명확해졌다. 강희제가 누구를 선택할지 언급하진 않았지만 아들들을 대하는 태도를 분석해보면 그의 진의를 대강 읽을 수 있다.

태자 윤잉은 두 번이나 폐위되어 정치 생명이 이미 끝났다. 여덟째 윤사는 인심을 얻고 잠재력도 컸지만 노골적으로 자리를 노리다가 강희제의 미움을 받았다. 나머지 여러 아들은 학식이나 인품으로 강희제의 마음을 샀지만 정치적 책략이나 수완이 모자라 후계자로서는 인정받지 못했다. 그러면 남은 아들은 딱 두 명이었다.

그중 열네째 윤정은 무원대장군에 임명되어 강희제에게 후보자로 낙점되었다. 넷째 윤진은 윤정보다 연장자인데다가 재능이 뛰어나고 강희제의 뜻을 잘 헤아려 아버지의 호감을 얻었으며 여러 차례 중용되었고 국가의 제사도 대부분 대신 맡아 처리했다. 그래서 강희제는 윤진의 인품(물론 모두 가장된 것이었다)을 새롭게 보게 되었다. 그는 대신들에게 이렇게 말했다.

"황사자皇四子는 어렸을 때 감정 기복이 매우 심했는데, 지금 보니 마치 맑고 잔잔한 물처럼 전혀 요동치지 않는구나."

그러나 이때까지도 강희제는 스스로 건강하다고 여겼기 때문에 윤진을 태자로 삼을 생각이 전혀 없었다.

강희 후기에 태자 다툼이 끊이지 않고 이어져서 강희제가 죽고 윤진이 황제에 오른 뒤에도 그 여파가 여전히 남아 있었다. 그렇다면 왜 이런 상황이 벌어지게 되었을까?

문제는 강희제 본인에게 있었다. 그는 한족 문화에 심취하여 적장자가 제위를 잇는 세습 제도를 도입했다. 그러나 강희제는 이 제도가 당시 청나라 상황에 적합한지를 전혀 고려하지 않았다.

그럼 여기서 강희제 이전에는 황권이 어떻게 교체되었는지 알아보도록 하자. 태조 누르하치가 죽은 후에는 전공이 혁혁했던 팔패륵八貝勒 황태극皇太極이 황제에 올랐다. 그가 죽은 다음에는 그의 동생인 아제격阿濟格과 황장자인 호격豪格 등이 제위를 다투었는데, 훗날 귀족들의 절충을 통해 황태극의 아홉째 아들 복림福臨을 황제에 세웠다. 그가 곧 순치제順治帝이다. 순치제가 죽은 다음에는 그의 유조에 따라 셋째 아들이 제위를 이으니, 그가 바로 강희제였다.

이 사실들을 통해 청나라에는 적장자를 황제로 삼거나 태자로 세우는 제도가 없었음을 알 수 있다. 이런 역사적 전통을 무시하고 강희제가 멋대로 적장자를 태자로 삼아 문제가 불거진 것이다. 그리고 이런 제도를 실시했다면 한족 정권의 전례에 따라 이를 완벽히 보완했어야 옳았다. 그러나 처음 시행하는 이 제도에 익숙지 않았던 강희제가 이를 무시했다가 결국 태자와 황제, 태자와 여러 형제 사이의 이중 갈등이 빚어져서 태자가 두 번 폐위되는 비극을 맞이한 것이다.

20여 년간 이어진 강희제 시절의 태자 다툼은 당시는 물론 옹정 연간의 정치에도 상당한 영향을 미쳤다. 제위를 보위하고 빼앗으려는 싸움은 황실, 외척, 팔기, 내각은 물론 일부 중소 관료와 선교사까지 몽땅 그 소용돌이로 빠뜨려 정치적 혼란을 야기했다. 강희제는 장기간 엉뚱한 데 힘을 쏟아 붓느라 적극적으로 추진해야 할 정치 활동에는 전혀 손을 대지 못했다. 특히 심각했던 것은 강희 말년에 온갖 폐정이 여기저기서 발생했다는 것이다. 옹정제는 제위를 이은 후 아들들이 붕당을 결성하는 것을 적극적으로 막고 일찍이 자신과 경쟁을 벌였던 형제들을 숙청했으며 자신의 주재 하에 오직 정무에만 힘써 강희 말년의 폐정을 해소하고자 노력했다. 옹정제는 또한 강희제 시절 태자 다툼에서 교훈을 얻어 태자를 비밀리에 지명하는 '태자밀건법太子密建法'을 시행하여 후계자 다툼을 사전에 차단했다.

'강건성세'의 숨은 주역

강희 61년 10월 21일 외지에서 경성으로 돌아온 지 겨우 20여 일밖에 안 된 강희제가 또다시 남원으로 사냥을 떠났다. 이것이 그의 마지막 사냥이었다. 여러 날 동안 피로에 지쳐 몸이 더욱 허약해진 강희제는 11월 7일 그만 병으로 쓰러졌다. 그는 급히 창춘원暢春園으로 옮겨져 치료를 받았다. 의원의 말에 따르면 단순한 감기에 불과했다. 하지만 강희제의 몸은 침상에서 일어날 수 없을 정도로 악화되어 있었다.

11월 15일은 관례에 따라 강희제가 친히 남쪽 교외로 나가 하늘에 제사를 올리는 날이었다. 그러나 결국 윤진이 대신 제사를 준비했다.

그는 병이 심해지자 대학사 마제를 불러 이렇게 말했다.

"넷째 아들 옹친왕雍親王 윤진이 가장 현명하니, 내가 죽은 후 황제의 자리를 이어라. 그리고 윤진의 둘째 아들은 영웅의 기상이 있으니, 반드시 태자로 봉하라."

12일 밤에 강희제의 병이 급속도로 악화되었다. 그는 윤진에게 사람을 보내 제사는 다른 사람에게 맡기고 급히 창춘원으로 달려오게 했다. 이와 동시에 여러 아들과 이번원상서理藩院尙書 융과다隆科多 등을 침상 곁에 모이게 한 다음 유조를 내렸다.

"황사자 윤진은 인품이 고귀하고 짐을 많이 닮았으니, 대통을 이을 자격을 갖추었다. 짐을 이어 황제의 자리에 등극할 것이다."

이 말을 마치자마자 윤진이 급히 들어와 안부를 물었다. 윤진은 병으로 고통받는 아버지를 보고 가슴이 아파 눈물을 흘리며 위로했다. 이때 강희제가 힘겹게 목에 걸고 있던 염주를 빼더니, 윤진에게 건네며 잠시 숨을 고르고 엄숙하게 일렀다.

"이 염주는 순치제께서 임종시에 내게 주신 것이다. 지금은 너에게 물려줄 것이다. 염주는 포악한 인성을 다스리는 효과가 있다. 너는 감정 기복이 심하니, 살생의 마음이 생길 때마다 이 염주를 굴리면 도움이 될 것이다. 잘 보관하도록 하라. 무슨 뜻인지 알겠느냐?"

윤진은 아버지가 염주를 물려준 뜻을 이해했다. 그것은 자기 형제들을 선처하고 가혹한 정책을 실시하지 말라는 의미였다.

마지막으로 강희제는 마제에게 했던 말을 모두에게 다시 한 번 알렸다. 윤진은 마음속으로 아버지가 여러 형제를 부른 이유는 자신에게 제위를 계승한다는 사실을 알리고, 또 그들이 소란을 피우지 못하도록 당부하기 위해서였다고 생각했다. 다음 날 숨이 깔딱깔딱하던 강희제는 자신이 죽은 후 도성의 아홉 개 문을 모두 닫고 사람들의 출입을 엄금하라는 명을 내렸다.

그날 밤 강희제는 결국 세상을 떠났다. 청나라의 창성과 번영을 위해 61년간 제위에서 싸운 강희제가 향년 69세로 생을 마감한 것이다.

강희제의 시신은 여러 아들과 융과다의 엄밀한 호위 아래 창춘원에서 자금성의 건청궁乾淸宮으로 옮겨졌다. 국상 기간에 혹시 발생할지도 모를 변고에 대비하기 위해 도성의 모든 문을 걸어 잠갔다. 16일에 전국에 강희제의 유조를 반포하고 윤진이 옹정제로 즉위했다.

옹정제는 즉위하자마자 골치 아픈 문제에 부딪혔다. 자신의 통치에 불복한 형제들이 당파를 결성해서 사사건건 반대 입장을 밝혔다. 또한 일부 대신들은 권력을 남용해서 온갖 나쁜 짓을 저질렀다. 전국 각지의 창고는 텅텅 비고 탐관오리가 날뛰며 기강은 해이해졌다.

하지만 옹정제는 이를 본체만체하고 등극한 지 9개월이 지난 후에야 주요 대신들을 건청궁의 서난각西暖閣으로 불러 비밀리에 태자를 결정했다고 선포했다. 그는 태자를 결정하는 조서에서 이렇게 밝혔다.

"성조(聖祖, 강희제)께서 대사를 내게 맡기셨으니, 나는 종묘사직의 주인 된 몸으로 이를 예비하지 않을 수 없다."

13년 후 사람들이 정대광명正大光明이라는 편액 속에서 찾아낸 정답은 바로 '홍력'이었다.

옹정제가 다급히 홍력을 후계자로 삼은 것은 강희제의 유조가 실현되었음을 설명한다. 홍력에 대한 강희제의 총애와 기대가 너무 컸기 때문에 옹정제는 서둘러 비밀리에 홍력을 후계자로 정해놓은 것이다.

홍력은 건륭제乾隆帝로 등극한 후 60년이란 치세 기간 동안 전 분야에 걸쳐 할아버지인 강희제를 본보기로 삼았다. 그의 유지나 문장, 시가를 보면 강희제가 자주 언급되는데, 여기에는 할아버지에 대한 무한한 그리움과 존경, 사랑이 가득 차 있다.

우리는 청나라의 태평성대를 보통 '강건성세康乾盛世'라고 부른다. 여기서 중요한 것은 강희제와 건륭제 사이의 옹정제가 빠져 있다는 사실이다. 이는 어쩌면 강희제가 건륭제를 위해 제위를 옹정제에게 물려주어서는 아니었을까.

청나라의 최고 전성기를 열다

옹정제가 문자옥(文字獄, 글로 황제를 비판했다고 트집 잡아 처벌한 일. 지식인을 박해하는 수단으로 쓰임-옮긴이)을 일으켜 여유량呂留良의 가족과 이에 연루된 자들을 죽이고 많은 사람을 멀리 귀양 보낸 사건이 있었다. 이때 다행히 죽음을 모면한 여유량의 손녀 여사랑呂四娘이 할아버지의 복수를 위해 옹정제의 목을 베었다는 이야기가 전해온다. 그래서 금으로 만든 머리를 옹정제의 시신에 붙여 태릉泰陵 지하 궁전에 매장했다고 한다. 청나라의 수수께끼 같은 사건 중 하나인 이 이야기는 오래전부터 널리 퍼져 지금까지 내려오고 있다.

이 이야기의 진위 여부는 지금까지도 풀리지 않는 숙제로 남아 있다. 그럼 이와 관련된 사료를 한 번 살펴보기로 하자.

《동화록東華錄》에서는 이 사건을 다음과 같이 기술하고 있다. 옹정 7년(1729년) 4월 옹정제는 "여유량은 흉포하고 고집이 세며 난리 일으키기를 좋아하여 사악한 책을 짓고 역적의 말을 입에 담아 공공연히 선제 등을 저주한 죄가 있다"라는 조서를 발표했다. 또 옹정 10년 (1732년) 12월에는 여유량을 부관참시하고 그의 가족들을 모두 참수하며 나머지는 영고탑寧古塔으로 귀양 보내라는 영을 내렸다. 하지만 여유량의 자손 중에 여사랑이 있었는지, 여사랑이 정말 옹정제를 죽였는지에 대한 기록은 없다.

옹정제의 사망설은 여러 가지가 있다. 여사랑에게 살해되었다는 것도 그중 하나이다. 하지만 많은 학자들은 여유량 사건이 발생한 후 여씨 일가 대부분이 처형되었으며, 혹시 살아남은 자가 있다 해도 황궁을 제집 드나들듯 들어가서 옹정제의 목을 베지는 못했을 것이라고 주장한다.

또 다른 설은 그가 궁녀에게 살해당했다는 것이다.

시악柴萼의 《범천여총록梵天廬叢錄》을 보면 한 궁녀가 태감 오수의吳首義, 곽성霍成 등과 공모하여 옹정제가 깊이 잠든 틈을 타서 밧줄로 목을 졸라 죽였다고 기록되어 있다. 역사를 아는 사람이라면 이 이야기가 명나라 가경제嘉慶帝 때 실제 일어난 사건에서 힌트를 얻은 것임을 알 수 있다. 가경 21년(1542년) 궁녀 양금영楊金英 등이 가경제가 깊이 잠든 틈을 노려 밧줄로 목을 졸라 죽이려 했으나 당황한 궁녀들이 밧줄을 제대로 묶지 못해 목숨을 끊는 데 실패했다. 이에 한 궁녀가 두려운 나머지 이 사실을 황후에게 알렸다. 황후가 사람들을 이끌고 달려와 이들을 생포했다는 기록이 있다.

조설근曹雪芹과 관련된 황당한 설도 있다. 최근에 출판된 《홍루해몽紅樓解夢》이란 책에서 저자는 《지연재중평석두기脂硯齋重評石頭記》에 근거하여 다음과 같이 주장했다. 《홍루몽紅樓夢》의 저자 조설근에게는 축향옥竺香玉이란 연인이 있었다. 그녀는 궁에 들어가 공주의 독서 벗이 되었다가 옹정제의 마음에 들게 되었다. 조설근은 이 사실을 알고 굴욕감을 참지 못해 축향옥과 모의하여 단약으로 옹정제를 독살했다고 한다.

가장 일반적으로 받아들여지는 것은 '단약 과다 복용설'이다. 각종 기록을 보면 옹정제는 평소에 단약을 즐겨 일찍이 〈단약〉이라는 시를 지어 단약의 오묘함을 칭찬해 마지않았다고 한다. 그는 또한 자양도인紫陽道人을 위해 도원道院을 중건해주고, 도사 장태허張太虛, 왕정건王定乾 등을 원명원으로 초빙해 단약을 제조하게 하여 수명 연장을 꾀했다.

《청제외기淸帝外紀》는 "세종(世宗, 옹정제)의 붕어는 단약을 만들어 복용한 데 원인이 있다. 혹은 그 후유증 때문이다"라고 기록하고 있다. 그래서 많은 사학자들은 옹정제가 단약에 중독되어 사망했다고 생각한다. 그러나 "이 설은 이치에 가장 합당하기는 하나 결국 추론일 뿐이며 정론이 될 수는 없다"라는 말처럼 옹정제의 진짜 사인은 여전히 명확한 자료를 필요로 한다.

청나라 역사에는 이처럼 미스터리한 사건들이 굉장히 많다. 여기서 옹정제만 따로 떼어 얘기하면 그의 죽음은 수수께끼로 가득하다는 것과 그는 강희제가 건륭제에게 청나라를 물려주기 위한 명목에 불과했다는 것이다.

강희제의 유언은 한마디로 모험이었다. 만약 옹정제가 재위 13년 만에 죽지 않았다면 건륭제가 황제의 자리를 차지할 수 있었을지는 미지수이다.

  사람들은 일반적으로 강희제, 옹정제, 건륭제를 하나로 묶어서 이야기한다. 세 황제는 청나라의 최고 전성기를 이룩했다. 강희제가 전성기의 시작을 열었다면 옹정제는 다리 역할을 한 과도기였고 건륭제는 청나라를 최고의 번성기로 이끌었다. 강희제 시대는 창업의 초기 단계였기 때문에 시행착오가 많았고 말년에는 수많은 폐단들이 발생했다. 다행히 옹정제가 이를 엄격히 바로잡아 건륭제가 전성기를 맞이하는 데 큰 역할을 했다.

저자 후기
황제는 죽어서도 인간 세상을 구원하고자 했다

《황제의 유언》을 탈고하면서 나 역시 유서를 쓸 뻔했다. 그래도 난 소유한 나라도 없고 아들도 없어서 얼마나 다행인지 모른다. 정말 유언을 남겨야 한다면 아마 "친구들아, 밤마다 너희들을 찾아갈게" 정도가 되지 않았을까.

천링윈陳凌雲 선생은 내게 이런 말을 했다.

"제왕들은 임종 전에 무슨 말을 남겼을까? 그들은 어떤 생각을 가지고 있었을까? 왜 이 사람을 후계자로 선택하고 저 사람을 선택하지 않았을까?"

나는 이 말을 대수롭지 않게 넘겼다. 그런데 제왕의 임종과 관련된 각종 자료를 조사하다가 그들도 죽음 앞에서는 평범한 사람에 불과했고, 죽음을 매우 두려워했다는 사실을 발견했다. 그러나 그들은 죽음 앞에서 평범한 사람이길 거부했다. 그래서 '유언(유조)'을 100퍼센트 진실로 받아들일 수 없었다. 왜냐하면 어떤 황제의 유언을 봐도 자신을 구세주로 여겼고, 지금 하늘로 돌아가는 것은 자신이 인간 세상을 구원하는 과정이라고 말하고 있기 때문이다.

제왕들이 진정으로 후계자를 찾는 것은 바로 죽음이 임박해서였다. 그들은 일단 죽음을 감지하면 머리를 굴려 후계자를 찾기 시작했다.

그러나 모든 제왕들의 생각이 똑같았던 것은 아니었다. 어떤 제왕은 후계자의 자질을 중시했고, 또 어떤 제왕은 후계자 곁에 있는 사람의 자질을 중시했다. 그리고 어떤 제왕은 후계자가 자신을 따르던 부하를 제압할 능력이 있는지 고려하기도 했다.

그래서 후계자를 찾고 확립하는 과정에는 항상 피비린내가 진동했다. 때로는 잔혹하고 때로는 부드러웠지만 피를 보지 않은 경우는 없었다.

이 책을 집필하는 내내 나는 방황했다. 몸뿐만이 아니라 사고까지. 제왕들이 지옥에 가서도 일어나길 바라지 않았던 일들이 후계자가 정식으로 등극한 후에 어김없이 벌어졌을 때 나는 어리석은 그들의 생각을 비웃어주고 싶었다.

하지만 나는 감히 그러지 못했고, 또 그럴 수 없었다. 제왕들의 생각은 우리 같은 범인과는 전혀 다르기 때문이다. 이 책에서 그들이 당시 무슨 생각을 했는지 기술한 것 중에는 역사적 사실에 부합되는 것도 있지만 필자의 추측에 불과한 것도 있다. 이는 수백 수천 년 전에 천하를 소유한 제왕이 도대체 무슨 생각을 가지고 있었는지 알 길이 없었기 때문이다.

나는 다만 후계자를 고르는 일이 결코 쉽지 않다는 사실을 알 뿐이다.

역자 후기

제국의 흥망성쇠를 가르는 마지막 당부, 혹은 명령

사람이 죽기 전에 마지막으로 남기는 말을 유언이라고 한다. 물론 유언에도 '급'이 있어, 성현이나 제왕, 명사들이 남긴 유언은 일반인이 인생의 방향을 설정하는 데 큰 도움을 주기도 한다. 한편 현대사회에서 유언은 법적 효력을 지니고, 특히 재산권 분할에 있어서 결정적인 영향력을 행사한다. 이처럼 유언은 한 인간이 죽기 전 뱉은 말 한마디 차원을 넘어 후대의 인생을 뒤바꿀 수 있을 만큼 위력이 대단하다.

《황제의 유언》에 소개된 제왕 12명은 중국 봉건시대 역사에서 절대로 빼놓을 수 없을 정도로 위대한 업적을 남긴 인물들이다. 이들 각각에 대해서는 수십 권, 수백 권의 책을 쓴다 해도 전혀 이상할 것이 없다. 이런 쟁쟁한 제왕들의 유언을 책 한 권에 모아놓았으니, 과연 그 내용이 얼마나 대단할까?

하지만 지나친 기대는 금물이다. 시대적 한계 탓에 제왕의 유언은 대개 후계자 문제라는 한 가지 사건을 중심으로 작성되었다. 즉 수많은 후보자 가운데 누구를 후계자로 정할지, 또 후계자를 위해 정치적 안배를 어떻게 마련할지가 주된 관심사였다. 후계자 문제는 왕조의 흥망성쇠와 관련한 중대한 사안이었다. 대부분의 제왕은 후보자의 자질이나 정치 상황 등 여러 제반 조건을 고려해 심사숙고 끝에 후계자를 결정했다(물론 진시황이나 송태조처럼 갑작스럽게 죽음을 맞아 유언이 급조된 사례도 있다).

유언의 성패는 이후 역사적 전개를 통해 평가되었다. "유씨가 아닌 자가 왕이 되려 한다면, 천하가 함께 그를 공격하라"고 하여 외척 세력의 발호를 막았던 유방의 유언이나 건륭에게 제위를 물려주기 위해 그의 아비 옹정을 선택한 강희제의 유언은 성공적인 사례라는 인정을 받는다. 반면, 측천무후에게 나라를 빼앗길 이치를 선택한 당태종의 유언은 치명적인 실패로 기록되었다.

흥미로운 유언도 있다. 유비는 제갈량에게 아들 유선이 제왕이 될 재목이 아니라면 대신 그 자리를 취하라는 대담한 유언을 남겼다. 이는 후대에 커다란 논쟁거리를 제공했지만 제갈량의 충심을 이끌어내기 위한 유비의 계략이었다는 게 정설로 받아들여지고 있다.

조조는 일상의 자질구레한 당부를 남기고 세상을 떠났다. 삼국이 정립한 비상시국에 조조는 왜 한가하게 이런 유언을 남겼을까? 바로 후계자 문제를 이미 해결했기 때문이다. 조비를 후계자로 확정 짓고 그를 위한 정치적 안배를 모두 마친 상태였던 조조는 여유롭게 죽음을 맞을 수 있었다. 그밖에 중국의 유일무이한 여황제 측천무후는 자신의 시호를 황제에서 황후로 격하하라는 말을 남겼다. 남권 중심의 봉건시대에 여성의 한계를 절감한 어쩔 수 없는 선택이었다.

봉건시대에 제왕의 말 한마디는 절대적 권위를 지녔다. 폐쇄적이고 단방향인 소통 구조 속에서 제왕의 유언은 남아 있는 사람들에게 지대한 영향을 미쳤고, 더 나아가 한 왕조의 운명을 가르는 주요한 전환점이 되기도 했다.

역사를 읽는 방법은 여러 가지가 있겠지만 유언을 통해 한 나라의 역사를 들여다보려 한 저자의 시도는 꽤 신선하고 독특했다. 거기에 역사적 상상력과 문학적 필치를 가미해 재미와 흥미를 더한 점은 읽는 재미를 배가시킨다. 독자와의 소통에 주력한 저자의 노력을 높이 사고 싶다.

2010년 4월
류방승

인명 찾기

— ㄱ —

가신 137
가역 224
가후 127, 137, 138, 140
강유 106, 119
강충 78~80
강희제 298~314
건문제 292
걸왕 259
격격 300
경병문 264
경제 59, 61
경휘 197
고기 64
고기잠 282
고사렴 150, 152

고상한 283
고점리 17
공손하 78
공영고 288
공영달 169
공위 55
곽거병 69, 88
곽광 68, 69, 71, 73, 74, 85, 90, 91, 93
곽보옥 237
곽영 264
관고 55
관영 49
관우 98~102, 105, 106
관중 116
광종 224
구유크 243

구처기 234, 235
권만기 168
길욱 187
김일제 91

— ㄴ —

나관중 120, 124, 125
나라이파사 150
남옥 260
노관 55
노다손 225
노상승 293
노생 22
노숙 99
누르하치 293

— ㄷ —

단 92
도탁 261
동중서 92
두정륜 158
두훈 287
등애 119

— ㅁ —

마량 128
마속 118
마제 303

마주 152
마초 105, 106, 128
맹달 114
맹획 120
모개 137
모문룡 294
몽염 20, 30~32, 37
몽의 32, 37
몽케 243
무삼사 184, 191
무승사 184, 191
무승업 191
무왕 68, 92
무의종 189
무제, 한무제 62, 68~95, 157
문빙 127

— ㅂ —

방포 298
방현령 150, 152, 154
백영 59
번쾌 46, 50
법정 127
병원 139
복림 307
복황후 124
부소 20~22, 26, 27, 30~32, 36~38
비위 108

— ㅅ —

사마소 106
사마의 107, 142, 143
사마천 26
상관걸 91
상구성 70
상방 114
상앙 16
상홍양 71, 91
서문표 125
서복 14, 19
서성 129
서황 127
석경당 203
선인태후 224
선제 74, 84
섭백거 259, 266
성왕 68
성제 59
세종 210~212
소공 115
소옹 76
소우 154
소제 74, 84
소하 44, 46, 49, 50, 64, 65, 116
손권 99~102, 132, 136
순욱 140
숭정제 276~295

시악 312
신 54~56
신도군주 191
신지수 288
심이기 45, 46

— ㅇ —

아담 샬 281
아두 102
아령아 303
아제격 307
안락군주 191
안제 59
야수황후 231
야율초재 237
양금영 312
양무 139
양비 167
양사창 293
양석공주 78
양수 137
양준 142
양진 59
양표 142
여강 59
여공저 224
여록 49
여몽 128, 129

여사랑 312
여산 49
여유량 311
여의 49
여택 49
여후, 여치 44~50, 63
역상 46
영왕 288
영제 59
영종 277
영태군주 191
영포 50, 55~57
오고타이 230, 232, 236, 237, 241~243, 245, 247
오광 61
오삼계 283, 284
오정린 283
오질 142, 143
옹정제 304, 308~314
옹치 52
왕계은 204, 207
왕급선 186
왕렴 288
왕릉 45, 46, 58, 64
왕망 60
왕박 211
왕방경 186
왕봉 59

왕승은 289, 290
왕영길 283
왕정건 313
왕홍서 303
용돌기지 158
우지녕 169
원서기 197
원소 137
원숭환 281, 294, 295
위연 117~119, 127
위자부 71, 79, 80~82
위징 156
위청 69, 70, 72, 88
위충현 286
유거 70~72, 79, 80, 85~87
유굴모 87~89
유단 86, 87, 91
유박 86
유방 44~65
유불릉 68, 87, 89~91
유비 98~121, 128, 129
유삼오 259
유서 86, 87
유석 182,
유선 103~112
유엽 127
유영 45, 48, 49
유작 73

유장 111, 112, 114, 116
유정 224
유창 73
유철 93
유팽조 73
유표 111, 114, 116
유현 60
유호 59
유환 59
육손 128, 129
윤기 304
윤당 303
윤도 304
윤사 302, 304~306
윤우 304
윤잉 302~304
윤자 304
윤정 298, 303, 305, 306
윤제 302, 303
윤지 304
윤진 298, 304~306, 308, 309
이각 167
이건성 157
이건태 280~283, 285
이경륜 272
이광리 88, 89
이국정 286
이단 181, 184, 188, 191

이담 177~179, 194
이막 107
이명 168
이명예 276~278, 284, 285
이방화 276
이복 168
이부 202
이부인 87, 88
이사 13, 16, 28, 29~32, 35, 37, 38
이세민 150~173
이세적 152, 154, 164
이소군 76
이소덕 184, 186
이승건 153, 166, 168, 169
이신 168
이엄 111~116
이우 168
이운 168
이융기 197
이음 168
이의부 178
이자성 276, 281~293
이정 152, 168
이중무 197
이중윤 191
이치 150, 152, 153, 155, 157~165, 168, 171, 173
이태 158, 166~168

이풍 115,116
이현 176~178, 180~182, 184, 186, 188, 191, 196, 197
이회충 203
이희 87
인종 224, 225

— ㅈ —
자양도인 313
자영 64
잠문본 158
장간지 176, 177, 193, 197
장도 54
장량 18
장료 127
장비 100, 106,
장손무기 152, 159, 161, 164, 169~172
장수 130
장역지 176, 177, 180, 194, 195
장오 55
장완 108
장요좌 224, 225
장이 54
장익 117
장제 59
장창종 176, 177, 180
장창종 194, 195

장탁 204
장태허 313
장함 34
장합 127
장휘 212
저수량 152, 154, 164, 172
전인 70
전천추 70, 91
전홍 288
정겸 257
정보 99
정왕 288
정욱 139
정위 225
정의 141
정이 141
제갈량 101~121
제읍공주 78
조고 21, 26~38
조광윤 202~227
조광의 202, 204, 205, 207~211, 214~222
조덕방 206, 207
조덕소 206
조보 210, 211
조비 102, 126, 131, 134~144
조상 107
조설근 312

325

조식 131, 134~144
조앙 130
조운 102, 105, 106, 117, 127
조인 99
조조 124~147
조진 127
조참 45~47, 49, 55
조창 131
조충 132~134
조표 129
조홍 127
조화순 288
조휴 127
종회 119
좌양옥 278
주공 68
주규 286
주돈이 299
주발 45~49, 55, 58, 59
주삭 142
주아부 59, 62
주연유 276
주와이니 243
주왕 259
주원장 254~273
주유 98, 99
주윤문 258, 260, 262, 263, 266, 267~273

주체 254, 258, 263, 265, 269~273
주치 231, 241, 242
주표 254, 258~260
진군 142, 143
진수 116
진승 61
진시황, 영정 12~27, 34~40, 53, 84, 93~95, 157
진연 283
진평 45~47, 58
진희 55

— ㅊ —
차가타이 230, 231~233, 242
창읍왕 88, 89
철종 224
최염 137, 139
최현위 179
축향옥 313
측천무후, 무씨 162~164, 172, 176~199
칭기즈칸 230~251

— ㅋ —
쿠빌라이 247

— ㅌ —
태종 225

태평공주 180, 181, 191
툴루이 230~233, 246, 247

— ㅍ —
팽월 54~57
편작 63
포증 225
폭승지 70

— ㅎ —
하후무 118
하후연 107
하후패 107
한신 55, 57
한원 182,
항우 48, 51, 52, 57, 64

형가 17
형옹 139
호격 307
호유용 260
호해 20, 21, 26~34, 36
홍력, 건륭제 298~301, 310, 311
홍승주 293
화타 124, 125
환언범 178
환언범 194
황권 127
황자징 266
황충 105, 106, 117
황태극 307
후군집 158

황제의 유언

지은이 | 허무평
옮긴이 | 류방승

초판 1쇄 인쇄일 2010년 4월 29일
초판 1쇄 발행일 2010년 5월 7일

발행인 | 한상준
기획 | 박재호, 이둘숙
편집 | 윤정숙
마케팅 | 김현우
디자인 | 이석운·디자인포름
종이 | 화인페이퍼
출력 | 경운출력
인쇄·제본 | 영신사

발행처 | 비아북(ViaBook Publisher)
출판등록 | 제313-2007-218호(2007년 11월 2일)
주소 | 서울시 마포구 연남동 567-40 2층
전화 | 02-334-6123 팩스 | 02-334-6126 | 전자우편 crm@viabook.kr

Korean translation copyright ⓒ 2009 by ViaBook
ISBN 978-89-93642-17-9 03910

- 이 책은 저작권법에 따라 보호받는 저작물이므로 무단전재와 무단복제를 금합니다.
- 이 책의 전부 또는 일부를 이용하려면 저작권자와 비아북의 동의를 받아야 합니다.
- 이 도서의 국립중앙도서관 출판시도서목록(CIP)은
  e-CIP 홈페이지(http://www.nl.go.kr/cip.php)에서 이용하실 수 있습니다.
  (CIP 제어번호:2010001579)
- 잘못된 책은 바꿔드립니다.